Peter Honnen
Kappes, Knies und Klüngel

Eine Veröffentlichung des
Landschaftsverbandes Rheinland
Amt für rheinische Landeskunde Bonn

LANDSCHAFTS
VERBAND
RHEINLAND **LVR**

Qualität für Menschen

Inhalt

Vorwort des Herausgebers

Seit 1999 erforscht das Amt für rheinische Landeskunde (ARL) des Landschaftsverbandes Rheinland die regionalen Umgangssprachen. Zuvor galt das Augenmerk des ARL, des Zentrums für regionale Alltagskultur im Rheinland, in erster Linie den Dialekten dieses Raumes; dokumentiert wurden aber auch die hier gesprochenen Geheimsprachen. Wir haben Wörterbücher einzelner Ortsdialekte herausgegeben, Dialektatlanten, Dokumentationen akustischer Sprachaufnahmen und CDs. Im Rheinland gibt es heute allerdings Millionen von Menschen, die den Dialekt nicht (mehr) erlernt haben, die aber, neben dem Hochdeutschen, eine – mehr oder weniger auffällig – regional gefärbte Umgangssprache benutzen. Es ist nun an der Zeit, diese dritte sprechsprachliche Größe des Rheinlandes zu untersuchen. Man nennt sie regionale Umgangssprache, manche sprechen auch vom Slang, in sprachwissenschaftlicher Terminologie heißt sie Regiolekt.

Wir haben feststellen können, dass sich die Rheinländer und Rheinländerinnen für die regionalen Umgangssprachen nicht weniger interessieren als für die Dialekte. Als die ARL-Sprachabteilung im Jahre 2000 eine Umfrage zum Thema „Regionale Sprechsprache zwischen Dialekt und ‚reinem' Hochdeutsch" veranstaltete, gingen weit mehr als 1000 ausgefüllte Fragebogen bei uns ein – mit einer solch großen Zahl hatten wir nicht gerechnet. In ihren Reaktionen betonten die Beteiligten immer wieder das Wiedererkennungsmoment: Köpper, kloppen, Bux oder Botz – diese Wörter kennt (fast) jeder, diese Wörter benutzt (fast) jeder. In „Kappes, Knies und Klüngel" werden jetzt mehr als 1500 weitere Wörter des Regionalwortschatzes vorgestellt und erläutert. Damit ist das Lexikon ein echtes Novum, das erste Wörterbuch seiner Art für das Rheinland. Das Projekt ist jedoch noch nicht abgeschlossen. Der Autor setzt seine Arbeit an der Wortsammlung bereits fort; wer ihn dabei unterstützen will, ist herzlich eingeladen, sich mit ihm in Kontakt zu setzen (www.arl.lvr.de oder p.honnen@lvr.de).

Gern danken wir allen, die den Autor in den letzten Jahren bereits unterstützt haben. Ohne die vielen kleinen und großen Netzwerke ist eine solche Sammelarbeit gar nicht zu leisten. Wir setzen weiterhin auf Ihre Mitarbeit und hoffen, dass die Lektüre von „Kappes, Knies und Klüngel" Sie genau dazu animieren wird.

Bonn, im November 2002   *Fritz Langensiepen   Georg Cornelissen*

Dankwort

Ein Wörterbuch schreibt man nicht allein. Vor allem ein Wörterbuch der Umgangssprache hat niemals nur einen Autor, sondern viele namenlose Mitarbeiterinnen und Mitarbeiter. Die meisten von ihnen wissen allerdings nichts davon, dass sie in diesem Wörterbuch zitiert sind. Sie konnten ja auch nicht ahnen, als sie sich in einer Straßenbahn mit ihrem Nachbarn unterhielten, am Marktstand mit dem Verkäufer stritten oder in der Kneipe am Stammtisch diskutierten, dass jemand neben ihnen auf Wörter und Wendungen achtete, um sie später in einem Wörterbuch zu verwursten. So müssen die vielen „freien Mitarbeiter" an dieser Dokumentation zwangläufig ungenannt bleiben; dennoch sei ihnen, den rheinischen Sprechern und Sprecherinnen, an dieser Stelle gedankt.

Eines hat die Arbeit an „Kappes, Knies und Klüngel" gezeigt: Wörterbucharbeit ist ansteckend. Denn kaum war das Projekt bei Kollegen, Kolleginnen und Freunden bekannt geworden, konnte sich der Autor über unerwartet viele freiwillige Mitarbeiter freuen. So verging kaum ein Tag ohne die schnell vertrauten Fragen: *Hasste dat schon?* oder *Kennze dat?*, und eine Schreibtischschublade füllte sich zunehmend mit hastig bekritzelten Zettelchen oder gar Bierdeckeln, auf denen irgendwo aufgeschnappte Wörter oder Sätze notiert waren. Diese Kollektivarbeit hat richtig Spaß gemacht.

Einigen besonders fleißigen Mitarbeitern und Mitarbeiterinnen sei hier namentlich gedankt. An erster Stelle meinem Kollegen Georg Cornelissen, der sich heute vielleicht insgeheim etwas ärgert, dass er nicht selbst ein umgangssprachliches Wörterbuch des Niederrheins erarbeitet, sondern alle seine schönen Belege weitergegeben hat. Gottseidank kann man Wörter nicht zurückfordern. Mein Kollege (und Leiter des Amtes für rheinische Landeskunde) Fritz Langensiepen rief selbst nach Abschluss der Sammelphase regelmäßig morgens besorgt an, um zu fragen, ob ein Fundstück vom vergangenen Tag nicht doch noch Eingang in das Wörterbuch finden könnte. Und der Kollege Kurt Wesoly musste sich in der Mittagspause oft verteidigen, weil ihm viele Belege aus seiner bergischen Heimat erst nach dem Abgleich mit dem RHEINISCHEN WÖRTERBUCH geglaubt wurden. Weitere freie und begeisterte Mitarbeiter und Mitarbeiterinnen waren: Lisa Bergmann, Ute Bracher, Leo Gillessen, Stefan Honnen, Birgit Pütz, Erika Steinhausen, Susanne Stiehl, Anne Sülzer, Christina Thomas, Alwine Thyssen und Manuela Zierke. Sie alle haben dazu beigetragen, dass diese Dokumentation eine sehr vergnügliche Arbeit gewesen ist. Ihnen allen sei hiermit noch einmal herzlich gedankt.

Peter Honnen

Einleitung

Wat is et?

Gegenstand der Dokumentation

Dies ist natürlich kein Wörterbuch *der* rheinischen Umgangssprache. Wie könnte es das auch sein bei einem Umfang von zweihundert Seiten? Da wäre den Sprechern an Rhein, Mosel und Ruhr sicher Unrecht getan, wollte man ihren Wortschatz und damit ihren Sprachwitz und ihre Sprachphantasie auf diese vergleichsweise schmale Dokumentation reduzieren.

Dieses Wörterbuch bietet nur einen kleinen Ausschnitt der rheinischen Umgangssprache, einen genau definierten allerdings: Es verzeichnet die Wörter des sprachlichen Alltags, die dialektalen Ursprungs sind. Die meisten Rheinländer sprechen keine Mundart mehr, sie würden allenfalls zugestehen, dass sie eine regional gefärbte Umgangssprache sprechen, wobei sie jedoch in der Regel einen bestimmten Tonfall oder eine besondere Satzmelodie vor Ohren haben. Dabei ist ihnen meist gar nicht bewusst, wie stark auch ihr Wortschatz von den rheinischen Dialekten, die auch am Niederrhein noch nicht ganz verschwunden sind, geprägt ist.

Rheinländerinnen und Rheinländer verwenden die hier dokumentierten mehr als 1500 Wörter tagtäglich ganz selbstverständlich, meist jedoch ohne zu wissen, dass es sich dabei eigentlich um Mundartwörter handelt, die ihre noch Dialekt sprechenden Urgroßeltern und *Ommas* und *Oppas* genau so selbstverständlich benutzt haben. Mehr noch, sogar die Nachkommen von Aussiedlern und Vertriebenen, deren Eltern aus Ostpreußen, Pommern oder Schlesien stammten und die nie mit rheinischen Dialekten in Berührung gekommen sind, sprechen ganz automatisch von *frickeln*, wenn sie basteln meinen, von *Blagen*, *Pänz* oder *Ulligen*, wenn sie über ihre Kinder reden, oder von *Brassel* und *Frack*, wenn sie Ärger haben.

11

Genauso wenig würde es einem Rheinländer einfallen, das „Kerngehäuse eines Apfels" aus dem Fenster zu werfen oder jemandem auf den Rücken zu klopfen, um ihn von seinem „Schluckauf" zu heilen. Selbstverständlich wird der Autofahrer seinen Beifahrer stattdessen anraunzen: *Schmeiß die Appelkitsche nich aus dem Fenster, hinter uns kommt einer!* Und die Oma würde ihren Enkel sicherlich mit den Worten kurieren: *Hasse Schlicks (Hickepick, Hicks)? Dann musse die Luft anhalten!* Manche dieser Entlehnungen aus der Mundart sind so im sprachlichen Alltag verankert, dass den Sprecherinnen und Sprechern eine hochdeutsche Variante gar nicht mehr einfällt. Wer weiß schon, dass das winterliche Rutschvergnügen der Kinder beim *Schlindern* oder *Schlittern* nach dem Standarddeutschen eigentlich „eine Eisbahn schlagen" heißen müsste, dass man nicht *seibert*, sondern „den Speichel unabsichtlich fließen" lässt oder etwas nicht *anpinnen*, sondern „festheften" soll.

Dass man jedoch Wörter benutzt, die nicht zum Kanon des Standarddeutschen gehören, merkt man allerdings spätestens dann, wenn man sie niederschreiben möchte. Denn solche Wörter wie *Amarasch, Blag, Dez, Pläte* oder *piselich* kann und darf man gar nicht schreiben, weil niemand genau weiß, wie sie überhaupt geschrieben werden, weil man sie nicht im Duden nachschlagen kann und sie auf dem Papier auf einmal sehr fremd und unpassend wirken. Es sind Wörter, die nur gesprochen und ganz selten einmal gelesen werden.

Sie gehören deshalb zur so genannten Umgangssprache, einer Sprachvariante, von der man eigentlich nur weiß, was sie nicht ist: sie ist weder die in Wörterbüchern kodifizierte oder im Deutschunterricht gelehrte Hochsprache noch ein örtlicher oder regionaler Dialekt. Der Bereich zwischen diesen beiden Sprachpolen ist ein weites Feld, auf dem im deutschsprachigen Raum die unterschiedlichsten umgangssprachlichen Varianten zu finden sind. So ist die wissenschaftliche Diskussion um den unscharfen und umstrittenen Begriff „Umgangssprache" noch lange nicht abgeschlossen, gerade weil diese sprachliche Varietät nur sehr schwer zu fassen ist (zu weiterführender Literatur siehe das Literaturverzeichnis).

Wie die Menschen im Alltag miteinander sprechen, was sie selbst als ihre Umgangssprache bezeichnen, hängt in hohen Maße davon ab, wie stark ihre Region vom Dialekt geprägt ist. In der Schweiz oder in Bayern, wo die Menschen im Alltag noch sehr häufig Mundart sprechen, versteht man im Gegensatz dazu unter Umgangssprache „eine gesprochene Sprache, die sich in Lautung und Wortschatz die deutsche Standardsprache zum Vorbild nimmt". Im nur noch wenig dialektal geprägten Norddeutschland glauben die meisten Sprecher dagegen, dass ihre Alltagssprache schon „Hochdeutsch" sei; für sie ist Umgangssprache eine etwas anrüchige Sprachform mit Wörtern, die man nie und nimmer schreiben würde (EICHHOFF 10).

In „Westdeutschland und hier besonders im Rheinland" (WIE-SINGER 28) wird dagegen der Dialekt zunehmend durch eine dialektal geprägte Umgangssprache oder, wie man auch sagen kann, einen Regiolekt ersetzt, der mehr oder weniger weit von den alten Mundarten entfernt ist. Diese regional gefärbte Sprache der alltäglichen Kommunikation ist gekennzeichnet durch eine regionaltypische Intonation, einen Wortschatz, der Elemente der örtlichen Mundarten bewahrt, und eine sprechsprachliche Verschleifung einzelner Satzelemente (die bekannten *Wat hasse? Kannze wat, bisse wat*! usw.). Paradigmatisch für eine solche Sprachentwicklung ist das Ruhrgebiet. Dort sprechen die Menschen seit etwa achtzig Jahren *ruhrpöttisch*, einen Regiolekt, der viele Eigenheiten der hier ehemals beheimateten westfälischen und niederfränkischen Dialekte bewahrt hat, ohne dass diese Wurzeln den Sprecherinnen und Sprechern überhaupt noch bewusst sind. Dennoch hat diese einst belächelte, mit wenig Prestige verbundene Sprachvarietät inzwischen geradezu Kultcharakter erlangt. Die Menschen im Ruhrgebiet sprechen das *Pöttische* mittlerweile sehr selbstbewusst als Element ihrer Identifikation mit der Region, genau wie dies Dialektsprecher auch getan haben oder noch tun.

Wie im deutschsprachigen Raum insgesamt ist auch im Rheinland die Umgangssprache keineswegs überall gleich strukturiert, sie ist vielmehr abhängig davon, wie stark in der Region die alltägliche Kommunikation noch vom Dialekt geprägt ist, denn auch hier herrscht ein deutlich erkennbares Gefälle. Im Hunsrück, an der Mosel und in der Südeifel wird noch deutlich mehr Mundart gesprochen als im zentralen Rheinland, während am niederfränkischen Niederrhein und im Bergischen Land der Dialekt vielleicht schon bald verschwunden sein wird. Entsprechend unterschiedlich ist das Sprachverhalten der Rheinländer im Alltag. Im rheinischen Norden ersetzt eine mehr oder minder dialektal geprägte Umgangssprache heute die alten Mundarten, während in der Eifel und an der Mosel dagegen noch die alte Zweiteilung Dialekt/Standardsprache gilt: Zumindest ältere Sprecherinnen und Sprecher verwenden entweder ihren Dialekt oder eine der Standardsprache angenäherte Variante, eine Mischung der beiden Sprachformen kommt bei ihnen nicht vor. Allenfalls jüngere Sprecher reichern hier die Sprache ihres Alltags mit dialektalen Einsprengseln an. Mit anderen Worten: Im Süden des Rheinlands kann man den Beginn einer sprachlichen Entwicklung beobachten, die am Niederrhein und in großen Teilen des zentralen Rheinlands schon abgeschlossen ist. Ein – auf den ersten Blick paradoxes – Ergebnis dieses Nord-Süd-Gefälles ist die Beobachtung, dass im Norden, wo die Mundarten keine Rolle mehr spielen, die Umgangssprache weitaus mehr dialektale Lehnwörter aufweist als im Süden, wo der Dialekt noch lebendig ist.

Daraus resultiert nahezu zwangsläufig ein regionales Ungleichgewicht der Dokumentation. Niederrheiner und Bewohner des Bergischen Landes oder des Ruhrgebiets werden in diesem Wörterbuch weitaus mehr bekannte Wörter finden als Kölner, Eifeler oder gar Rheinländer, die auf dem Hunsrück wohnen. Andererseits ist auch nicht zu erwarten, dass alle Sprecher und Sprecherinnen eines Ortes über denselben umgangssprachlichen Wortschatz verfügen. Da die Regeln der Regiolekte nicht kodifiziert sind, finden sich allenthalben individuelle Ausprägungen und Eigenheiten. Außerdem ist die Reichweite von Mundartwörtern auch in der Umgangssprache begrenzt; Belege, die am Niederrhein gebräuchlich sind, werden vielleicht schon in Mülheim/Ruhr nicht mehr verstanden.

Schon diese kurze Diskussion macht deutlich, dass es *die* Umgangssprache nicht gibt. Vielmehr muss von regionalen Varianten oder Regiolekten ausgegangen werden, deren Abgrenzung jedoch nicht immer leicht fällt. Darüber hinaus können die Sprecherinnen und Sprecher selbst im sprachlichen Alltag durchaus unterschiedliche Sprachlagen verwenden. Auch wenn sie nicht „Hochdeutsch" sprechen, werden sie in einer offiziellen Situation eine andere Umgangssprache sprechen als in einer nachbarschaftlichen Unterhaltung. Es ist deshalb notwendig, genau zu definieren, was man in einer umgangssprachlichen Wortsammlung überhaupt dokumentieren will.

Wat wohl un wat nich?

Auswahlkriterien

Eine einfache und gleichzeitig rheinische Definition für die Umgangssprache wäre etwa: *Alles dat, wat nich im Duden steht.* Mit diesem Kriterium wäre in der Tat ein großer Teil des alltäglichen Wortschatzes, der nicht zur Standardsprache zu rechnen ist, erfasst. Vor allem die Wörter, die mundartlichen Ursprungs sind – und auf solche kommt es hier an –, könnten so leicht ermittelt werden, wenn die standardsprachlichen Wörterbücher nicht mit jeder Auflage mehr Stichwörter verzeichneten, die als „landschaftlich" markiert sind. Für den Kanon des Regionalwörterbuchs des Rheinlands musste deshalb als erstes Kriterium die Ausschlussregel leicht modifiziert werden: **Wörter, die in hochsprachlichen Wörterbüchern zu finden sind, werden nur dann aufgenommen, wenn sie dem Rheinland zugeordnet werden können.** Wobei hier als Referenz das sechsbändige Wörterbuch von Gerhard Wahrig, der BROCKHAUS-WAHRIG, herangezogen wurde.

Allerdings verzeichnet der BROCKHAUS-WAHRIG – wie auch der Duden – sehr viele als „umgangssprachlich" oder „salopp" gekennzeichnete Stichwörter. Darunter finden sich Belege wie *bammeln* (*von der Decke bammeln* hängen), *beknackt* (geistig beschränkt), *bimsen* (*Vokabeln bimsen* einüben), *verbimsen* (verprügeln), *bullig* (*bullige Hitze* sehr, übermäßig), *fläzen* (sich hinlümmeln), *fummeln* (beim Fußball dribbeln), *schmeißen* (werfen) oder *Kuckelores* (Unsinn, Quatsch). Obwohl nicht als „landschaftlich" markiert, sind sie dennoch in vielen Mundartwörterbüchern – auch des Rheinlandes – zu finden. Diese **Wörter, die keiner bestimmten Mundart zuzuordnen sind, werden nicht aufgenommen.** Selbst wenn sie tatsächlich mundartlichen Urprungs sein sollten, ist in diesem Rahmen nicht mehr zu klären, inwieweit sie über die Vermittlung der Umgangssprachen ihre eigentlichen Geltungsareale überwunden haben.

Auch wenn viele Mundartwörterbücher des Rheinlands den aktuellen, tatsächlich verwendeten Wortschatz einer Mundart und nicht nur die genuin dialektalen Anteile präsentieren, so bilden sie doch das wichtigste Ausschlusskriterium für diese Sammlung: **Wörter, die nicht in mindestens einem rheinischen Dialektwörterbuch nachgewiesen werden können, werden nicht aufgenommen.** Die Vorgehensweise war dabei immer gleich: Zuerst wurde der Nachweis mit Hilfe des RHEINISCHEN WÖRTERBUCHS versucht. Wenn er nicht gelang, wurde auf örtliche Mundartwörterbücher zurückgegriffen. Konnte ein Wort auch hier nicht gefunden werden, geschah ein Abgleich mit Regionalwörterbüchern der angrenzenden Landschaften wie dem Pfälzischen oder dem Westmünsterländischen Wörterbuch. In diesem Regionalwörterbuch finden sich deshalb nur ganz wenige Wörter, die nicht in einem Mundartwörterbuch belegt sind. Von ihnen wird damit behauptet, dass sie Lücken in den rheinischen Mundartwörterbüchern deutlich gemacht haben.

Alle drei Ausschlussregeln zusammen garantieren eine konsequente Auswahl derjenigen Wörter in der rheinischen Umgangssprache, die ihren Ursprung in den rheinischen Dialekten haben. Wörter wie *Kinkerlitzchen*, *Klumpatsch*, *huckepack*, *Gesocks* oder *Kaventsmann* sind zwar im Rheinischen Wörterbuch und anderen Ortslexika belegt, ein Quercheck mit dem BROCKHAUS-WAHRIG entlarvt sie allerdings als nichtrheinische, weit verbreitete Wörter der allgemeinen Umgangssprache. Selbst eine Wendung wie *ein Stich Butter*, die sowohl im RHEINISCHEN WÖRTERBUCH als auch im WAHRIG als landschaftlich belegt ist, wurde nicht aufgenommen, da sie nicht eindeutig zugeordnet werden konnte.

Ein besonderer Fall sind die Wörter aus der Standardsprache oder der allgemeinen Umgangssprache, die in der regionalen Lautung erscheinen. Davon gibt es naturgemäß eine große Anzahl, wobei die lautlichen Veränderungen graduell unterschiedlich ausfallen können. Für diese Wortsammlung wurden nur einige wenige Stichwörter ausgewählt, die beispielhaft diese „rheinische Lautung" illustrieren. Dazu gehören natürlich die rheinischen Kennwörter *dat* und *wat*, aber auch *Appel*, *drübber*, *Fussel*, *Knopp*, *nackich* oder *nix* und *nich*. Weitere lautliche Anpassungen finden sich in den vielfältigen Beispielsätzen.

Quellen

Als das regionale Zentrum für die Erforschung der Alltagssprache im Rheinland hat die Sprachabteilung des Amtes für rheinische Landeskunde neben der Dokumentation der Dialekte, Sprachinseln und Sondersprachen in den letzten Jahren zunehmend die Regiolekte zu ihrem Gegenstand gemacht. Wie reden die Menschen im Alltag wirklich? Diese Frage stand dabei stets im Vordergrund. So auf der Jahrestagung der Sprachabteilung im April 1999 unter dem Titel „Umgangssprache, wat is dat?" und bei Fragebogenerhebungen und Straßenbefragungen zum Sprachgebrauch, die allesamt Georg CORNELISSEN organisiert und durchgeführt hat (zu den Ergebnissen siehe das Literaturverzeichnis). Diese Projekte werden laufend ergänzt und erweitert.

Im Verbund mit diesen Befragungen ist auch damit begonnen worden, den regiolektalen Wortschatz zu erheben. Aus anfänglich eher lockeren Beobachtungen bei Besuchen vor Ort entwickelte sich mit der Zeit eine systematische Wortsammlung, die gezielt die Kenntnis von Gewährspersonen im gesamten Rheinland einbezog, die ihrerseits ihre Erfahrungen und Beobachtungen weitergegeben haben. Basis des Wörterbuchs ist nicht zuletzt auch die Umgangssprachkompetenz der beiden Referenten in der Sprachabteilung, G. Cornelissen und P. Honnen, und der langjährigen studentischen Mitarbeiter.

Allen Bei- und Zuträgern ist gemeinsam, dass sie im Rheinland geboren sind, hier ihre sprachliche Sozialisation erfahren haben und auch heute noch leben. Sie verteilen sich über die ganze Region, wenn auch nicht verschwiegen werden soll, dass ein deutlicher Schwerpunkt am Niederrhein, im Ruhrgebiet und im südlichen Rheinland auszumachen ist. Ergänzungen und Nachträge aus dem Westen, der Eifel und dem Bergischen Land sind deshalb jederzeit willkommen. Dabei ist anzumerken, dass die „Umgangssprache" in der Eifel und auf dem Hunsrück noch schwerer zu erfassen ist als im übrigen Rheinland, weil sich nach Aussage von örtlichen Experten hier erst eine Zwischenlage bei jüngeren Sprechern zu entwickeln beginnt.

Alle Gewährspersonen sind zwischen fünfundzwanzig und fünfzig Jahre alt, sie sind zum Teil auch gezielt mittels Wortlisten oder Dialektwörterbüchern befragt worden (*Kennen oder benutzen*

Sie dieses Wort?), meist jedoch hatten sie lediglich Kenntnis von dem Projekt und haben deshalb im Alltag genau hingehört und ihre Erfahrungen weitergegeben. Die Beispielsätze sind authentische Äußerungen, die entweder direkt protokolliert, aus dem Gedächtnis wiedergegeben werden oder aus dem eigenen Sprachgebrauch stammen. Sie bieten somit ein Panorama der Alltagssprache im Rheinland, wenn auch die „nördlichere" Lautung etwas überwiegt. Hier sind alle Leserinnen und Leser aufgerufen, sich mit Ergänzungen und Nachträgen an dem Projekt, das mit diesem Buch noch lange nicht abgeschlossen ist, zu beteiligen.

Wat soll dat?

Ziel und Zweck der Dokumentation

Auch wenn heute immer weniger Dialekt gesprochen wird – in vielen Regionen des Rheinlands sind nur noch unter den über Fünfzigjährigen Mundartsprecher zu finden –, so bleibt die Sprache ein wichtiges, wenn nicht gar das einzige Erkennungsmerkmal, das Hinweise auf die regionale Herkunft eines Menschen zu geben vermag. Denn auch Nichtdialektsprecher benutzen in den meisten Fällen im Alltag nicht die Standardsprache, wie sie Deutschlehrer zu hören wünschen, sondern eine Variante, in der viele Sprachebenen vermischt sind. So wie sich Helmut Kohl als Pfälzer, Heinrich Lübke oder Franz Müntefering als Sauerländer zu erkennen geben oder gaben, sind wie Konrad Adenauer auch die Rheinländer eindeutig an ihrer Sprache zu erkennen. Zwar ist den meisten Menschen bewusst, dass sie im Alltag nicht „Hochdeutsch" sprechen, doch wie stark ihre Umgangssprache durch ihre Herkunft geprägt ist, wird in der Regel nicht wahrgenommen.

Nicht umsonst wird in der Sprachwissenschaft jedoch von „neuen Dialekten" oder „Regiolekten" gesprochen, wenn es um den Niedergang der alten Mundarten geht. Mit den Dialekten verschwinden nämlich nicht alle regionalen Merkmale der Sprache, löst sie sich keineswegs völlig von der Region. Ganz im Gegenteil spielt sie auch weiterhin eine wichtige Rolle für die regionale Identität der Rheinländer – ohne dass ihnen das allerdings bewusst ist. Ein Blick in den Aussprache-Duden zum Beispiel würde sicherlich viele verblüffen, so sehr hat man sich in der Regel an eine bestimmte regiolektale Aussprache gewöhnt. Welcher Rheinländer kann etwa die Wörter „hart" oder „Bart" dudenkorrekt aussprechen? Hier hört man nur die Varianten *haat, Baat* oder *hacht* und *Bacht*. Wer sagt Weg statt *Weech*, weg statt *wech*, täglich statt *täächlich*, Rad statt *Ratt*, kriegt statt *kricht* oder flog statt *flooch* und Tag statt *Tach?* Genauso hört man *kucken* statt gucken, *Omma* statt Oma, *drübber* statt drüber und *Spass* statt Spaß. Selbst wenn Rheinländer versuchen, korrektes Hochdeutsch zu sprechen, schleichen sich oft solche Lautungen unbemerkt ein.

Wie das Wörterbuch belegt, offenbart sich die regionale Gebundenheit der Umgangssprache ganz besonders im Wortschatz. In jeder alltäglichen Kommunikation im Rheinland sind Mundartwörter zu hören, ohne dass die Sprecher und Sprecherinnen darüber reflektieren, welcher Sprachschicht sie entstammen. Diese rheinischen Aspekte der Alltagssprache zu dokumentieren, ist eines der Anliegen dieses Buches. Es ist verbunden mit der Hoffnung, dass aus dem Wissen um die regionalen Elemente ein bewussterer Umgang mit den Regiolekten erwächst, die heute, ähnlich wie die Dialekte im Karneval, in der öffentlichen Wahrnehmung nur als Sujet für Kabarettisten und Kleinkunstakteure in Erscheinung treten. Dabei ist eines aus der Sprachgeschichte sicherlich zu lernen: Die Diffamierung der Dialekte als Sprache der Ungebildeten und Rückwärtsgewandten und damit als Bildungsbarriere war falsch. Sie hat im Rheinland dazu beigetragen, dass eine Sprache verschwindet, die wichtige Funktionen in der alltäglichen, informellen Kommunikation hatte. Wenn heute die Regiolekte diese Lücke ausfüllen, darf ihnen nichts Ähnliches widerfahren. Umgangssprachliche Kompetenz ist im Alltag äußerst wichtig, die Fähigkeit, die Sprachlage der jeweiligen Situation anzupassen, ist auch im nachdialektalen Zeitalter von großer Bedeutung. Genauso wenig wie die Mundarten sind auch die Regiolekte „falsches Deutsch", das ausschließlich von Unterprivilegierten gesprochen wird. Im Gegenteil erfüllen sie wichtige Funktionen als Nahsprache und als Vermittler regionaler, rheinischer Identität.

Gerade im Deutschunterricht sollte auf diese wichtigen Aspekte hingewiesen werden. Es ist eben nicht falsch, von *frickeln, brasseln* oder *püntern* zu sprechen, es kann in bestimmten Situationen sogar „richtiger" sein als die Verwendung hochsprachlicher Verben. Allerdings muss ein Lehrer in der Lage sein, die Wörter ihren angestammten Domänen zuzuordnen, um auf ein situationsgerechtes Sprachverhalten hinarbeiten zu können. Dabei soll das Wörterbuch Hilfe sein, die regionale und situative Gebundenheit von Sprache zu erkennen, damit, wie zum Beispiel die Berliner, auch die Rheinländer selbstbewusst und ohne Scham ihren Regiolekt im Alltag verwenden. Die *Ruhrpottler* haben es schon vorgemacht.

Wie gehdet weiter?

Nun werden die Regiolekte nicht allein über ihre dialektalen Anteile definiert. Ein Blick in einschlägige Wortlisten im Internet, die die Suchmaschine beim Suchbegriff „Umgangssprache" findet, offenbart einen derart umfangreichen Wortschatz, wie er im Duden oder Wahrig bei allen modernen Öffnungstendenzen hin zur Alltagssprache nie zu finden sein wird. Auch das verdienstvolle „Wörterbuch der deutschen Umgangssprache" von Heinz KÜPPER konnte unmöglich alle regionalen Besonderheiten verzeichnen und ist sicherlich in vielem durch seine stark schülersprachliche Ausrichtung schon überholt. So ist das Regionalwörterbuch erst der Auftakt einer Kampagne zur vollständigen Erfassung der rheinischen Regiolekte.

Aus diesem Grund dokumentiert das Amt für rheinische Landeskunde in einem zweiten Schritt den gesamten umgangssprachlichen Wortschatz im Rheinland. Dazu gehören Wörter, die durch das strenge dialektale Raster dieser Wortsammlung gefallen sind: *Eumel, Gesocks, beknackt, Lusche, Pusemuckel, Sperenzchen, verhohnepiepeln* oder *Wampe*. Hinzu zu rechnen sind jedoch auch Wörter, die überhaupt keinen mundartlichen Hintergrund mehr haben: *sich einen ballern* für saufen, *robotten* für arbeiten, *dicker Otto* für Angeber, *Brand* für Durst, *brettern* für rasen, *Apparillo* für einen großen Gegenstand, *Absacker* für ein letztes Getränk, *Phosphatstange* für Currywurst, *den Larry machen* für sich aufregen oder *fuhrwerken* für etwas tun. Viele dieser Wörter sind selbstverständlich in ihrem Geltungsbereich nicht mehr auf das Rheinland beschränkt, sondern auch in Kaiserslautern oder Bielefeld zu hören. Zusammen mit den in diesem Band dokumentierten, aus den örtlichen Dialekten entlehnten Wörtern sind sie aber ein wichtiger Teil der im rheinischen Alltag gesprochenen Sprache.

Bislang fehlen systematische Erhebungen des regiolektalen Wortschatzes völlig. Die Sprachabteilung des Amtes für rheinische Landeskunde hat deshalb dieses Pionierprojekt aufgelegt, um erstmals alle im Alltag einer Region verwendeten, nicht hochsprachlichen Wörter aufzuzeichnen. Da ein solches Vorhaben nicht am grünen Tisch, sondern nur in enger Zusammenarbeit mit den Sprechern selbst geschehen kann, wird in naher Zukunft auf der Website des ARL eine offene Wörterbuchdatenbank eingerichtet, mit deren Hilfe das umfangreiche Lexikon der rheinischen Umgangssprache entstehen soll. Alle interessierten Leser sind somit aufgerufen und gebeten, sich an diesem Gemeinschaftswerk zu beteiligen. Sowohl Ergänzungen und Korrekturen zu diesem Band als auch Wörter für die zweite Staffel sind herzlich willkommen. Wobei selbstverständlich auch die klassischen Kanäle wie die Post, das Telefon oder das Faxgerät für die Übermittlung genutzt werden können.

Wat fällt auf?

Anmerkungen und Beobachtungen

Betrachtet man die mundartlichen Entlehnungen in der rheinischen Umgangssprache, drängt sich sicher als Erstes die Frage auf: Weshalb werden Mundartwörter überhaupt in der Umgangssprache heimisch? Was zeichnet sie vor anderen, die ihrem dialektalen Umfeld nie untreu wurden, aus? Weshalb werden sie nicht durch standardkonforme Wörter ersetzt? Wie immer, wenn es um Motive und Konventionen beim Sprechen geht, können Antworten nur Annäherungen sein, dies gilt für den Gebrauch der Standardsprache und erst recht für das weite Feld der Umgangssprachen.

Eine mögliche Antwort ist: Es gibt keine passenden Entsprechungen in der Standardsprache. Wollte man etwa Synonyme für die Verben *heischen, schnörzen, gripschen* oder *kötten* finden, käme man um aufwendige Umschreibungen nicht herum. Man kann sich jedoch nur schwer vorstellen, dass sich Kinder im Rheinland zu Sankt Martin gegenseitig auffordern: „Gehen wir singenderweise Gaben an Haustüren erbitten?" Oder wie sollte man etwa den sommerlichen Unfug in Freibädern beschreiben, der von übermütigen Jungen *döppen* genannt wird: Mutwilliges Untertauchen von Schwimmerinnen oder Schwimmern? Selbst die Politik hat die rheinischen Dialekte erreicht. Jeder weiß, was gemeint ist, wenn man sagt: *Die da oben, die sind doch nur am klüngeln!* In der Standardsprache würde der Satz korrekt lauten: Die Mächtigen bilden eine Gruppe, in der sie sich gegenseitig fördern und Vorteile verschaffen (WAHRIG 4/173).

In vielen Situationen des Alltags würde eine solche Antwort natürlich affektiert und gestelzt klingen. So ist es immer auch eine Frage des Stils, welche Wörter man verwendet. Im sprachlichen Alltag kann man meist problemlos auf das ganze Spektrum des umgangsprachlichen Wortinventars zurückgreifen, während man bei offiziellen Anlässen und in formellen Situationen tunlichst eine standardkonforme Umschreibung wählen sollte, auch wenn ein mundartliches Lehnwort eine Sache weitaus besser erfassen würde.

Man hat seit jeher der Mundart attestiert, dass sie sprechender, bildhafter und anschaulicher als die Standardsprache sei. Ob ein solch pauschales Urteil gerechtfertigt ist, mag eine offene Frage bleiben, in Einzelfällen trifft diese Einschätzung sicherlich zu. Ein schönes Beispiel dafür ist das lautmalerische Verb *knätschen*. Seiner standardsprachlichen Entsprechung „matschen" gelingt es nicht im mindesten, die Vorstellung von zwischen den Zehen oder Gabelzinken hervorquellendem Matsch oder Brei hervorzurufen, wie es eine Mutter schafft, wenn sie ihren Filius auffordert: *Musse immer mit nackte Füße in dem Matsch herumknätschen* oder *Hör auf, in dem Essen zu knätschen.* Und bei einem *Klätsch Püree* drängt sich geradezu das Bild einer mürrischen Angestellten in einer Finanzamtkantine auf, die einem Kunden mit einer großen Kelle einen klebrigen Haufen Fertigkartoffelbrei auf das Tablett *klätscht.* Bei der Auskunft, dass es draußen *pladdert* oder *plästert*, hat man eine viel konkretere Vorstellung von der Stärke des Regens, als wenn man erfährt, dass es in Strömen regne; ein *Fitzelken* ist kleiner als ein kleines Stück; *krabitzich* kratzbürstiger als reizbar oder frech und *Sülzquanten* sind widerlicher als Schweißfüße.

Abgesehen davon, dass die umgangssprachlichen Beispiele weitaus treffender den jeweiligen Sachverhalt zu beschreiben vermögen, ist es allein schon ein Gebot der Sprachökonomie, auf umständliche Umschreibungen zu verzichten. Dies dürfte wohl auch das wichtigste Argument für die Verwendung von Mundartwörtern im sprachlichen Alltag sein. Selbst dort, wo das standardsprachliche Wortinventar Alternativen böte, wird oft auf den Dialekt zurückgegriffen, weil so feine Bedeutungsnuancen sehr viel leichter ausgedrückt werden können.

Das Wortfeld „basteln/werkeln" ist dafür ein schönes Beispiel. Nicht nur die Menge der Heimwerkermärkte, auch die Umgangssprache selbst zeigt, dass das Arbeiten in den eigenen vier Wänden eine der Lieblingsbeschäftigungen des rheinischen Mannes ist. Allerdings scheint hierbei das Talent selten mit dem Betätigungsdrang zu korrespondieren, wenn man die vielen regiolektalen Bezeichnungen für amateurhaftes, wenig erfolgreiches Heimwerkeln gewichtet: Es wird allerorten *gebosselt, gefrasselt, gefrickelt, zurechtgefummelt, rumklamüsert, gepruddelt, gepüntert, gepiddelt, zusammengebrötschelt* oder *gepuselt*, ohne dass etwas Gescheites dabei herauskommt. Aber selbst beim Scheitern macht die Umgangssprache noch Unterschiede. Wer *bosselt, rumklamüsert* oder *püntert*, der gibt eigentlich nur vor, irgendwelchen notwendigen Arbeiten nachzugehen; ihm wird beim Rückzug in den Hobbykeller viel eher die Flucht vor dem tristen Ehealltag oder wichtigeren, allerdings unangenehmeren Aufgaben unterstellt. Beim *Frickler* geht es differenzierter zur Sache. Auch er kann erfolglos an irgend etwas *herumfrickeln*, allerdings gilt er als genialer Improvisator, wenn er mit unzulänglichen Mitteln etwas Funktionierendes *zusammengefrickelt* hat. Meist ist einer solchen *Frickelei* jedoch keine große Zukunft beschieden.

Beim *friemeln* oder *piddeln* kriegen die meisten Bastler die *Pimpanölles*. Es gibt aber auch bewunderungswürdige Heimwerker, die bei schwierigen *Frickeleien* oder bei entnervender *Knibbelsarbeit* niemals die Geduld verlieren und die kompliziertesten Schaltungen *zusammenpiddeln*, an denen selbst Fachleute scheitern würden. Im Gegensatz dazu geht es beim *Brötscheln/Prutschen* oder *Pruddeln* sehr grob zu. Wenn etwas *zusammengebrötschelt* ist, dann handelt es sich meist um etwas, das äußerst lieblos und mehr aus Pflichtbewusstsein denn aus Spaß an der Sache zusammengehauen wurde und über kurz oder lang seine Funktion wieder aufgeben wird.

So vielfältig in der Umgangssprache gebastelt werden kann, so unterschiedlich wird im Rheinland auch gearbeitet. Dies beweist nicht zuletzt die Anekdote, mit der sich die Rheinländer die ausländische Abneigung gegen die notorisch fleißigen Deutschen erklären: *Wenn die anderen faulenzen, fangen wir an zu arbeiten; wenn die anderen anfangen zu arbeiten, fangen wir an zu brasseln; wenn die anderen anfangen zu brasseln, fangen wir an zu wullachen; wenn die anderen endlich wullachen, fangen wir an zu malochen* (MENGEL 41). Dabei belegt ein kurzer Blick in die Regiolekte, dass die Rheinländer das Arbeiten auch nicht erfunden haben. Denn hier kann man stundenlang im Keller *krosen* und *fröseln* oder im Garten *brasseln* und sich den Anschein von intensiver Beschäftigung geben, ohne dass man eigentlich etwas Sinnvolles getan hat; gar nicht zu reden von denjenigen, die den ganzen Tag nur *rumschlunzen* und schließlich mit einem *zusammengehuddelten* Arbeitsergebnis daherkommen. Und Wörter wie *krücken* und *wullachen* beweisen, dass Arbeiten auch im Rheinland nicht immer als beglückend empfunden wird.

Die beiden Wortfelder „basteln" und „arbeiten" machen stellvertretend für viele andere deutlich, wie Mundartwörter Lücken füllen können, die die Standardsprache offen lässt. Erst sie ermöglichen in der Umgangssprache Bedeutungsnuancen, wie sie sonst nur in umständlichen Umschreibungen auszudrücken wären. Dabei ist der umgangssprachliche Variantenreichtum gerade in den Wortfeldern, die in der Hochsprache gar nicht besetzt sind, verblüffend groß. So muss im Rheinland die dringende Notwendigkeit bestehen, Menschen – oder auch andere Lebewesen – sprachlich zu kennzeichnen, die auffallend mager, im Wachstum zurückgeblieben oder erkennbar kränklich sind, während in standardsprachlichen Gesprächen das Fehlen solch charakterisierender Bezeichnungen offensichtlich nicht bemerkt wird. Allein die hier dokumentierten Entlehnungen aus den Dialekten ergeben eine stattliche Reihe: *Spörkel, Krächel, Kräpel, Mickerling, Spirriger, Hippengestell, Spinnewipp* und *Spinneflick, Schmachtlappen* oder *Spiddeliger*. Ohne darüber spekulieren zu wollen, ob im Rheinland statt des allseits beklagten, eher ungesunden Schlankheitswahns ein mehr rustikales Schönheitsideal vorherrscht (vielleicht aus dem benachbarten Belgien importiert), ist doch zu fragen, wieso diesen variantenreichen, meist abfälligen Bezeichnungen für dünne Menschen keine Entsprechungen in der Standardsprache gegenüberstehen. Da alle Wörter Bestandteile des aktiven Wortschatzes der Rheinländer sind, kann der Umfang des Wortfeldes auch nicht als Reminiszenz an vergangene Zeiten interpretiert werden, in der Magerkeit mit Armut gleichgesetzt wurde.

Ebenso wenig ist die Schlussfolgerung erlaubt, dass es im Rheinland vor griesgrämigen Miesepetern nur so wimmelt, wollte man die vielfältigen Möglichkeiten, Unzufriedenheit auszudrücken, zum Maßstab nehmen. Der Rheinländer kann *jömeln, jrängeln, knäbbeln, knasen, knatschen, knöttern, kümen, möppern, mucksen, nöhlen, quängeln* oder *sich aufkröppen*, wenn ihm etwas nicht passt. Dabei hat er den Ruf, eher ein Bruder Leichtfuß zu sein und die Dinge so zu nehmen, wie sie eben kommen. Das geht wiederum nicht ohne Gerede ab, weshalb man ihn allenthalben *babbeln, kakeln, kallen, bubbeln, quatern, ratschen, sabbeln, schwalen, schwaden* oder *töddern* hört.

Es ist erstaunlich, dass man erst bei einer solchen Zusammenstellung der mundartlichen Lehnwörter bemerkt, wie viele Wortfelder in der Umgangssprache überhaupt mit Mundartwörtern aufgefüllt sind. Sie werden in der alltäglichen Kommunikation so selbstverständlich gebraucht, dass man sich kaum eine Unterhaltung in reinem Standarddeutsch vorzustellen vermag, zumal diese dialektalen Einsprengsel nur einen Bruchteil des umgangssprachlichen Wortschatzes ausmachen. Es ist deshalb nicht weiter verwunderlich, wenn immer mehr dieser Wörter Eingang in standardsprachliche Wörterbücher finden. So kann man heute auch *fies, fisselig, böllern, buddeln, pingelig, Flappe, Seiber* oder *Pütt* im Duden nachschlagen.

Manchmal bewahren Mundartwörter die Erinnerung an eine Sache, die aus dem Alltag bereits verschwunden ist. Damit tritt eine Bedeutungsverschiebung ein, eine Veränderung im Bezugsgefüge von Wort und Sache. Die *Blotschen* oder *Klompen* etwa, die heute in der Umgangsprache schweres Schuhwerk bezeichnen, stammen aus einer Zeit, als bei der Arbeit auf dem Hof oder im Garten noch Holzschuhe getragen wurden. Damals waren überall im Rheinland auch die *Altrüscher* und *Klüngelspitter* unterwegs, Lumpen- und Schrottsammler, die mit ihren Pferdewagen all das mitnahmen, was heute beim Sperrmüll vor die Tür gestellt wird. Auch wenn diese Wandergewerbetreibenden kaum mehr anzutreffen sind, werden doch die ortsfesten Schrotthändler auch heute noch mit diesen alten Mundartwörtern bezeichnet.

Die Wendung „*dann is aber Pannas am Christbaum*" versteht im nördlichen Rheinland jeder sofort als Drohung, auch wenn sich dabei die wenigsten noch an ein ehemals typisches Gericht an Schlachttagen erinnern, das heute nur noch selten beim Metzger zu finden ist. Die dicken, in der Pfanne gebratenen Scheiben einer grauen Masse aus Schweineblut, Buchweizenmehl und Speckstücken entsprechen nicht mehr den Ernährungsgewohnheiten des modernen Rheinländers. Um so überraschender, dass das Wort in dieser absurden Wendung bis heute überlebt hat. Genauso wenig nehmen heute die noch verbliebenen Bergleute ihren *Henkelmann* mit in den *Pütt*. Dennoch hat sich die Bezeichnung im Sprachbewusstsein der Rheinländer gehalten und wird noch oft – meist in scherzhafter Weise – für verschiedene Gefäße gebraucht. Die Kölner nennen sogar ihre moderne Köln-Arena in Deutz *Henkelmännsche*.

Vollends überrascht, dass man im Ruhrdeutschen die Nachfeier zu einer Beerdigung, bei der viel gegessen und oft noch mehr getrunken wird, *Raue* nennt. Dieses Wort kennen selbst viele ältere Mundartsprecher im Rheinland nicht mehr. Sogar im RHEINISCHEN WÖRTERBUCH, dessen Sammelphase in den dreißiger Jahren des letzten Jahrhunderts abgeschlossen war, gilt es bereits als veraltet. Wieso hat sich dieses Dialektwort im Regiolekt des Ruhrgebiets so lange gehalten? Auch die schöne Wendung *et pännekesfett haben*, die das Wohlleben beschreibt, ist nur noch im Ruhrdeutschen zu hören; kein anderer Regiolekt hat sie bewahrt. Dies ist auch bei dem Verb *pängstern* der Fall, das ein Synonym für *triezen*, jemanden ärgern ist. Obwohl schon in vielen rheinischen Dialekten nicht mehr im Gebrauch, hat es sich gerade im Ruhrgebiet, wo die Mundarten schon lange verschwunden sind, am besten gehalten. Die Umgangssprache kann also tatsächlich mundartliches Wortgut tradieren, das in Dialekten schon als ausgestorben gilt. So vermeldet das dreibändige Wörterbuch von ADAM WREDE für Köln die Wörter *Knabbel*, *Lorche* und auch *uselig* bereits als veraltet, obwohl sie in den rheinischen Umgangssprachen ein quicklebendiges Leben führen.

Nicht nur die Zeit, auch der Raum ist im Verhältnis Dialekt-Umgangssprache leicht verschoben. Zwar entspricht die Verbreitung von Mundartwörtern im Regiolekt meist ihren dialekträumlichen Vorkommen, doch sehr oft überschreiten sie auch ihre eigentlichen Grenzen. Das Wort *fickrig* etwa kennt das notorisch zuverlässige RHEINISCHE WÖRTERBUCH nur aus Mönchengladbach, mittlerweile ist es aber sogar im Duden aufgenommen. Die Wendung *nix zu kamellen haben* war ursprünglich einmal auf den Raum beschränkt, in dem man die *Kamelle* als Variante des Bonbons kennt; heute ist sie im gesamten Rheinland verbreitet. Einen *Krächel* verzeichnet das RHEINISCHE WÖRTERBUCH nur im Hunsrück, in der Umgangssprache findet man das Wort heute auch am Niederrhein und im Ruhrgebiet. Ähnlich verhält es sich mit *leper* (im RHEINISCHEN WÖRTERBUCH als seltenes niederrheinisches Wort bezeichnet), *Lorche* (nur für Solingen belegt), *Nischel* (nur aus Saarbrücken bekannt), *Klöten* (nur einmal für Malmedy verzeichnet) oder *Kabachel* (für den Hunsrück nachgewiesen), die alle ihre dialektale Heimat verlassen haben und heute weitaus großräumiger in den rheinischen Umgangssprachen verbreitet sind.

Auch in anderer Beziehung stimmt die Verwendung von Wörtern in den Mundarten und den Regiolekten nicht immer überein. Häufig erfahren Mundartwörter in der Umgangssprache eine Bedeutungsverengung. So ist der *Bullewatz* im Dialekt eigentlich ein Schreckgespenst, mit dem Eltern ihren Kindern drohen, umgangssprachlich versteht man darunter jedoch nur noch etwas besonders Dickes; das Verb *frasseln* bedeutet auch balgen oder prügeln, im Regiolekt steht es nur noch für ungeschickt werkeln; ein *gorriger* Mensch kann mager, träge oder geizig sein, umgangssprachlich ist er nur noch letzteres; eine *Kaue* kann sowohl ein Bett, eine Hütte oder ein Käfig sein, regiolektal versteht man darunter nur noch das Bett (im Ruhrgebiet auch die *Waschkaue*, den Waschraum der Bergleute); mit *Prött* wird eigentlich jeder dicke Brei bezeichnet, in der rheinischen Umgangssprache ist er nur noch der Kaffeesatz in der fast leeren Kanne; bei *Pütt* denkt heute jeder an den Bergbau, im Dialekt ist damit aber ein (Zieh-) Brunnen und erst in zweiter Linie ein Schacht gemeint; und das Verb *strunzen* ist im Dialekt sogar ein richtiges Universalwort, das stibitzen, hervorsprudeln, gemütlich plaudern und sogar urinieren bedeuten kann, im Regiolekt benutzt man es jedoch nur noch als Synonym für prahlen und angeben. Es kann auch passieren, dass ein Wort in Umgangssprache und Dialekt in unterschiedlichen Redewendungen gebraucht wird. So kennen die rheinischen Mundarten die Wendung *gut Kapee haben*, wenn jemand etwas leicht begreift; im Regiolekt dagegen sagt man nur: *Der is aber schwer von Kapee*, wenn man einen begriffsstutzigen Menschen charakterisieren will. Das Wort *petzen* hat in den rheinischen Dialekten die Bedeutung kneifen, nur ganz vereinzelt ist die Nebenbedeutung jemanden verraten belegt. In der Umgangssprache kennt man heute nur noch die alte Nebenbedeutung.

Ganz selten passiert es sogar, dass Mundartwörter im Regiolekt zu Bezeichnungen für Errungenschaften der modernen Zeit werden. So nennt der Rheinländer die umstrittenen Speedbreaker, die die Autofahrer in Wohngebieten zu moderater Fahrweise zwingen sollen, in Ermanglung eines griffigen standarddeutschen Begriffs schlicht und verniedlichend *Hübbelschen* oder *Hubbel*, auch wenn er sich gerade seinen Auspufftopf daran demoliert hat. Am unteren Niederrhein wird die im Haushalt allgegenwärtige Fernbedienung kurz *Flitsch* genannt (zu *Flitsche* Steinschleuder), und das eigentlich namenlose Gerät, mit dem man durch Unterdruck den verstopften Abfluss eines Waschbeckens repariert, heißt in der Umgangssprache um Bonn *Dümpel*.

Auch wenn in diesem Wörterbuch nur die Mundartwörter verzeichnet sind, die in der Alltagssprache als Lehnwörter gebraucht werden, so soll abschließend doch auf eine standardsprachliche Entlehnung in der Umgangssprache hingewiesen werden, die eine verblüffende Bedeutungsänderung und einen inflationären Gebrauch aufzuweisen hat. Es geht um das Wörtchen *vielleicht*. Schon Küpper war aufgefallen, dass „‚vielleicht'... in der volkstümlichen Rede entgegen dem Wortsinn und üblichen Sprachgebrauch als Verstärkung der Aussage" dient (KÜPPER 890). Betrachtet man einmal die vielen Beispielsätze in den Wortartikeln, wird man erstaunt feststellen, wie häufig das Wort in dieser Funktion in der Umgangssprache verwendet wird: *Der macht vielleicht immer en Buhai. Der war vielleicht brastig. Die hat vielleicht einen inne Hacke. Die wohnen vielleicht innem kleinen Hücksken. Der erzählt vielleicht en Käu. Du bis vielleicht en Herzken. Der hat vielleicht Quadrat-*

latschen. Immer hat hier *vielleicht* die Funktion von sehr oder besonders: ein sehr kleines Haus, besonders große Füße oder großer Blödsinn. Diese eigentlich unlogische Verwendung ist offensichtlich tief im Sprachgebrauch des Alltag verankert und aus der Umgangssprache nicht mehr wegzudenken. Das belegt auch dieses Wörterbuch.

Wat kamman damit machen?

Hinweise zur Benutzung

Der Aufbau der Wortartikel folgt einem einheitlichen Schema. Es gibt drei, auch durch das Druckbild zu unterscheidende Elemente: Das umgangssprachliche **Stichwort**, seine **Lautvarianten**, alle **Ableitungen** sowie die dazu gehörigen **Zusammensetzungen** erscheinen zur leichteren Orientierung bei ihrem ersten Erscheinen in Fettdruck. Alle umgangssprachlichen *Beispiel-* und *Belegsätze* sowie *Beispielwörter* sind durchgehend kursiv gesetzt. Belege, die die Wortgeschichte erhellen sollen, sind durch eine serifenlose Schrift kenntlich gemacht.

In ›spitzen Klammern‹ finden sich ergänzende Bedeutungsangaben, die auf Bedeutungsnuancen und besondere Verwendungszusammenhänge hinweisen. Der schwarze Punkt • grenzt dabei deutlich unterscheidbare Bedeutungsfelder eines Wortes voneinander ab.

Als **Stichwort** erscheint die Wortklasse eines Wortes, die – nach subjektiver Einschätzung – am häufigsten in der Umgangssprache vorkommt. Das Register erleichtert dem Suchenden die möglicherweise so begründete Mühe, indem alle Ableitungen und Lautvarianten dem jeweiligen Wortartikel noch einmal zugeordnet werden.

Jedes Stichwort ist, wie es das Programm des Wörterbuchs postuliert, in einem rheinischen Dialektwörterbuch belegt. Wichtigstes, durch nichts zu ersetzendes und unentbehrliches Werkzeug war dabei das große RHEINISCHE WÖRTERBUCH, das seit 1972 in neun Bänden vorliegt. Der Nachweis folgt dabei dem üblichen Schema mit der Nennung des Werkes (RhWb), des jeweiligen

Bandes (RhWb V) und der entsprechenden Spalte (RhWb V 1234). Wenn ein Wort als im RhWb belegt gelten kann, erfolgt in der Regel kein weiterer Nachweis. Dies betrifft etwa neunzig Prozent aller Stichwörter. Ist ein Wort nur unzureichend oder gar nicht im RhWb belegt, so erfolgt die Nennung der Fundstellen (Autor und Seite) in örtlichen Mundartwörterbüchern, etwa (Horster 44) oder (Standke 12).

Geographische Einteilung

Im Rahmen dieser Dokumentation können keine exakten Aussagen über die räumliche Gültigkeit umgangssprachlicher Belege gemacht werden. Deshalb beziehen sich die Angaben zur regionalen Verbreitung eines Wortes in der Regel, wenn nicht explizit auf den Regiolekt verwiesen wird, auf das zugrunde liegende Mundartwort, wie es im RHEINISCHEN WÖRTERBUCH oder in den Ortsmundartwörterbüchern belegt ist. Das dabei verwendete Raster ist allerdings weitmaschiger und weniger genau als das RHEINISCHE WÖRTERBUCH.

Unter der Bezeichnung **Rheinland** wird das Gebiet zwischen Emmerich im Norden und Bad Kreuznach im Süden, Aachen im Westen und Gummersbach im Osten zusammengefasst (siehe Karte). Darin werden die folgenden Räume definiert:

Südliches Rheinland: Das Gebiet zwischen der so genannten dat/das-Sprachlinie, die von West nach Ost über den Hunsrück verläuft, und der Nordeifel.

Zentrales Rheinland: Das Gebiet zwischen Nordeifel und einer gedachten Linie zwischen Mülheim/Ruhr und Venlo.

Niederrhein: Das Gebiet zwischen dieser gedachten Linie im Süden und Emmerich im Norden.

Ruhrgebiet

Bergisches Land

Falls nötig, können auch kleinräumigere Gebiete definiert werden, etwa „im Süden des zentralen Rheinlands" oder „im Westen des Bergischen Landes". Der „untere Niederrhein" ist dabei ein Synonym für den südlichen Niederrhein. Auch die **Benrather Linie** wird zur Abgrenzung herangezogen; als maken/machen-Linie beschreibt sie die Grenze zwischen den niederdeutsch ge-

Sprachlandschaft Rheinland

prägten Dialekten im Norden gegenüber den mitteldeutschen Dialekten im Süden des Rheinlands. Sie verläuft in einem sanften Bogen, ausgehend von Gummersbach, durch das Bergische Land, überquert bei Benrath den Rhein und erreicht im Süden des Kreises Heinsberg die Niederlande.

Hinweise zur Schreibung

Die Schreibung orientiert sich an den Konventionen, wie sie sich um die neuere umgangssprachliche Literatur im Ruhrgebiet und im zentralen Rheinland entwickelt haben. Dabei steht nicht die lautgenaue Notierung, sondern die Erwartung des Lesers an ein bekanntes Schriftbild im Vordergrund. Deshalb ist die Schreibung so weit als möglich an die hochdeutsche Orthographie angeglichen. Dabei gelten für das Stichwort selbst strengere Regeln als für die Beispielsätze im Wortartikel.

In der Regel wird ein Kurzvokal durch die Verdopplung des folgenden Konsonantenzeichens angezeigt. Man kann also davon ausgehen, dass ein Vokal, auf den ein einfacher Konsonant folgt, lang gesprochen wird: *Mus, Dez, Pläte, pesen*. Bei den „kleinen" Wörter wie *wat/dat, in, von* oder *hat* in den Beispielsätzen wurde jedoch auf eine Verdopplung des Endkonsonanten verzichtet, weil die Aussprache nicht vom Standarddeutschen abweicht.

Ein einfaches s zwischen zwei Vokalen wird immer weich oder stimmhaft wie in „Nase" ausgesprochen, ein scharfes oder stimmloses s wird immer durch Verdopplung (ss) angezeigt.

Richtet sich die Schreibung des Stichworts zur besseren Orientierung mehr nach der Standardorthographie, so wird in den Beispielsätzen versucht, den tatsächlichen Klang des alltäglichen Sprechens einzufangen: *nickelich* statt nickelig, *gibbet* statt gibt es, *kannze* statt kannst du, *aufe* statt auf der, *kuckse* statt guckst du oder *son* statt so einer. Die Schreibung des fettgedruckten Stichworts kann sich also durchaus von seiner Schreibung im kursiv gedruckten Beispielsatz unterscheiden.

In allen Fällen, wo die Schreibung uneindeutig bleibt, sind Aussprachehinweise gegeben. Wie bei allen Notationen gesprochener Sprache lohnt es sich darüber hinaus, zur Vergegenwärtigung des originalen Klanges die Sätze laut nachzusprechen.

Literatur

AHN, Heinz: Kenne hät sech selvs jemaht. Schimpf- und Scheltworte, Neck-, Spitz-, Spott- und Scherznamen, Worte des Bedauerns und des Mitleids sowie Kosenamen, Düsseldorf 1994.

BROCKHAUS WAHRIG: Deutsches Wörterbuch in sechs Bänden. Hrsg. von Gerhard Wahrig, Hildegard Krämer, Harald Zimmermann, Stuttgart 1980.

BÜCHER, Johannes: Bonn-Beueler Sprachschatz (Rheinische Mundarten Bd. 3), Köln 1983.

CORNELISSEN, Georg: Regiolekte im deutschen Westen. Forschungsansätze, in: Niederdeutsches Jahrbuch 122 (1999), S. 91–114.

CORNELISSEN, Georg: Nicht Platt, nicht Hochdeutsch. Zur gesprochenen Sprache im Rheinland, in: Volkskultur an Rhein und Maas, 19. Jg. 1/01, S. 15–25.

CORNELISSEN, Georg: „An sich, nicht dat 100%ige Hochdeutsch". Das regionale Varietätenspektrum im Sprachwissen und Sprachbewusstsein rheinländischer Sprecher/innen, in: Rheinische Vierteljahrsblätter, Jg. 65/2001, S. 360–373.

CORNELISSEN, Georg: Bröckskes, Klümpchen und Kamellen. „Bonbons" in der regionalen Umgangssprache, in: Volkskultur an Rhein und Maas, 20. Jg 1/02, S. 5–7.

CORNELISSEN, Georg: Muster regionaler Umgangssprache. Ergebnisse einer Fragebogenerhebung im Rheinland, in: Zeitschrift für Dialektologie und Linguistik 59, 2002, Heft 3, im Druck.

DEGEN, Kurt: Rheinische Mundart in Burgbrohl. Ein Wörterbuch, Burgbrohl 1993.

DENST, Marie Louise: Bergisches Mundart-Wörterbuch für Kürten-Olpe und Umgebung. Olper Platt. Unter Mitarbeit von Helene Zöller. Hrsg. Begischer Geschichtsverein, Abt. Rhein-Berg e. V., Bergisch Galdbach 1999.

DICKS, Karl: Vogteier Wörterbuch. Eine Dokumentation der

Mundart in der Vogtei Gelderland. Mit einer Einführung von Georg Cornelissen, Schwalmtal 1998.

EICHHOFF, Jürgen: Wortatlas der deutschen Umgangssprachen. Erster Band, Bern 1977.

FELLSCHES, Josef: Duisburger Wortschätzchen, 3. Aufl. Duisburg 1999.

FISCHER, Helmut: Wörterbuch der unteren Sieg (Rheinische Mundarten Band 4), Köln 1985.

GILLESSEN, Leo: Mundart im Heinsberger Land. Dremmener Wörterbuch (Rheinische Mundarten Band 11), Köln 1999.

HALBACH, Gustav Hermann: Bergischer Sprachschatz. Volkskundliches plattdeutsches Remscheider Wörterbuch, Remscheid 1951.

HEINRICHS, Josef: Dürener Platt, Köln 2001.

HENRCHS, Winfried: Mülheim-Kärlicher Mundart. Miie schwätze Plat. Hrsg. von der Gemeinde Mülheim-Kärlich, 1992.

HERMANNS, Will: Aachener Sprachschatz. Wörterbuch der Aachener Mundart. Im Auftrag des Vereins „Öcher Platt" für den Druck überarbeitet und hrsg. von Rudolf Lantin, Aachen 1970.

KANIES, Helga: „Sarret ährlich". Die Sprache im Ruhrgebiet, Bonn 1991.

KNÜFERMANN, Arnold: Grafschafter Mundartlexikon. Leben und Arbeiten in der alten Grafschaft Moers. Hrsg. vom Arbeitskreis „Grafschafter und Vogteier Mundart und Volkskunde" in Zusammenarbeit mit dem Amt für rheinische Landeskunde. (Rheinische Mundarten Band 6), Köln 1983.

KRAEBER, Hannelore: Neues Wörterbuch der Koblenzer Mundart. Hrsg: Stadt Koblenz 1991.

KÜPPER, Heinz: Wörterbuch der deutschen Umgangssprache, Stuttgart/Dresden 1993.

LEXIKON DER ALLTAGSSPRACHE des Ruhrgebiets: 1000 Worte Bottropisch. Unter der Leitung von Werner Boschmann zusammengestellt von der Klasse 7e des Josef-Albers-Gymnasiums in Bottrop, Essen 1982.

MENGEL, Erich: Altgold, Talmi und Rotwelsch. Ein Gang durch unser mundartliches und umgangssprachliches Wörterbuch, Remscheid o.J.

NITT, Ingeborg; GRÖBE, Volker; WILDEN, Heinz-D.: Uns Familich. Wörterbuch Hochdeutsch-Kölsch I, Köln 1990.

PFÄLZISCHES WÖRTERBUCH. Begründet von Ernst Christmann, fortgeführt von Julius Krämer, bearbeitet von Rudolf Post, 6 Bände 1965–1997.

PFEIFER, Wolfgang: Etymologisches Wörterbuch des Deutschen. 3 Bände, Berlin 1989.

PIIRAINEN, Elisabeth; ELLING, Wilhelm: Wörterbuch der westmünsterländischen Mundart. Herausgegeben vom Heimatverein Vreden unter Mitarbeit zahlreicher Gewährsleute, Vreden 1992.

RHEINISCHES WÖRTERBUCH. Auf Grund der von J. Franck begonnenen, von allen Kreisen des rheinischen Volkes unterstützten Sammlung hrsg. von J. Müller u. a., 9 Bände, Bonn/Berlin 1928–1971.

RÖHRICH, Lutz: Das große Lexikon der sprichwörtlichen Redensarten. 3 Bände, Freiburg im Breisgau 1992.

SCHÖNBERNER, Egon: Wortschatz des unteren Niederrheins. Unter Mitarbeit von Ingrid Hüskes, Ernst Lamers und Johannes van Lier. Band I, Kleve 1998.

SIEWERT, Klaus: Olf, bes, kimmel, dollar, hei ... Handwörterbuch der Münsterschen Masematte. In Zusammenarbeit mit den letzten Sprechern und den Mitgliedern der Projektgruppe Masematte, Münster/New York 1993.

SPRICK, Claus: Hömma! Sprache im Ruhrgebiet. Mit einem Übersetzungsbeispiel des Autors aus „Max und Moritz" und einem grammatischen Nachwort von Klaus Birkenhauer, Ruhrgebiets-Deutsch in 30 Regeln, 4. Aufl. Straelen 1992.

STANDKE, Karl: Kleines Wörterbuch der Haaner Mundart. Mundart-Hochdeutsch, Haan 1976.

DE VRIES, Jan: Nederlands Etymologisch Woordenboek. Met Aanfullingen, Verbeteringen en Woordregisters door F. DE TOLLENAERE, Leiden 1987.

WEFFER, Herbert: Von aach bes zwöllef. Ein bönnsches Wörterbuch, Bonn 2000.

WEIJNEN, A.A.: Etymologisch Dialectwordenboek, Assen 1996.

WIESINGER, Peter: Sprachliche Varietäten – Gestern und Heute. In: Varietäten des Deutschen: Regional- und Umgangssprachen. Hrsg.: Gerhard Sickel (Jahrbuch des Instituts für deutsche Sprache 1966), S. 9–45.

WREDE, Adam: Neuer kölnischer Sprachschatz. 3 Bände, mit Anhang: Altkölnisch – Kölnisch-Ripuarisch – Suchhilfe, 7. Aufl. Köln 1978.

WINSCHUH, Karl-Heinz: Von Häkmäk, Fisternölleken und bloke Poschen, in: Jahrbuch 1994/95, hrsg. vom „Freundeskreis Lebendige Grafschaft e. V.", S. 126–127.

WOLF, Jott: Max und Moritz im Kohlenpott. De Rotzigen vonne Ruhr. Schoten mit Bilders nach Wilhelm Busch, Essen 1991.

WOLF, Siegmund A.: Deutsche Gaunersprache. Wörterbuch des Rotwelschen, Nachdruck Hamburg 1993.

Wörterbuch

Aalskull Jauchegrube *Hier stinkt et wie inne Aalskull*. Das Wort ist nach RhWb I 57 in den Mundarten des Niederrheins, des Bergischen Landes und sporadisch im zentralen Rheinland gebräuchlich. Im Ruhrdeutschen wird es auch als Synonym für ein Plumpsklo verwendet (hier soll es nach Sprick 9 in den 30er Jahren auch das Kompositum **Aalscheppe** (eigentlich Jaucheschöpfkelle) als Bezeichnung für die Uniformmütze der SA gegeben haben). Die bergische Lautvariante *Aadel* ›Jauche, Mist‹ verrät die Herkunft des Wortes aus dem niederdeutschen addel ›Jauche‹, die sich noch heute im englischen addle ›verdorbenes, faules Ei‹ wiederfindet.

Aas Schimpfwort für einen hinterhältigen, gemeinen Menschen *Dat Aas hat hinter meinem Rücken den Nachbarn erzählt, dat ich pleite bin.* • *Du altes Aas!* ›gerissener, durchtriebener Mensch‹. Auch in den Verkleinerungsformen **Öösje** *Dat is en raffiniertes Öösje* oder **Ösken** *Dat Ösken kann schon Rad fahren* ›kleines, aufgewecktes Kind‹. In den rheinischen Mundarten (RhWb I 7) kann das Wort neben der im Standarddeutschen üblichen Verwendung die unterschiedlichsten Bedeutungen haben: ›Nahrung, Speise; Köderfisch; Kaffeesatz; Viehfutter‹; in der rheinischen Umgangssprache hat sich jedoch nur die Verwendung als universelles Schimpfwort gehalten. Noch gebräuchlicher ist allerdings die Zusammensetzung **Schinnoos,** die das RhWb VII 1136 so beschreibt: „das beliebteste Schimpfwort für einen gemeinen, frechen, schlechten, arglistigen, hintertriebenen Menschen, böswilligen Quäler, bes. für ein freches, gerissenes Weib". Mit dem Wort Schindaas wird eigentlich ein verrecktes Tier bezeichnet, wobei das Bestimmungswort Schind- (zu schinden) noch heute in anderen Zusammensetzungen wie Schindluder, Schindanger oder Schindmähre erhalten ist.

akkurat, akkerat genau gleich, genau passend, peinlich genau *Kuck ma der Jung; akkurat der Vatter* ›aussehen wie der Vater‹. *Der* *is akkerat bis zum Geht nich mehr*. RhWb I 88: in diesen Bedeutungen im ganzen Rheinland verbreitet; obwohl auch im Standarddeutschen bekannt, ist die Übernahme der speziellen Bedeutung im ersten Beispielsatz aus den Mundarten wahrscheinlich (nicht nur im Süddeutschen, wie Wahrig 1/144). Das Wort stammt natürlich vom lateinischen Wort accuratus ›sorgfältig‹ ab.

Alträuscher, Altrüscher Lumpensammler, Schrotthändler, Altwarenhändler *Die Altrüscher fahren die dicksten Autos*. Der *Alträuscher* ist im zentralen Rheinland, am Niederrhein und im Ruhrgebiet bekannt (RhWb I 150). Das Verb *rauschen* hat im Rheinland auch die Bedeutung ›(mit Pauschalpreisen) handeln, etwas verramschen‹; entsprechend ist der *Rausch* ein ›Ramschverkauf‹.

Amarasch, Amberasch, Ambarasch großer Aufwand, Aufhebens, Getue *Wat dat immer von Amarasch is, wenn man wat vonner Behörde haben muss. Die macht vielleicht immer en Amberasch, wenn Besuch kommt. Ich bin froh, wenn Weihnachten vorbei is, der ganze Amarasch is mir zu viel*. Das Wort ist in dieser Bedeutung im gesamten rheinischen Raum bekannt (RhWb I 156). Es ist entlehnt aus dem Französischen embarras, das auch die Bedeutung ›Ungelegenheiten, Umstände machen‹ haben kann. Es ist über die Mundarten in die rheinische Umgangssprache gelangt.

Ambach Bescheid *Wenn der dir wat erklärt hat, weiße wat Ambach is* ›Bescheid wissen‹.• *Wat is Ambach heute Abend* ›was ist los, angesagt‹? • *Wat is überhaupt Ambach* ›um was geht es eigentlich‹? • *Wat is denn nu Ambach* ›was ist jetzt an der Reihe‹? Diese überraschenden Sonderbedeutungen finden sich im Regiolekt des Ruhrgebiets und unteren Niederrheins. Die Mundarten des übrigen Rheinlands kennen, wenn überhaupt noch, nur die alte Bedeutung des Wortes Ambacht als Sammelbezeichnung für Handwerke oder auch ganz allgemein für alle Berufe (RhWb I 156). Es ist überhaupt erstaunlich, dass sich dieses wahrlich alte Wort – wenn auch in abgewandelter Bedeutung – nahezu unverändert ausschließlich in der rheinischen Umgangssprache erhalten hat. In der Standardsprache findet man einen modernen Abkömmling in Amt im Sinne von ›Dienst, Dienstleistung oder Aufgabe‹. Man kann Ambacht über das Althochdeutsche ambaht als eines der wenigen Wörter überhaupt auf keltischen Ursprung zurückführen.

Ami (in der Verbindung mit *fies*) Unsympath, Charakterschwein *Dat is ene fiese Ami.* Neben dieser Bedeutung, die im zentralen Rheinland und am Niederrhein bekannt ist (RhWb I 165), kann das Wort zwischen Köln und Aachen auch für den Freund oder Liebhaber stehen: *Hässe deinen Ami mitgebracht?* Ob das Wort eine Entlehnung aus dem Französischen mon ami ›mein Freund‹ (mit Bedeutungsumkehrung) oder direkt auf lateinisch amicus zurückgeht, ist nicht mehr zu klären. Es hat natürlich nichts zu tun mit der erst in der Nachkriegszeit aufgekommenen Abkürzung *Ami* für einen Amerikaner.

Appel Apfel *Komm, wir gehen Äppel klaun.* Während in der rheinischen Umgangssprache sowohl Apfel als auch *Appel* nebeneinander zu hören sind, findet sich bei vielen Zusammensetzungen in der Regel die mundartliche Variante: **Appelmus** *Ich mag gern Appelmus bei de Reibekuchen.* **Appelkähne** große Schuhe *Mit sonne Appelkähne könnt ich auch nich tanzen.* **Appelkompott** *Zu Sauerbraten gehört Appelkompott.* **Appelkitsche** Kerngehäuse des Apfels *Du kannst doch nich die Appelkitsche einfach aus em Fenster schmeißen* **Appelsine**, **Appeltaat** Apfelkuchen **Pferdeappel** *Der sammelt echt noch Pferdeäppel fürn Garten.* Auch in den Redewendungen **fürn Appel und en Ei** und **einen am Appel haben** hört man ausschließlich die mundartliche Lautung. *Dat hab ich fürn Appel un en Ei gekricht* ›für wenig Geld, fast umsonst‹. *Du has wohl einen am Appel, hier so zu rasen* ›verrückt sein‹. **veräppeln** jemanden hinters Licht führen *Willze mich veräppeln?* RhWb I 205: Die Variante *Appel* gilt natürlich für das ganze Rheinland, weil der hochdeutsche Apfel, eines der Kennwörter der zweiten Lautverschiebung, erst im Oberdeutschen südlich des Mains zu hören ist.

aufkröppen aufregen *Nu mach ma halblang und kröpp dich nich so auf hier.* • *Da hasse dich ganz umsonst aufgekröppt. Musse dich eigentlich immer so aufkröppen?* ›aufspielen, künstlich aufregen‹. RhWb IV 1564: Das im zentralen und südlichen Rheinland verbreitete Verb ist eine Ableitung von *Kropp* ›Kropf‹ und beschreibt eigentlich das Imponiergehabe eines Hahns.

B

Babbelken, Babbelchen, in der Regel nur im Plural: **Babbelkes** Bonbon *Bei de Oma haddet früher immer Babbelkes gegeben.Wenne brav bis, krichse auch en Babbelken.* Nach RhWb I 345 ist das Wort am Niederrhein, im Ruhrgebiet und sporadisch im zentralen Rheinland verbreitet. Es stammt wohl aus der Kindersprache und ist möglicherweise abgeleitet vom folgenden *babbeln.*

babbeln schwatzen, viel oder unsinnig reden *Babbel nich! Die sind den ganzen Tach am babbeln. Der Opa kann nur noch babbeln, weil er keine Zähne mehr hat* ›undeutlich reden‹. **Babbel, Bäbbel** Mund, Plappermaul *Halt doch endlich deinen Babbel. Dem sein Bäbbel steht nich still. Halt die Babbel* (die feminine Variante kennt man im zentralen Rheinland). **Babbelschnüss** Schwätzer(in), Plaudertasche *Die alte Babbelschnüss erzählt alles rum. Babbeln* ist nach RhWb I 346 gesamtrheinisch; es ist wohl lautmalend den ersten Sprechversuchen kleiner Kinder nachgebildet.

Back kleiner Trog, Schüssel *Ich muss der Katze noch ihren Back voll machen. Mutter hat dir doch en ganz vollen Back dahingestellt, und jetz hasse schon wieder Hunger?* • *Au, dafür muss der bestimmt innen Back* ›Gefängnis‹. Als Kompositum ist noch oft **Speisback** zu hören, also das Gefäß, in dem Mörtel angerührt wird. RhWb I 361: im zentralen Rheinland und am Niederrhein verbreitet; sowohl im englischen back ›Gefäß‹, niederländischen bak ›Schüssel‹ und im Niederdeutschen zu finden, geht das Wort wohl auf spätlateinisches bacca ›Wassergefäß‹ (verwandt mit unserem heutigen Becken) zurück.

Bahn in den Wendungen **Bahn machen** oder **(die) Bahn schlagen** *Um richtig gleisen zu können, ham wir das Eis Bahn gemacht* ›Schlitterbahn anlegen‹. *Mit den rostigen Kufen kanns die nich fahrn, du musst den Schlitten erst Bahn machen* ›Kufen schärfen‹. RhWb I 398: bis auf den Niederrhein im gesamten Rheinland verbreitet.

Ballebäuschen, Bollebäusken, Bollebäuschen runder kleiner Kuchen, in Öl oder Schmalz gebacken, Krapfen, Mutzen *Wir ham schon lang kein Bollebäuskes mehr gebacken. Ich hät jetz ma wieder richtig Lust auf Ballebäuschen. Dat sieht aus wie en Bollebäusken ›rund und mollig sein‹. Bollebäusken werden am Niederrhein und im Bergischen Land bevorzugt zu Ostern und Neujahr gegessen.* Das RhWb I 858 stellt das Wort (wie auch *Bollen*) zu *boll* ›hohl, rund, aufgedunsen‹, ein im gesamten Rheinland gebräuchliches Mundartwort, das aus dem Mittelniederdeutschen importiert worden ist.

Bammel Angst *Vor der Prüfung hab ich einen ganz schönen Bammel. Mein lieber Mann, bei meinem ersten Flug hab ich vielleicht Bammel gehabt.* **bammelig** ängstlich, mulmig *Mir war janz bammelig.* Laut RhWb I 425 für das zentrale Rheinland belegt, ist das Wort heute überall in der regionalen Umgangssprache verbreitet. Es wird allgemein angenommen, dass es auf das jiddische baal emoh ›Furchtsamer‹ zurückzuführen ist.

bandusen, pandusen lärmen, toben *Hörse, wie die Blagen oben wieder am bandusen sind?* **rumbandusen** *Die Nachbarn sind schon wieder am rumpandusen, da machse die ganze Nacht kein Auge zu.* Das Wort ist nur für ein kleines Gebiet zwischen Kempen und Mühlheim/Ruhr belegt (RhWb I 438), aber genau dort und im Ruhrgebiet auch noch in der Umgangssprache zu hören.

bang ängstlich, furchtsam *Nu sei doch nich so bang. Da bin ich bang für. Für die Jungs aus der Reuterstraße bin ich bang. In den dunklen Keller geh ich nich, da bin ich ze bang für. Da kann einem angst und bang werden.Um dat Geschäft bin ich nich bang* ›sich keine Sorgen machen‹. • *Da brauchse aber nich bang für sein, dat ich dir noch ma wat leih* ›nicht drauf hoffen können‹. **Bangbux, Bangebux** Angsthase *Wat en Bangebux, der traut sich noch nich ma nen Köpper vom Dreier.* **bangemachen, bangmachen** Angst machen, einschüchtern *Bangemachen gilt nich! Dat macht mich nich bang, dat macht mich nur an.* Bang ist gesamtrheinisch (RhWb I 438) und in den Regiolekten noch häufig bei älteren Sprechern zu hören.

Basch, Bascht nur in der Wendung **kein Basch tun** *Der kommt im-*

mer an un will geholfen haben. Kein Basch tu ich mehr für den ›gar nichts‹. **baschden** bersten *Die Wirtschaft war zum Baschden voll.* **baschdig** sehr dick, groß *Da holten se so richtig baschdige Knollen aus em Garten. Wat der aufgeladen hat, dat is doch baschdig viel Zeugs* ›sehr‹. **zebasch** viel *Von den Brombeeren hab ich zebasch am Kreuzberg gefunden.* Im gesamten Erhebungsgebiet verbreitet (RhWb I 469). Die rheinische Variante *barsten/baschden* für ›bersten‹ entspricht niederländisch barsten oder englisch to burst.

Batschkapp, Platschkapp Franzosenmütze, Schiebermütze *Die Batschkapp steht dir aber nich.* Die *Platschkapp* ist in vielen Orten des Rheinlands bekannt (RhWb VI 943).

Bäus Jacke, Arbeitsjacke *Du wills doch wohl nich in dem alten Bäus zur Hochzeit gehen.* RhWb I 560: belegt am Niederrhein, im Ruhrgebiet und im Bergischen Land. Das Wort ist niederländischen (buis) oder niederdeutschen Ursprungs (siehe westfälisch Böis, Piirainen 164).

beiern Glocken in einem festen Rhythmus schlagen *Bei uns im Dorf wird vor der Kirmes wieder gebeiert.•* *Der Panz war dann immer am beiern, dat er sein Kettcar bekommt* ›quengeln‹ RhWb I 586: nur im zentralen Rheinland bekannt. Vergleiche mittelniederländisch beiaert und altfranzösisch bayart ›Glockenspiel‹.

beikommen helfen, unterstützen *Willse mir nich endlich ma beikommen, soll ich hier den ganzen Scheiß alleine machen?* Diese Bedeutung des Verbs ist in RhWb IV 1165 nur für den Selfkant im Kreis Heinsberg belegt, in der Umgangssprache ist sie jedoch weiter verbreitet (siehe z. B. Fellsches 20); genau wie die Wendung *Komma bei mich bei* ›zu jemandem kommen‹.

bekladdern beschmutzen, beschmieren *Jetz kuck ma, wie dein neues T-Shirt aussieht! Total bekladdert!* Klattern/kladdern ist ein gesamtrheinisches Verb (RhWb IV 660).

bekrabbeln sich erholen (von einer Krankheit oder einem Schicksalsschlag) *Der hat sich wieder ganz schön bekrabbelt, nachdem ihm seine Frau weggelaufen ist. Nach dem Unfall hat der sich nie mehr rich-*

tig bekrabbelt. Kopf hoch, du wirst dich schon wieder bekrabbeln mit deinem Laden, et kommen auch bessere Zeiten. Nach RhWb IV 1304 ist diese Sonderbedeutung von *krabbeln* nur im zentralen Rheinland und am unteren Niederrhein verbreitet. Offensichtlich hat das Wort aber Eingang in die Umgangssprache des gesamten Rheinlands gefunden.

belämmert angeschmiert, betrogen, betreten *Der guckt vielleicht belämmert aus der Wäsche. Jetz stehsde aber ganz schön belämmert da.* **Belämmerte(r)** Betrogene(r) *Die Belämmerte bei dem üblen Spiel bin am Ende ich.* Anders als in der Mundart ist das Verb *lemmern, belemmern* ›jemanden betrügen‹ (RhWb V 387) in der rheinischen Umgangssprache nicht mehr gebräuchlich. Hier hört man nur noch das abgeleitete Adverb und das Substantiv. Das Wort hat im Übrigen nichts mit einem Lamm zu tun, sondern ist zum niederdeutschen belemmern ›hindern, in Verlegenheit bringen‹ zu stellen (und dies vielleicht zu lahm?).

Bellbutz Angsthase *Wat bis do dann fürne Bellbutz.* In der Umgangssprache südlich von Köln bekannt, jedoch, obwohl eindeutig dialektaler Herkunft, weder in RhWb noch bei Wrede belegt.

benaut beklemmend, schwül *Ich weiß auch nich, wat los is, mir is ganz benaut. In dem Zimmer is et aber arch benaut.* Nach RhWb VI 117 ist *benaut* nahezu im ganzen Rheinland verbreitet. In der Umgangssprache wird es aber nur noch von älteren Sprechern benutzt. Der Wortstamm nau findet sich z. B. auch im standardsprachlichen genau wieder.

benibbelt schwindelig, flau *Ich war total benibbelt.* Zu RhWb VI 219 (*benippt* bezecht, in der Eifel und im zentralen Rheinland) oder 144 (*neipen* einnicken, schläfrig sein; Eifel und zentrales Rheinland)?

beömmeln belustigen, sich amüsieren, totlachen *Dat der FC Köln schon wieder absteigt, darüber könnt ich mich beömmeln, nach den Sprüchen vom Saisonbeginn. Der is sich nur am beömmeln, wenn der einen im Tee hat. Du kannst dich sogar darüber beömmeln, wenn einer Unglück hat, wa?* Obwohl das Wort überraschenderweise nicht im

RhWb verzeichnet ist, ist es zumindest in den niederrheinischen Mundarten verankert: Horster 85. Ob eine Verwandtschaft zum jugendsprachlichen Eumel/eumeln besteht, ist zweifelhaft.

betuppen jemanden betrügen, hintergehen *Mit der kannze nich Karten spielen, die muss immer betuppen. Die Kassiererin im Supermarkt hat mich echt betuppt.* RhWb VIII 1465/69 verzeichnet *betuppen* für das gesamte Rheinland und stellt es zum Verb tupfen, während es bei Wolf 441 als rotwelsches Wort gilt.

betütteln, betüttern, betutteln bemuttern, verwöhnen *Du darfs dat Blag nich den ganzen Tag betüttern, dat wird sonst ganz eigen. Ich möchte von meiner Frau auch ma so betüttelt werden.* Im RhWb VIII 1505 ist *betüttern* nur sporadisch in den Mundarten belegt, anders als die Grundformen *tüttern* und *tutteln*. Es ist wahrscheinlich vom mundartlichen *Tutte* für die Brustwarze der Frau abgeleitet.

Binnes Trottel, dümmlicher Mensch *Dat is vielleicht en Binnes, der kann noch nich mal en Nagel in die Wand hauen.* Charakteristisch für das südliche Rheinland und vereinzelt im zentralen Rheinland belegt (RhWb I 707).

Blag, Blach (ungezogenes, unartiges) Kind *Die Blagen machen wieder einen Krach aufe Straße, da kanze nich bei lesen. Kannze nich besser auf dein Blach aufpassen, dat macht alles kaputt. Du bis ja noch en richtiges Blag* ›unreifes Kind‹. *Die ham en ganzen Stall voll Blagen* ›leibliche Kinder‹. **Rotzblag** sehr ungezogenes Kind *Ich hau dem Rotzblag gleich en paar hinter die Löffel.* **Blagenzeug, Blagenvolk** Kinderschar *Habt ihr dat Blagenvolk heute ma zu Hause gelassen?* Die *Blagen* sind am Niederrhein, im Bergischen Land und im zentralen Rheinland zu Hause (RhWb I 739). Die Herkunft des Wortes (oft wird der Balg ›Bauch‹ als Ursprung vermutet) ist noch ungeklärt.

Blech Gefängnis *Wenn du so weiter machs, komme noch inne Blech.* Nach RhWb I 769 im zentralen Rheinland um Köln gebräuchlich. Wahrscheinlich verkürzt aus *Bleche Botz*, einer humorvollen kölnischen Bezeichnung für ein Gefängnis; entstanden wohl aus der Kombination des Spitznamens *bleche Alexander* (der Blechschläger

Alexander Hittorf war der Besitzer des Gefängnisgebäudes) und des Familiennamens Butz (Butz war der Baumeister, der das ehemalige Klarissenkloster zu einem Gefängnis umgebaut hatte) (Wrede 1/82).

Blötsch, Blötsche, Plütsch Beule *Nach dem Zusammenprall auf dem Platz hatt ich ne ganz schöne Blötsche am Kopp. Gestern hab ich mir ne Blötsch ins Auto gefahren.* **Blötschkopp** Dummkopf **Blötschauge** Klotzauge **Blötschnase** deformierte Nase *Von wem hasse denn die Blötschnase?* **blötschen, verblötschen** verbeulen, einbeulen *Bei dem Unfall hab ich mir die Karre ganz schön verblötscht.* **verblötscht** *Wat has du denn für verblötschte Augen?* ›verschwiemelt, geschwollen‹. Im RhWb I 812 ist die *Blütsche* für das zentrale Rheinland und den Niederrhein belegt.

Blotsche, Blotschen Holzschuh *Der Opa hat immer so dicke Blotschen im Garten angehabt. Wat has du denn für Blotschen an; dat sollen Fußballschuhe sein?* ›schwere, steife Schuhe‹. Das im zentralen Rheinland und im Bergischen Land verbreitete Wort (RhWb I 795) ist eine Verschleifung aus Block- Schuh (aus einem Holzblock gearbeiteter Holzschuh).

blümerant, plümerant schwindelig, flau, ohnmächtig *Et wird mir ganz blümerant vor den Augen. Wenn ich an die Führerscheinprüfung denk, wird mir ganz plümerant* ›Angst bekommen‹. RhWb I 805: bekannt im gesamten Rheinland. Das Wort geht zurück auf das französische bleu mourant ›blassblau, eigentlich: sterbend blau‹ (die Farbe, die Ohnmächtige zeigen), die eigentliche Wortbedeutung ist sowohl in den Dialekten wie in der Umgangssprache nicht mehr bekannt.

Böcks, Bücks, Bückser Aufstoßer, Rülpser (bei kleinen Kindern) *Hat dat Ullig schon sein Böcks gemacht?* **böcksen, bücksen** aufstoßen, rülpsen *Wer hat hier so laut geböckst?* Böcksen kennt man im zentralen Rheinland, am Niederrhein und im Bergischen Land (RhWb I 850). Es ist wahrscheinlich mit *bölken* verwandt, da sich der Bedeutungsumfang in der Mundart bei beiden Wörtern völlig deckt. Interessant ist, dass sich in der Umgangssprache *böcksen* als Synonym für rülpsen, *bölken* dagegen als Synonym für schreien eingebürgert hat, obwohl beide in der Mundart beide Bedeutungen haben.

bölken, blöken laut schreien, rufen *Musse immer so laut bölken, wenne mit mir sprichs?* **rumbölken** herumschreien *Der bölkt hier rum, dat is ja nich mehr feierlich.* **anbölken** *Der Vater hat mich vielleicht angebölkt, als ich mit der Fünf nach Hause kam.* **losbölken** *Musse eigentlich immer gleich losbölken, wenn dir wat nich passt.* **Bölkhusten** Keuchhusten **Gebölke** Geschrei *Dat ewige Gebölke bei jeder Kleinigkeit geht mir auf die Nerven.* Das Wort ist im zentralen Rheinland und am Niederrhein gebräuchlich (RhWb I 853). Es ist verbreitet im West- und Niederdeutschen und sehr alt; es geht wohl auf ein indogermanisches Wort mit der Bedeutung ›bellen‹ zurück (deshalb *bölken* auch Tiere); seine mundartliche Erstbedeutung ›rülpsen, aufstoßen‹ findet sich noch in *Bölkwasser* ›kohlensäurehaltiges Mineralwasser‹ und dem Comic-Modewort *Bölkstoff* ›Bier‹.

Bollen Schenkel, Hühnerbein *Beim Hähnchen mag ich die Bollen am liebsten. Dat Mädchen hat aber ordentliche Bollen* ›ein dickes Hinterteil, dicke Oberschenkel‹. Aus dem Ruhrgebiet kennt man die Wendung: *Kinder, die wat wollen, kriegen wat auf de Bollen* (um den Gebrauch des höflicheren „möchten" einzuüben). Auch in den Zusammensetzungen **Gänsebollen** oder **Hühnerbollen**. Das Wort ist gesamtrheinisch (RhWb I 856) und aus dem Adjektiv *boll* ›aufgedunsen, rund‹ abgeleitet.

bollern, seltener **böllern** (laut) schimpfen, laut sein, laut sprechen *Den kannst du zwei Häuser weiter noch bollern hören.* **losbollern** anfangen zu schreien *Muss de eigentlich bei jedem kleinen Anlass direkt losbollern?* **Bollerhose** unförmige, ausgebeulte Hose. **Bollerhusten** Keuchhusten *Dat is kein normaler Husten mehr, dat Ullig hat bestimmt en Bollerhusten.* **Bollerkopp** Grobian, polternder Mensch *Dat is sonn richtiger Bollerkopp.* **bollerig** laut schimpfend *Sonn bollerigen Kerl, der wird immer gleich laut.* **Bollerwagen, Bolderwagen** Rollkarre, kleine Karre *Wir sind immer mit den Kindern im Bollerwagen an den Strand gefahren. Mit dem Bollerwaren ham wer die Steine für den Steingarten vonne Kippe geholt.* Das Wort ist im ganzen Rheinland gebräuchlich (RhWb I 851 und 859). Die in den rheinischen Mundarten noch deutliche Unterscheidung zwischen *bol-*

dern und *bollern* ist im Regiolekt nicht mehr möglich. Deshalb muss auch die Frage nach der Etymologie hier unentschieden bleiben: zu mittelhochdeutsch buldern/boldern ›poltern‹ oder zu niederdeutsch bullern/bollern ›kollern, rollen‹.

Bölt altes Haus, Bruchbude *In sonner alten Bölt möchte ich nich wohnen. Wat hasse dir denn da füne Bölt zugelegt?* Die *Bölt* ist am Niederrhein und sporadisch im zentralen Rheinland belegt (RhWb I 1116); ihre Herkunft ist ungewiss, die Ableitung aus lateinisch pulpitum ›Zelt‹ ist wohl eher Spekulation.

Bommel, Bömmel Troddel, Quast *Die ham da so Bommels anne Gardine. Der Bommel von der Mütze is ab.* **Bömmelmütze** Pudelmütze *Du hass ja deine neue Bömmelmütze jaa nich anjezogen.* **bommeln, bömmeln** baumeln *Wat bommelt denn da von der Decke herunter?* Das Wort ist im zentralen Rheinland und am Niederrhein verbreitet (RhWb I 1119). Es ist nicht sonderlich alt, wohl erst gegen Ende des 17. Jahrhunderts im Nord- und Mitteldeutschen entstanden. Es erinnert lautmalerisch an das Bam-Bam der hin und her schlagenden Glocken. Hieraus ist im Übrigen das standarddeutsche Wort bummeln ›spazierengehen, faulenzen‹ abgeleitet, das sich auf das Hin-und-Her-Schwanken beim schwerfälligen Gehen bezieht.

bosseln, pusseln basteln, handwerklich arbeiten *Meinen Mann, den siehste nie, der is immer irgendwat am bosseln. In sonem alten Haus hasse immer wat zu bosseln. Der is nur am bosseln und bringt nichts fertig* ›unfachmännisch arbeiten‹. Mit dieser Bedeutung auch in der Zusammensetzung **herumbosseln** *Alles wat der kann, is herumbosseln.* **Busel** unangenehme Arbeit *Dat hab ich einmal getan, zu dem Busel krichsde mich nich noch mal.* Die Substantive **Bosselei, Pusselsarbeit** und **Bossler** werden sowohl im lobenden als auch tadelnden Sinn gebraucht: *Mit der elenden Bosselei werd ich nie fertig. Die Uhr kann ich nich reparieren, dat is sonne richtige Pusselsarbeit. Da hat sich die ganze Bosselei wenigstens gelohnt* ›harte Arbeit‹. *Dat is sonn Bossler, der wird nie fertig.* Nach RhWb I 882 ist das Wort im südlichen und zentralen Rheinland verbreitet. Es geht wohl zurück auf althochdeutsch bozzan ›stoßen‹, das sich z. B. noch im Amboss findet.

bott, **butt** roh, klobig, gefühllos, ungeschlacht *Sei doch nich so bott* ›grob‹. *Dat is aber en botter Kerl. So butt, wie der is, kriegt der nie ne Frau ab.* Das RhWb I 1163 verzeichnet *butt* in dieser Bedeutung für das zentrale Rheinland und den Niederrhein. Es geht zurück auf das mittelniederdeutsche but ›stumpf, grob‹ (vergleiche auch niederländisch bot ›stumpf, dumm, grob‹).

Brackmann, **Backmann** großer, dicker Gegenstand *Sonen dicken Brackmann krieg ich nich gehoben. Der hat mir sonn dicken Backmann an den Kopp geschmissen* ›dicker Stein‹. Der *Brackmann* findet sich nicht im RhWb, dagegen verzeichnen ihn einige Ruhrgebietswörterbücher (Kanies 27, Sprick 22); außerdem ist er für den unteren linken Niederrhein belegt. Da das Wort auch in niederdeutschen und münsterländischen Wörterbüchern fehlt, scheint es eine autochthone Bildung des Ruhrgebiets zu sein.

Brass, **Brast** Ärger, Wut auf jemanden, Probleme mit etwas *Ich hab ganz schön Brass mit dem Finanzamt. Hasse Brass mit deiner Frau? Der arme Kerl hat aber auch Brass am Hals. Es gibt viel Brass un Leid inne Welt. Die hat immer Brass mitte Füße.* • *Ich bin ganz schön in Brass* ›in Zeitnot, in Eile‹. **brastig** ärgerlich, wütend *Der war vielleicht brastig, als der das mit dem geklauten Auto hörte.* Das RhWb I 916 verzeichnet *Brast* als Ausdruck für Kummer und Ärger im südlichen Rheinland bis hinauf nach Köln. In der rheinischen Umgangssprache ist das Wort aber inzwischen viel weiter verbreitet. Allgemein wird es vom mittelhochdeutschen bras ›Lärm; lärmendes Gelage, Schmaus‹ abgeleitet. Allerdings unterscheidet das RhWb in I 914 und I 916 zwischen *Brass* ›Schmaus, Gelage‹, nur wenige Male im zentralen Rheinland belegt, und *Brast* in der obigen Bedeutung, vermutet also die Abstammung vom niederdeutschen bras ›Menge, Haufen‹.

Brassel Last, Arbeitsbelastung *Ich bin ganz schön im Brassel, für Urlaub hab ich keine Zeit. Man kommt überhaupt nich mehr aus dem Brassel heraus. Ich hoffe, dass ich mit dem ganzen Brassel bald fertig bin. Der hat ganz schön viel Brassel am Hals* ›viel Arbeit‹. **Brasselei**, **Gebrassel** mühevolle Arbeit, Wühlarbeit *Vor lauter Brasselei komm ich zu nix. Dat ganze Gebrassel bringt doch nichts.* **brasseln** schwer arbeiten, wühlen *Der arme Mann is nur am brasseln, um seine vielen Kinder*

durchzukriegen. Der is schon den ganzen Tag im Garten am brasseln. •
*Wat der immer zu brasseln hat? Der is schon den ganzen Tag im Keller
am brasseln; und fertig is der übermorgen noch nich* ›planlos herumarbeiten, dilettantisch werkeln‹. **herumbrasseln** vor sich hin arbeiten
Der kann stundenlang an seinem Auto herumbrasseln. **durchbrasseln**
sich durchschlagen *Wie gehdet? Man brasselt sich so durch.* **Brasseler**
ununterbrochen Arbeitender (interessanterweise können mit diesem Wort nur Männer bezeichnet werden) *Die hat sonn richtigen
Brasseler geheiratet.* In Köln und seinem Umland ist auch noch in
der Umgangssprache die Bezeichnung **Brassel(e)manes** zu hören
(wie *Brasseler*) *Der Nachbar is en richtigen Brasselemanes. Brasseln* und
Brassel sind im ganzen Rheinland verbreitet (RhWb I 914). In den
Dialekten ist die Hauptbedeutung noch erhalten: ›gemeinsam essen‹ und ›Schmaus‹, so dass hier eine Abstammung von mittelhochdeutsch bras wahrscheinlicher ist als bei *Brast.*

Bratsch Ausschlag, Herpes, Wundkruste *Dat Blag hat aber en üblen
Bratsch am Mund. Ich krich da schon wieder sonn blöden Bratsch. Da
hasse dir dat Knie aber ordentlich aufgeschrappt, dat gibt en dicken
Bratsch* (seltener zu hören ist die feminine Form *ne Bratsch haben*).
• Im Ruhrgebiet kennt man auch die Wendung *ne Bratsche ziehen,*
wenn Kinder ein missmutiges Gesicht machen. **Bratsche** großes
Mundwerk *Halt ma die Bratsche* sagt man im zentralen Rheinland,
wenn jemand zu laut redet. **Bratschkopp** jemand mit Ausschlag
am Kopf *Der Bratschkopp sieht aber fies aus.* Nach RhWb I 923 ist
das Wort gesamtrheinisch.

bratzen fest schießen beim Fußball *Komm wir spielen hier aufem
kleinen Feld, aber ohne bratzen! Hör doch auf, so zu bratzen!* **Bratze** un-
attraktive Frau (im Ruhrgebiet). Ob überhaupt eine Verbindung
zwischen *Bratze* und *bratzen* besteht, ist ungeklärt. Das RhWb VI
1079 kennt nur die *Pratze* als „dickes, plumpes Weib". *Bratzen* ist
im Regiolekt des unteren Niederrheins und des Ruhrgebiets gebräuchlich.

Britz Bretterwand, Zaun, Bretterverschlag *Ich hab mich so er-
schrocken, wie der plötzlich hinter der Britz hersprang.* Das zentralrheinische Wort (RhWb I 992) geht zurück auf althochdeutsch bri-
tissa ›Gatter‹ (vergleiche standarddeutsch Pritsche).

britzeln sich vor Lachen krümmen *Bei de Herrensitzung musst ich mich vor lachen britzeln.*In RhWb I 995 ist die Sonderbedeutung von *britzeln* ›eigentlich: etwas umständlich machen‹ nur sporadisch belegt, heute im Regiolekt des zentralen Rheinlands aber öfter zu hören.

Brock, Bröck, Bröckchen, Bröckskes Bonbon *Die Tante hat dem Jung ma nur en paar Bröckskes zur Kommunion geschenkt. Hier hasse zwanzig Pfennig, hol dir ma en paar Bröck anne Bude. An dem Brock beißte dir die Zähne aus, so hart is der.* Die Zusammensetzung **Zuckerbrock** ›Karamelle‹ erinnert noch an den Ursprung des Bonbons als einen Brocken karamelisierten Zuckers. Das RhWb I 999 verzeichnet *Brock* als Bonbon für den Niederrhein und weite Teile des zentralen Rheinlands.

Brökel, Brökelmann dicker Stein *Du krichs gleich en Brökelmann anen Kopp.* Kleinräumige Variante des westlichen Bergischen Landes (nicht in RhWb, aber Standke 4).

bubbeln reden, ohne Sinn und Verstand quatschen *Der bubbelt sich da wieder wat zusammen. Bubbel nich!* **Gebubbel, Jebubbel, Jebubbels** Gerede *Dem sein blödes Jebubbel hör ich mir nich länger an.* Das Wort ist nach RhWb I 1063 gesamtrheinisch.

Bücking Bückling, geräucherter Hering *Bücking mach ich nich, der hat zu viele Gräten.* Bücking ist die zentralrheinische und niederfränkische Variante des Bückling (RhWb I 1087), der wiederum eine Entlehnung aus dem mittelniederländischen buckinc ist und auf Bock (Ziegenbock) zurückgeht, als Anspielung auf den strengen Geruch.

Bud, Büdchen, Büdeken Die Bude kann natürlich auch im Rheinland viele Bedeutungen haben, hier interessiert nur die regionale Bedeutungsvariante ›Trinkhalle, Kiosk‹. *Geh ma anne Bud und hol ma noch ne Flasche Bier. An unserm Büdchen kriegste alles.* An Zusammensetzungen sind noch zu hören **Frittebud** oder **Pommesbud.** Auch die gesamtrheinische *Bud* (RhWb I 1100) ist in den Mundarten des Rheinlands über das Niederdeutsche erst im 19. Jahrhundert heimisch geworden. Aber schon 1810 gab es einen Nikolaus- und Weihnachtsmarkt auf dem Kölner Altermarkt mit

Krambuden. Die Vorläufer der Trinkhallen waren die *Selterswasserbuden*, vielleicht ist daraus über die *Trinkbud* durch Verkürzung einfach die *Bud* geworden.

buddeln graben *Ich hab gestern den ganzen Tag im Garten gebuddelt. Die Blagen buddeln am liebsten im Sand.* **aufbuddeln** aufgraben *Bei uns ham se schon wieder die Straße aufgebuddelt.* **ausbuddeln** ausgraben *Watte eingebuddelt has, musse auch wieder ausbuddeln.* **einbuddeln** eingraben *Ich muss noch die Kartoffeln einbuddeln im Garten.* **verbuddeln** vergraben *Der Jung hat die Förmchen am Strand verbuddelt.* **Buddelei** *Die ewige Buddelei bei uns in der Straße geht mir mächtig auf den Wecker.* Die rheinischen Mundarten kennen nur das eigentlich niederdeutsche Wort puddeln ›herumwühlen, im Sand, im Schlamm wühlen‹ (RhWb VI 1162). Die Variante *buddeln* hat sich erst im 19. Jahrhundert herausgebildet und wird auch in der überregionalen Umgangssprache gesprochen.

Büfken frecher Junge, Taugenichts *Mit dem Büfken sind die Eltern echt gestraft.* Diese abwertende Bedeutungsvariante ist auf den nördlichen Niederrhein beschränkt (RhWb I 1066).

Büggel, Büll Beutel, Tasche *Häng dir den Büggel doch über de Schulter, dann hasse die Hand frei. Und en Büggel hät ich noch gern* ›Plastiktüte‹. **Einkaufsbüggel** *Vergess den Einkaufsbüggel nich!* **Quetschbüggel** Akkordion *En Quetschbüggel un ne dicke Trumm, dat is wie en ganzes Orchester. En Quetschbüggel kann ich ich nich ab.* Die velarisierte Variante des standarddeutschen Beutel hört man im zentralen Rheinland, während die Variante *Büll* am Niederrhein und im Ruhrgebiet heimisch ist (RhWb I 666) *Ham se en Büll dabei für de Äppel?* Ein *grüner Büll* ist hier ein Jutesack.

Buhai, auch **Behai, Bohei, Pohei** Aufhebens, Getue, Aufgeregtheit *Nu mach do nich sonn Buhai um dat bisschen Dreck aum Teppich. Dat is vielleicht immer en Buhai, wenn der auf die Kinder aufpassen soll. Dat war en Buhai, als der alle Neune getroffen hatte* ›Lärm, Geschrei‹. Nach RhWb I 1106 nur im zentralen Rheinland und am Niederrhein verbreitet. Der Ursprung des Wortes, das schon lange nicht mehr nur im Rheinland zu finden ist, geht wohl nicht auf das „Zusammenwachsen von den ‚Scheuchrufen' buh und hei" (Küpper 141) zurück, wahrscheinlicher ist eine Übernahme aus dem Niederländischen poeha ›Lärm, Krach‹, das wiederum auf die französische Bezeichnung brouhaha, eine Schreckgestalt in mittelalterlichen Mysterienspielen, zurückgeht (diese wiederum mit hebräischem Ursprung).

Bulles kräftiger (ungehobelter, rücksichtsloser) Mann *Dat ist aber ne Bulles. Mit sonem Bulles inne Verteidigung kann nichts schiefgehen.* Verbreitet im südlichen und zentralen Rheinland (RhWb I 1112: aus Bulle oder Beule entstanden).

Bullewatz, auch **Bullemann, Böllemann** und **Bollemann** etwas Kräftiges, Dickes *Dat is aber en ordentlicher Bullewatz. Mit sonem Bullemann würd ich mich nich anlegen* ›kräftiger Kerl‹. *Dat Kleen is schon en richtiger Bullewatz geworden. Dat is aber en Bullemann von Stein, der da aufe Straße liegt. Du has da en Bollemann ause Nase hängen* ›dicker Nasenpopel‹. Ursprünglich bezeichnen die Wörter in allen rheinischen Mundarten (RhWb I 1113) Schreckgespenster, die Kindern Angst machen sollen (*Gleich kommt der Bullemann, wenn du nich lieb bist!*). Diese Bedeutung ist heute in den Regiolekten nicht mehr gebräuchlich. In RhWb I 858 wird *Bullewatz* zu *boll* gestellt und damit auf die dicke, aufgeblasene Form angespielt (siehe auch *Bollebäusken*).

Busch Wald *Früher ham wer im Busch immer Geländespiele gemacht. Dat is doch kein Wald, dat is ma bloß en Busch* ›kleiner Wald‹. *Geh doch in den Busch kacken, Mann!* ›Aufforderung zum Verschwinden‹ *Gehse wieder inne Büsch?* ›spazieren‹ Das Wort „Wald" ist in allen rheinischen Mundarten unbekannt (RhWb I 1149), hier gilt nahezu geschlossen *Busch* oder *Büsch*. In den rheinischen Regiolekten ist *Busch* noch vielfach zu hören, obwohl auch hier „Wald" vorherrscht. Dagegen findet man *Busch* noch oft in Flurnamen wie Baerler Busch oder Vluyner Busch.

Busel, Pusel, Buselchen, Puselchen unscheinbare, ungeschickte Frau *Die Busel stand immer nur rum, geholfen hat se uns nicht.* Das zentralrheinische und bergische Wort (RhWb I 1153) hat im Regiolekt eine Genusänderung (im Dialekt *der Busel*) sowie eine leichte Bedeutungsverschiebung zum Negativen erfahren.

Bütt, Bütte Wanne *Ab inne Bütt mit dir Schmierlapp.* • *Et gibt immer weniger, die sich inne Bütt trauen* ›Rednerpult auf Karnevalssitzungen‹. *Damit gehe ich morgen in die Bütt* ›etwas auf die Tagesordnung bringen‹. **Zinkbütt** *Aus der alten Zinkbütt ham wir en Gartenteich gemacht.* **Waschbütt** *Früher wurd die Wäsche noch inne Waschbütt gewaschen.* **Speisbütt** Zementwanne **Büttenrede** Karnevalsvortrag. In den rheinischen Mundarten wird fast ausschließlich *Bütt* verwendet (RhWb I 1166), weil hier die ursprüngliche Bedeutung von *Wanne* als ›flacher Korb, Kornfege‹ erhalten geblieben ist. Die *Bütt* ist deshalb das ältere Wort; es ist in vielen europäischen Sprachen verbreitet (siehe englisch butt oder französisch botte ›Fass‹) und griechischen Ursprungs.

Bütterken, Bütterchen, Büttichen seltener **Butter** oder **Botteram, Botteramen** Butterbrot (belegtes Brot, auch wenn es nicht mit Butter, sondern mit Schmalz, Quark oder Kraut bestrichen ist) *Nimm-se kein Bütterken mit inne Schule? Sonn Bütterchen schmeckt am besten auf dem Schulausflug. Hasse nich noch en Butter für mich?* **Schinken-, Kraut-** oder **Schmalzbütterken** sind typische analoge Zusammensetzungen. Die verschiedenen Varianten sind über das gesamte Rheinland verbreitet (RhWb I 1175).

Butz, meist wird die Verkleinerungsform **Bützje** gebraucht: Kuss *En Bützje in Ehren kann niemand verwehren. Nu stell dich nich so an und gib der Tante doch ma en Bützjen!* **bützen** küssen *Dat Kleen hab ich zum Bützen gern.* Die Karnevalistinnen im Kölner Karneval legen Wert auf die Unterscheidung *Butz/Kuss*, wobei *Butz* eine völlig unerotische Variante sei. Die *Butz*-Wortfamilie ist typisch für das zentrale Rheinland (RhWb I 1187) und auch hier überall noch im Regiolekt zu hören. Allerdings ist die mundartliche Hauptbedeutung ›stoßen, Stoß‹ nur noch im Dialekt bekannt (vergleiche mittelhochdeutsch butzen ›stoßen‹).

Bux, Buxe, Box, Butz, Botz Hose *Ich hab die Bux kapott. Der Jung kann heute schon die kurze Buxe anziehen. Dat Blag hat schon wieder in die Bux gemacht. Der hat keinen Arsch inner Buxe. Den hält nur die Botz zusammen. Der hatte vielleicht Schiss inner Bux* ›Angst haben‹. Natürlich auch in vielen Zusammensetzungen wie **Arbeitsbux, Sportbux, Kordbuxe, Unterbux, Unnerbux, Badebux** oder

Schlabberbuxe weite, ausgeleierte Hosen. **Buxenpiepen** Hosenbeine *Kuck ma, dem seine Buxenpiepen sind viel zu lang.* **Bangebux, Bangbotz, Bellbotz** Angsthase **Botzedresser** Hosenscheißer **Kläfbotz** jemand, der lange ausharrt *Die Kläfbotz war jestern wieder der letzte inne Kneipe.* Die *Buxe* ist im gesamten Rheinland verbreitet (RhWb I 1088; in den rheinischen Mundarten bezeichnet das Wort *Hose* die unter der *Buxe* getragenen Strümpfe). Es ist im Niederdeutschen entstanden aus buckhose, womit eigentlich ein Strumpf aus Ziegen(bocks-)fell bezeichnet wurde.

Däz, Dez, Däzz Kopf *Der hat einen vor den Däz gekricht. Ich hab mir den Dez gestoßen. Geht dat nich in deinen Däzz, datte Punkt sieben hier sein sollst? Der is voll mit seinem Dääz gegen den Laternenpfahl gerannt.* Nach RhWb I 1297 ist *Däz/Dez* im gesamten Rheinland außer am nördlichen Niederrhein gebräuchlich und auch im Regiolekt noch heute hoch frequent. Das Wort geht natürlich auf das französische tête ›Kopf‹ zurück.

Dämel, Dämlack Dummkopf, Blödmann *Der Dämlack kann noch nich ma Auto fahrn. Mit sonem Dämel spiel ich kein Skat mehr.* Das Wort ist nach RhWb I 1230 gesamtrheinisch.

dabei nur in der Wendung **dabei sein** *Der is aber wieder gut dabei* ›gesund, von einer Krankheit genesen‹. *Der is aber nich gut dabei heute* ›nicht ganz gesund, schlecht drauf‹. *Hasse die gesehen? Wenne mich frachs, is die aber echt gut dabei* ›korpulent, dick‹. Diese besondere Verwendung von *dabei* ist im gesamten Rheinland (RhWb I 1199) auch in der Umgangssprache gebräuchlich.

Dalles Kopf, Dickschädel *Der mit seinem Dalles, der eckt überall an.* Das Wort ist im südlichen und zentralen Rheinland verbreitet (RhWb I 1228).

Dalles im Regiolekt nur in der Wendung *Dat is alles Bruch un Dalles* ›total hinüber‹. Nach RhWb I 1228 ist das Wort im gesamten Rheinland verbreitet. Es ist aus dem Rotwelschen in die rheinischen Mundarten gelangt (aus hebräisch dalluth ›Armut‹).

Dassel, Dasel Kopf *Ich hab mir den Dassel gestoßen. Da hasse aber Glück gehabt, datte sonn harten Dasel has.* Obwohl in RhWb I 1276 nur vereinzelt belegt, ist das Wort gesamtrheinisch (Bücher 301, Dicks 141).

Dassel Glück *Da hasse aber echt Dassel gehabt.* Das Wort ist nicht in RhWb belegt (aber bei Fellsches 30), jedoch im zentralen Rheinland, am Niederrhein und im Ruhrgebiet häufig zu hören. Zu denken wäre an eine Verschmelzung von *Massel* (Glück) und *Dusel*.

dat das, dies, dass *Wat soll dat? Auch dat noch! Dat eine will ich dir sagen! Dat der bescheuert is, dat wusst ich schon lang. Wat meinste, wie alt dat die is. Ich ruf den nich mehr an, bis dat der sich selber meldet.* Ein bekanntes, regionalsprachliches Wortspiel: *Dat dat dat darf? Un ob dat dat darf.* Dat und *wat* gehören zu den im ganzen Rheinland (RhWb I 1273) zu hörenden Kennwörtern des Regiolekts (vergleiche niederländisch dat und englisch that).

dätschig, tätschig nicht ausgebacken, matschig *Der Kuchen is noch dätschig. Der hat aber en dätschiges Gesicht heute morgen* ›aufgedunsen‹. *Die Katoffeln sind viel zu dätschig* ›weich‹. **dätschen** matschen *Dat tun die so richtig gern: im Schlamm dätschen.* **Dätschkopp** dummer Mensch *Ey du Dätschkopp, kannze nich aufpassen?* RhWb I 1276: Das Wort ist im ganzen Rheinland gebräuchlich (mögliche Verwandtschaft zu *dötschen, dötzen / Dotz* oder *tatschen*).

Deibel, Düüvel Teufel, nur in der Wendung **auf Deibel/Düüvel komm raus** *Der will am Samstag auf Deibel komm raus mitspielen* ›auf jeden Fall‹. Interessant ist, dass die in die Umgangssprache eingegangenen Varianten die mundartlichen Geltungsgebiete (RhWb VIII 11546) ignorieren. So ist die eigentlich südrheinische Variante *Deibel* durchaus im Regiolekt des Niederrheins zu hören und umgekehrt. Als Verb hat sich **verdummdeuveln** ›veräppeln‹

in der Umgangssprache erhalten *Ich lass mich doch nich verdumm-deuveln von dir.*

deuen drücken *Komm, die Karre deuen wer einfach aufe Seite. Dem ham wer einfach en paa Mark inne Hand gedeut und sind dann abgehauen. Da deuse nix* ›wenn etwas viel zu schwer zum Schieben ist‹. *Deu nich so!* ›drängeln‹ **andeuen** *Kannze ma eben helfen andeuen* ›ein Auto anschieben‹. **wegdeuen** *Deu den doch einfach weg, wenn der nich anne Seite rückt.* **Deu** Stoß *Gib dem ma en Deu, datter aufe Seite geht. Gib dem ma en kleinen Deu innen Rücken, sonst merkt der nichts* ›Knuff‹. *Nu gib dir doch ma en Deu und sprich mit ihr* ›Anstoß, Ruck‹. *Deuen* ist gesamtrheinisch (RhWb I 1280); es ist ein altes Mundartwort und geht zurück auf althochdeutsch *thujan* ›drücken, stoßen‹.

dicke auf jeden Fall, voll ausreichend *Dat klappt dicke. In die Hose pass ich noch dicke rein. Die gehen dicke noch alle in den Bus rein. Dat schaffen wir doch dicke.* • *Die sind aber dicke miteinander* ›befreundet‹. **dick** in der Verwendung *Ich bin dick dabei* oder *Ich bin dick* ›gute Karten beim Spiel haben‹. *Mach ihn dick* ›Aufforderung beim Kartenspiel, eine hohe Karte abzuwerfen‹. Diese Verwendung von *dick* ist im gesamten Rheinland verbreitet (RhWb I 1342).

Dier Tier, in der Wendung: **dat arme Dier kriegen** *Bei dem Wetter kriegse dat arme Dier. Wenn ich sonn Pech wie der Nachbar hätte, würd ich auch dat arme Dier kriegen* ›trübsinnig werden, „den Moralischen bekommen"‹. Die Verkleinerung **Dierken** ist als Kosewort für ein knuffeliges Tierchen oder auch kleines Kind gebräuchlich *Kumma, wat von lecker Dierken* ›süßes kleines Mädchen‹. Die Lautung *Dier* gilt für das gesamte Rheinland (RhWb VIII 1182).

Ditz kleines Kind *Der kleine Ditz, der konnte noch nich die Treppe raufgehen.* **Jeckeditz** etwas seltsamer Mensch. *So ein Jeckeditz! Sucht seine Brille un hat se auf der Nase.* Bis auf den nördlichen Niederrhein im ganzen Rheinland verbreitet (RhWb I 1376).

Doll, Dolle Verrückte(r) *Ey du Doll, hasse en Rad ab? Der Dolle hat sich wieder en ganz junges Mädchen angelacht.* **Dollerei** in der Wendung **aus Jux un Dollerei:** *Die ham bloß aus Jux un Dollerei die Spiegel von den Autos abgebrochen* ›ohne Grund‹. **dolldrehen** eine Schraube überdrehen *Hab ich dir nich gesacht, du solls aufpassen. Jetz hasse die Schraube dollgedreht und wir kriegen dat Blech nie mehr fest.* **doll** verrückt, bescheuert *Bisse doll inne Birne?* **rattendoll** närrisch, überdreht *Die waren rattendoll nach dem Konzert von Britney Spears.* Die Lautung *doll* (vergleiche englisch *dull*) gilt für das ganze Rheinland (RhWb VIII 1223 und VII 141).

Döneken, Dönchen kleine Erzählung, Anekdote, Streich, Witz *Der Onkel Willi hat gestern wieder den ganzen Abend Dönekes erzählt. Noch sonn Döneken, un ich werd nich mehr. Dat sind doch nur Dönekes, wat die erzählt* ›unglaubhafte Geschichten‹. *Dönekes* oder *Dönchen* werden im zentralen Rheinland und am Niederrhein erzählt. Das RhWb VIII 1460 stellt das Wort als *Tünchen* zwar zum Wortartikel *tun*, stellt aber fest (RhWb VIII 1235), dass die Sprecher selbst es aus Ton ›Laut‹ ableiten.

Donnerknispel Fluch *Donnerknispel, jetz is aber Ruhe im Karton. Donnerknispel, dat hätt ich nich gedacht* ›Ausruf der Überraschung‹. Eigentlich bezeichnet *Knispel* in den zentralrheinischen Mundarten kleine, festsitzende Kotklümpchen im Fell von Tieren (RhWb IV 959); diese Bedeutung ist im Regiolekt nicht mehr bekannt.

Dopp Kreisel; das im ganzen Rheinland weit verbreitete Mundartwort (RhWb I 1405) kommt in der rheinischen Umgangssprache meist nur noch als **Dilldopp** oder **Dilldöppchen**, ebenfalls ›Kreisel‹, in übertragener Bedeutung vor: *Dat Kleen is en richtiger Dilldopp* ›quirliges Kind‹. *Der is nervös wie en Dilldopp. Der titscht vor Aufregung durch die Gegend wie en Dilldopp.* Zugrunde liegt hier das niederländische *top* ›Spitze‹ (vergleiche englisch *top* und französisch *toupie*), das auf die Spitze des Kreisels verweist. Der Wortbestandteil *Dill* ist entstellt aus Drill/drillen.

Döppen, Düppen, Döppe Die Grundbedeutung ›Topf, irdenes Gefäß‹ verwendet man im Regiolekt nur noch im südlichen Rheinland. Dort ist auch der bekannte **Döppekuchen** zu Hause. In der Umgangssprache des übrigen Rheinlands benutzt man das Wort nur noch im übertragenen Sinn: *So ein doof Döppe* ›Dummkopf‹. **Döppken** kleines Kind *Ach dat klein Döppken, dat tut mir aber leid mit dem Ausschlach überall.* **Döppken Doof** Blödmann *Der Döppken Doof, der soll bloß zu Hause bleiben.* Die Bezeichnung *Döppe* gilt mit Vaianten für das ganze Rheinland (RhWb I 1569).

döppen, düppen jemanden unter Wasser drücken, untertauchen *Dat is immer dat gleiche Spiel, kaum sind se im Wasser, müssen die Jungs die Mädchen döppen. Der Arsch hat mich so lang gedöppt, bis ich keine Luft mehr gekriegt habe.* Das Wort ist im zentralen Rheinland, im Bergischen Land und am Niederrhein belegt, allerdings ist seine Herleitung nicht ganz klar, wie die doppelte Zuordnung in RhWb I 1569 zu einem eigenständigen Verb *duppen* und in RhWb VIII 1103 zum Stichwort taufen zeigt.

döppen Erbsen oder Bohnen enthülsen *Ich hab früher gerne Erbsen gedöppt, weil ich die frischen Erbsen immer gerne roh gegessen hab.* Das Wort ist im zentralen Rheinland und am Niederrhein gebräuchlich (RhWb I 1405; gilt allerdings überraschenderweise bei Wrede I 146 schon als veraltet), in der Umgangssprache nur noch bei älteren Sprechern zu hören; zum mundartlichen *Dopp* ›Schale, Hülse‹. Auch bei jüngeren Sprechern ist dagegen noch das übertragene **Döppers** Augen (nur im Plural) zu hören *Mach die Döppers auf.*

dörmelig, drömelig schwindelig, schlaftrunken *Ich bin noch richtig dörmelig so kurz nach dem Aufstehen. Mir is so dörmelig, ich muss mich setzen.* Belegt in den Mundarten des südlichen Rheinlands und des Bergischen Landes (RhWb I 1581); sicher eine Entlehnung aus dem französischen dormir ›schlafen‹.

Dörpel, Dürpel Türschwelle, Treppenstufen zur Haustüre *Setz dich ma auf den Dörpel und zieh dir da die Schuhe aus, sons bringse den ganzen Dreck mit rein. Über meinen Dörpel kommt der mir nich mehr. Der läuft mir noch den Dürpel platt* ›öfter Besuch bekommen, als einem lieb ist‹. *Fahr mit dem Roller, aber nur auf dem Dörpel, hörse!* ›Bürgersteig (selten)‹. Im südlichen Rheinland unbekannt, ist der *Dörpel* im zentralen und nördlichen Rheinland eines der mundartlichen Kennwörter (RhWb I 1582). Entstanden ist der *Dörpel* schon im 5. Jahrhundert aus Tür und dem lateinischen Lehnwort palus ›Pfahl‹.

dötschen anstoßen, stoßen *Vor allen Dingen is die Beule von mir! Ich hab die Karre doch nur leicht gedötscht.* • *Komm, wir gehen wat dötschen* ›Ball spielen, bolzen‹. **andötschen** *Dat Ei is angedötscht. Oh, ich habe dat Auto angedötscht* ›eine Beule hineinfahren‹. Seltener ist das Substantiv **Dötsch, Dötsche** *Der hat ne Dötsch im Kotflügel* oder die Zusammensetzung **Dötschauge** blaues, entzündetes Auge **verdötscht** Druckstellen habend *Der Appel is ja ganz verdötscht!* Im zentralen Rheinland bezeichnet man auch einen albernen, aufgedrehten Menschen als *Dötsch;* analog dazu ist er entsprechend *verdötscht* ›aufgedreht, lustig, albern‹. Das RhWb VIII 1502 und I 1597 verzeichnet verschiedene Lautvarianten für das gesamte Rheinland.

Dotz, Dutz, Dötzchen, Dötzken rheinisches Allerweltswort (RhWb I 1598) mit verschiedenen Bedeutungen, im Regiolekt meist ›kleines Kind, Mädchen‹ und ›Beule (am Kopf)‹. *Dat kleine Dötzken muss schon inne Schule?* (vergleiche auch das rheinische *I-Dötzchen* als Bezeichnung für einen Schulanfänger). *Wo hasse denn die Dotz von weg?*

dotzen, dötzen meist als **entlangdötzen** oder **herandotzen** langsam, gemächlich gehen *Der kommt ja auch nich vom Fleck, wie der die Straße entlangdötzt. Dotzen* ist ein zentralrheinisches Wort (RhWb I 1604).

Drickes Dummkopf, ungelenker und steifer Mensch; in der Regel nur mit entsprechendem Adjektiv: *Mein Gott, is dat en stieven Drickes* ›sowohl körperlich als auch geistig unbeweglich‹, auch *dummen Drickes, scheelen Drickes* und *faulen Drickes* und *kölsche Drickes* ›der urwüchsige, gemütliche Kölner als Typ‹. *Drickes im Sack* ist eine mancherorts bekannte Mehl- bzw. Fastenspeise. Die mundartliche Kurzform für Heinrich ist im gesamten Rheinland (RhWb I 1489) verbreitet, allerdings ist *Drickes* als Rufname in der Umgangssprache nicht mehr gebräuchlich.

Driss, Dress Mist, Scheiß, etwas Unbedeutendes *Et is aber heute nur Driss im Fernsehen. Für sonen Dress weckst du mich? Die spielen sich nen Driss zusammen. Erzähl nich sonen Driss! Die sind so faul wie Driss. Den ganzen Driss kannze geschenkt kriegen.* **Gedriss** Aufstand,

Palaver *Mach doch nich sonn Gedriss um den kleinen Kratzer da!* **drissig** übel gelaunt *Wat bisse so drissig heute?* **gedrissen** denkste! *Ich hab gedacht, gegen Freiburg würden se heute wenigstens ma gewinnen, aber gedrissen.* Driss ist das zentral- und niederrheinische Standardwort (RhWb I 1498) für Kot; im Regiolekt werden nur die übertragenen Bedeutungen verwendet, für Kot steht hier allgemein *Scheiße*.

dröge, drüge, dröch, drüch trocken *Dat is aber en drögen Kuchen.Unser neuer Lehrer, der macht aber echt drögen Unterricht* ›langweilig, wenig abwechslungsreich‹. *Mit sonem drögen Pitter könnt ich et nich aushalten* ›langweiliger, wortkarger Mensch‹. *Der Film war aber arch drüch* ›wenig spannend, kopflastig‹. Nördlich einer Linie quer durch den Hunsrück (RhWb I 1516) hat sich in den Mundarten diese Variante des Wortes trocken gehalten. Auch in der Umgangssprache ist die dialektale Form noch oft in bestimmten Zusammenhängen zu hören.

Dröppchen kleines Glas voll Schnaps *Ein Dröppchen nach dem Essen.* Die mundartliche Variante des Tröpfchens kennt man in dieser Bedeutung im Regiolekt des westlichen Rheinlands (RhWb VIII 1393).

dröppeln, tröppeln tröpfeln *Pass op, du tröppelst!* (sagt man, wenn jemand Flüssigkeiten heruntertropfen lässt) *Der Wasserhahn tröppelt die ganze Zeit, dat macht mich ganz jeck.Wir können gleich los, et dröppelt nur noch* ›schwach regnen‹. **bedröppelt** betrübt *Der arme Kerl, der kuckt jetz ganz bedröppelt.* **Dröppelminna** Kaffeekanne mit Auslaufhahn im Bergischen Land *Gestern hab ich noch ne richtige Dröppelminna auf em Flohmarkt gesehen.* Nach RhWb VIII 1392 ist *dröppeln* ein gesamtrheinisches Wort.

dröseln, driseln das Verb ist in der Umgangssprache nur in präfigierter Form gebräuchlich: **aufdröseln** entwirren *Den Wollknäuel hier krich ich nich mehr aufgedröselt. Bei der Sache ham so viele mitgemischt, dat kannze nich mehr aufdröseln.* **auseinander dröseln** entwirren, erklären *Dat musse mir ma ganz langsam auseinander dröseln, wie dat gelaufen is. Dem musse alles und jedes auseinander dröseln, sonst versteht der nix. Dem musste ich dat haarklein auseinander* *dröseln.* **verdröseln** verwirren *Die Drachenkordel hat sich mit dem Schwanz verdröselt. Dat is völlig verdröselt* ›völlig verwirrt, unlösbar‹. Das Verb ist im zentralen Rheinland, im Bergischen Land und am Niederrhein (hier meist *driseln*) gebräuchlich. Unklar ist, ob das Wort auf die mundartliche Bezeichnung *Drisel* ›Kreisel‹ (RhWb I 1498) zurückgeht oder auf das folgende eigenständige Verb *dröseln.*

dröseln saumselig sein, trödeln *Und drösel nich wieder so lange, wenne ause Schule komms.* Verbreitet im gesamten Rheinland, aber typisch für den Regiolekt des unteren Niederrheins (RhWb I 1507).

drübber darüber *Da drübber kann der sich aufregen? Da kam der nich drübber. Da drübber geht nix*›über einen hohen Trumpf beim Kartenspiel‹. *Da kommse nie im Leben drübber.* Die mundartliche Lautung *drüwwer* (RhWb I 1266) hat sich in der Umgangssprache des zentralen Rheinlands und Niederrheins zu *drübber* abgeschwächt.

drück nur in der Wendung: **etwas drück haben** es eilig haben, viel beschäftigt sein *Der haddet aber echt drück, nach Hause zu kommen. Hasset drück?* Nach RhWb I 1512 ist die Wendung nur in einem kleinen Bereich des Niederrheins gebräuchlich. *Drück* ist ein im Standarddeutschen nicht bekanntes Adverb zum Verb drücken.

Dubbel Butterbrot *Der nimmt immer Dubbels mit aufe Arbeit. Mutter, schmier se mir noch en Dubbel mit Kraut?* Auch als Verb gebräuchlich: **dubbeln** *Hasse schon gedubbelt? Komm, wir dubbeln zusammen* ›frühstücken‹. Diese Bezeichnung für das Butterbrot ist sporadisch im zentralen Rheinland und häufiger am südlichen Niederrhein und im Ruhrgebiet belegt (RhWb I 1410). Die Benennung bezieht sich natürlich auf die doppelten Brotscheiben.

ducken sich bücken, niederbeugen *Duck dich, der schmeißt mit Steine. Der duckt sich, statt dat der den Kopp hinhält* ›wegtauchen beim Fußball‹. *Der is ganz geduckt abgezogen. Die Katze schleicht ja ganz geduckt durch dat Haus* ›mit eingezogenem Kopf, niedergebeugt‹. **Duckmäuser** Hinterlistiger, Heimlichtuer *Dat is sonn richtigen*

Duckmäuser, bei dem musse aufpassen. Ducken ist nach RhWb I 1535 in allen Mundarten des Rheinlands verbreitet. Es ist unsicher, ob der *Duckmäuser*, der ausnahmslos männlichen Geschlechts ist, in Anlehnung an *ducken* (mittelhochdeutsch tuchen ›tauchen‹) entstanden ist, oder ob er auf das mittelhochdeutsche tockelmusen ›Heimlichkeiten treiben‹ zurückgeht.

Dümpel Gerät zum Reinigen eines Abflusses *Da musst du mit dem Dümpel drangehen, sonst läuft das Wasser nicht ab.* Die Herkunft dieser Bezeichnung, die in der Umgangssprache des zentralen Rheinlands gebräuchlich ist, ist unsicher. Vielleicht zum mundartlichen *Dümper* (RhWb I 1561) zu stellen, dem im Rheinland bekannten Kerzenlöschgerät. Denkbar ist auch die Verwandtschaft zum mittelniederdeutschen dümpelen ›eintauchen‹.

Dussel, Dusel Dummkopf, unachtsamer Mensch *Ey du Dussel, kannze nich aufpassen?* • *Er war noch halb im Dusel, als et klingelte* ›Halbschlaf‹. *Der is doch ständig im Dusel* ›einen Rausch haben‹. **Dussel/Dusel haben** Glück haben *Da hasse aber noch ma Dussel gehab, datte die Kreuz-Zehn durchgekriegt has* ›beim Skat‹. *Sonn Dusel möcht ich auch ma haben.* **dusseln/duseln** leicht schlafen, dösen *Ich hab nich geschlafen, ich hab nur so vor mich hin geduselt.* **eindusseln** einschlafen, dösig werden *Dat war so mollig warm im Zimmer, da bin ich gleich eingedusselt.* **Dusselkopp** Dummkopf **Dusseldier** tranfunzelige Person **dusselig** dumm, zerstreut *Die is zu dusselig zum Bumsen* ›saudumm, derbe Beleidigung‹. Die *dusselige Kuh* ist als Ehefrau in der Serie „Ekel Alfred" bekannt geworden. *In dem großen Garten kannze dich dumm und dusselig arbeiten* ›arbeiten, ohne Erfolg zu haben‹. • *Ich bin ganz dusselig im Kopf* ›schwindelig‹. Nach RhWb I 1590 ist die Wortfamilie bis auf den nördlichen Niederrhein im ganzen Rheinland verbreitet. Das Wort ist niederdeutschen Ursprungs und sehr alt. Auf die gemeinsame Wurzel gehen z. B. englisch dizzy ›schwindelig‹, niederländisch duizel ›Schwindel‹ und dwaas ›Narr, Tor‹ sowie das standarddeutsche Tor ›Narr‹ zurück.

düster, duster dunkel *Dat is aber düster bei euch im Keller. Is dat nich en bisken zu düster mit den neuen Gardinen? Im November wird et schon früh duster. Dat is aber düsteres Wetter* ›trüb‹. *Wat ziehs du sonn* *düsteres Gesicht?* • *Mit Schalke siehdet aber ganz düster aus* ›aussichtslos‹. **zappenduster** stockdunkel *Dat is zappenduster im Hausflur.* Auch im übertragenen Sinn gebraucht *Wenn du noch mal mit ner Fünf nach Hause kommst, dann is aber zappenduster* ›endgültig Schluss‹. **im Düsteren** Dämmerung, Dunkelheit *Komm mir nich im Düsteren nach Hause.* Im gesamten Rheinland belegt (RhWb I 1594 und IX 711), ist das Wort auch in der regionalen Umgangssprache zwischen Kleve und Köln weit verbreitet. Während der niederdeutsche Ursprung des Wortes *düster* unzweifelhaft ist, besteht über die Wortgeschichte von *zappenduster* noch keine Einigkeit. Möglich ist eine Verwandtschaft mit Zapfenstreich (*zappenduster*: dann ist aber Schluss) oder eine über das Rotwelsche vermittelte Entlehnung aus jüdischdeutschem zophon ›Dunkelheit‹.

E

ebkes, äffkes, effkes eben, besonders kurz *Komma ebkes rüber. Ich geh ma effkes en Liter Milch kaufen. Ich denk, du wolls dir nur äffkes wat leihen gehen, und jetz bisse schon seit zwei Stunden inne Kneipe. Die geht immer nur ebkes einkaufen, wenn se tratschen geht.* • *Dat hat grade ma so effkes hingehauen* ›so eben‹. Diese mundartlichen Varianten von eben kennt man am Niederrhein, im Bergischen Land und in Teilen des zentralen Rheinlands (RhWb II 1). Die Diminutivendung -*kes* kann im Dialekt zur Verstärkung (hier: besonders kurz, eben, schnell mal) auch an Konjunktionen oder Adverben angeschlossen werden.

eff, äff, effen einfach (in der Umgangssprache meist nur noch auf Speisen bezogen) *Ich ess am liebsten effen Streuselkuchen* ›ohne Füllung oder Belag‹. *Am Sonntag ham wer immer en äffe Wäck zum Frühstück* ›einfaches, ungesüßtes Weißbrot ohne Rosinen‹. Nach RhWb II 14 ist *effen* im zentralen Rheinland, im Bergischen Land und am Niederrhein verbreitet.

eindöllen, **eindüllen** meist nur als Adverb **eingedöllt** gebraucht: verbeult *Der Kotflügel ist an einer Stelle eingedöllt.* Im RhWb I 1549 ist das Wort nur für das westliche Rheinland belegt, in der Umgangssprache ist es aber mittlerweile weiter verbreitet.

ette, **etteken**, **ettche**, **ötte**, **öttes** sie, er; aber auch: distanzierende Bezeichnung für einen Mann oder Kosewort für eine Frau *Da kannze ette aber ma sehen, wie der dann reagiert. Wer war dat? Ette ma wieder! Kumma etteken, wie se sich wieder rausgeputzt hat. Kuck mal ettche da! Ötte nu wieder!* ›immer das gleiche mit ihm‹. Diese ungewöhnliche Verwendung des dialektalen Personalpronomens *et* (sie, es) ist im Prinzip in den Mundarten des Rheinlands nicht selten (RhWb II 175). Im Regiolekt des zentralen Rheinlands, des unteren Niederrheins und des Ruhrgebietes ist der Gebrauch jedoch virtuos erweitert worden (z. B. durch Endungen), so dass viele Sprecher den grammatikalischen Hintergrund nicht mehr erkennen und das Wort wie ein Substantiv einsetzen.

explezieren erläutern, erklären *Dat muss ich dir doch wohl nich noch extra explezieren, oder?* ›lang und breit auseinander setzen‹ Das lateinische Lehnwort (explicare ›entfalten, erklären‹) ist in allen rheinischen Mundarten üblich (RhWb II 222).

Fänt, **Fant** Jugendlicher *Die Fänten standen am Wartehäuschen rum un ham die Leute mit der Wasserpistole geärgert.* Die *Fänten* kennt man im zentralen Rheinland, am Niederrhein und im Bergischen Land (RhWb II 292). Das Wort lässt sich auf das lateinische infans ›kleines Kind‹ zurückführen.

Fassong, **Fatzong** Passform, Sitz *In dat Kleid krieg ich kein Fassong rein. Der is wohl en bisschen ausse Fassong geraten* ›dick werden‹. Der *is noch gut in Fassong* ›gut in Form‹. Nach RhWb II 320 im gesamten Rheinland gebräuchlich. Das französische façon ist über die rheinischen Mundarten in die Umgangssprache gelangt (aus lateinisch facere ›machen‹). Der Gebrauch in *Der bringt mich ganz ausse Fassong* ist wohl eher der sprachspielerischen Verballhornung des standarddeutschen Fassung zuzuordnen.

feckern, feckeln schnell rennen, spurten *Der kam vielleicht über die Straße gefeckert, als wenn ne Dogge hinter ihm her wär. Fecker doch nich so, ich komm kaum mit.* **losfeckern** *Als er Schiss krichte, is er vielleicht losgefeckert, den konnte keiner einkriegen.* Das Wort hat kein großes Verbreitungsgebiet, das RHWb II 230 kennt es als *fäckeln* in der Bedeutung schnell laufen für Mühlheim an der Ruhr und Dinslaken (und stellt es seltsamerweise zu Fackel). Allerdings ist es bei Sprick 29, J.Wolf 72 und Kanies 44 für das Ruhrgebiet als *feckeln* und *kafeckeln* belegt. In der Umgangssprache des Ruhrgebiets und des westlichen unteren Niederrheins ist das Wort heute noch oft zu hören.

Ferkes Willem in der Wendung *der geht ran wie Ferkes Willem* ›tatkräftig sein‹. **Ferkeskopp** Schmutzfink, amoralischer Mensch *Wie siehst du alter Ferkeskopp denn wieder aus. Der alte Ferkeskopp hat sich wieder schweinische Filme angesehen.* In den Mundarten des zentralen Rheinlands und des Niederrheins (RhWb II 387) ist *Ferken* die allgemeine Bezeichnung für das Schwein (nicht Ferkel); das Wort ist in der Umgangssprache nur noch in diesen wenigen Wendungen präsent.

fetzen, fätzen rennen, schnell laufen *Die kam um die Ecke gefetzt und is direkt in dat Auto gelaufen. Da muss ich aber fetzen, wenn ich den Bus noch kriegen will.* Laut RhWb II 326 ist das Wort in der Mundart zwischen Geldern und Mönchengladbach heimisch. Es ist wohl eine Variante des weiter verbreiteten *fitzen*, einer Ableitung von *Fitze* ›Geflochtenes‹ (RhWb II 510).

Fickel Schmutzfink, unachtsamer Mensch *Mit den Schuhen kommst du Fickel mir nich ins Haus.* Das in der Mundart auch ›Schweinchen‹ bedeutende Wort ist sporadisch im ganzen Rheinland zu hören (RhWb II 441).

fickerig, fickrig nervös, aufgeregt *Ich bin schon den ganzen Morgen fickrig, ich weiß auch nich, wat los is. Von dem langen Warten werd ich ganz fickrig. Dat is sonn ganz fickriges Männeken.* Das Adjektiv selbst ist nach RhWb II 439 nur belegt für Mönchengladbach (in der Umgangssprache ist es jedoch weiter verbreitet), es gehört allerdings zur großen Wortfamilie *Fick/ficken*, mit der (heute nicht mehr nur) in den rheinischen Mundarten kurze, heftige Bewegungen und bekanntlich auch die des Geschlechtsverkehrs benannt werden.

Fickfack, Fickfackerei überflüssiges Zeug, wertlose Sachen, Kleinigkeiten *Dat is doch alles Fickfack. Mach doch nich jedesmal sonne Fickfackerei.* Wie das dazugehörige Verb *ficken* ›hin und her bewegen‹ ist *Fickfack* im gesamten Rheinland verbreitet (RhWb II 440). Der zweite Wortbestandteil *Fack*, dem hochdeutsch Faxen ›Possen, Albernheit‹ entspricht, geht ebenfalls auf das mittelhochdeutsche vicken ›hin- und herschieben‹ zurück.

fies ekelerregend; Ekel, Abscheu empfindend *Dat stinkt aber echt fies bei denen inne Kneipe. Für dat Essen ausse Pommesbude bin ich fies. Du bis wohl zu fies, um von meinem Butterbrot zu beißen. Ich bin fies für dat Klo.* • *Bei dem Glatteis kannze fies fallen. Dabei kannze dich aber fies vertun* ›böse verrechnen‹. *Da hat die sich aber fies vertan. Dat is fies kalt draußen* ›sehr‹. • *Der hat en fiesen Charakter. Dat war echt fies von dem* ›schlecht, mies‹. In dieser Bedeutung geht *fies* auch feste Wendungen mit *Möpp* und *Ami* ein (siehe dort). **Fiesplümm** zimperlicher Mensch, empfindlicher Esser *Dem kannze hinstellen, watte wills, der Fiesplümm isst ja doch nichts.* Während der *Fiesplümm* nur in einem kleinen Gebiet am nördlichen Niederrhein bekannt ist, ist *fies* nach RhWb II 445 im zentralen Rheinland und am Niederrhein verbreitet. Passend zu seinem eher negativen Bedeutungsspektrum könnte das Wort auf mittelhochdeutsches vist ›Bauchwind‹ zurückgehen (siehe auch das rheinische *fis* ›Darmwind‹). Aber auch eine Verwandtschaft mit dem niederdeutschen fisseln ›fein regnen‹ ist möglich (vergleiche niederländisch vies ›stinkend‹ mit eben dieser Wortgeschichte).

fieseln, fisseln leicht regnen, in feinen Tropfen regnen *Dat is schon wieder am fisseln draußen. Et regnet nich, et fieselt nur.* **fieselig** *Das ist* *sonn richtig fieseliges Wetter* ›regnerisch‹. Das Wort ist im gesamten Rheinland verbreitet (RhWb II 493) und noch sehr häufig in den Regiolekten zu hören. Es ist eine Entlehnung aus dem Niederdeutschen, dem schleswig-holsteinischen fisseln ›langsam herabrieseln‹.

fimpschig, fimschig stinkend, leicht anrüchig, fast verdorben *Bah, die Wurst is aber schon echt fimpschig. Der jubelt einem immer so fimschiges Obst in die Tüte.* • *Dem fimschigen Fahrradträger trau ich nich über den Weg* ›schwach gebaut, nicht sicher, unzureichend‹. • *Mann, wat bis de wieder fimschig, et is doch alles jut jejange* ›empfindlich, leicht reizbar‹. *Stell dich doch nich so fimpschig an. Mann, wat is der fimschig, der kriegt jede Erkältung* ›anfällig für Krankeiten‹. In RhWb II 460 für das zentrale Rheinland belegt, heute in der Umgangssprache aber weiter verbreitet; zum Verb *fimpen* ›anrüchig riechen‹. Zu vergleichen mit dem niederdeutschen fimsig ›übelriechend‹ aus fimsen ›einen (übelriechenden) Darmwind lassen‹.

finnig pfiffig, schlau, listig; aber auch durchtrieben *Der is echt finnig, der wird dat schon regeln.* Im Gegensatz zu den Mundarten des Niederrheins und nördlichen Rheinlands (RhWb II 477) ist mit dem Adjektiv im Regiolekt eine eher positive Bedeutung verbunden. Der eigentlich negative Charakter wird jedoch auch in der Umgangssprache beim Substantiv **Finnige/r** deutlich *Dat is sonn ganz Finnigen, bei dem musse aufpassen* ›hinterlistiger, heimtückischer, verschlagener oder spottsüchtiger Mensch‹. Verständlich wird diese negative Bedeutung, wenn man weiß, dass sich das Wort nicht von findig ableitet, sondern von Finne, der zoologischen Bezeichnung der Larve des Bandwurms. So ist auch in den Mundarten der ehemalige *Finnenkieker*, also der Trichinenbeschauer, zum Synonym für einen heimtückischen Menschen geworden.

Fisel Fusel, Faser, Fädchen *Hier hängen überall noch die Fisels dran. Du has da sonn Fiselken aufe Bluse.* • *Wenn ich nur en Fisel von dem Stoff hätte, dann könnte ich dir den Rock flicken.* **Gefisel, Fiselskram** Fummelsarbeit, unfachmännische Arbeit, bangloses Zeug **fiselig, fisselig** zart, zerbrechlich *Dat is aber ne fiselige Angelegenheit.*

Gebräuchlich im zentralen Rheinland, am Niederrhein und im Bergischen Land (RhWb II 492).

Fisternöll heimliche Liebschaft *Hasde etwa en Fisternöll mit dem? Ach, dat war doch nur en Fastnachts-Fisternöll.* **Fisternölleken** Kornschnaps mit Zucker *Nee, bloß kein Fisternölleken, da krieg ich nur en Kopp von.* Das Verb **fisternöllen** ›basteln, an etwas herumarbeiten‹ ist in den Regiolekten kaum noch zu hören. *Fisternöll* ist mit unterschiedlichen Bedeutungsvarianten – die in der Umgangssprache nicht vorkommen – im zentralen Rheinland und am Niederrhein verbreitet (RhWb II 500). Die Etymologie des als typisch für das Rheinland geltenden Wortes ist noch ungeklärt.

fitscheln, fitschen schneiden, schnippeln *Ich brauch dat Maschinchen, weil ich für heut Mittag noch die Bohnen fitscheln will.* **Fitschelbohne** Schnippelbohne *Früher ham wer immer Fitschelbohnen eingemacht.* Allgemein verbreitet bis auf das südliche Rheinland (RhWb II 502).

fitschen schnell laufen, sich schnell bewegen *Der is vielleicht durch die Gegend gefitscht, als der sich auf den Finger gekloppt hatte.* Das Verb ist hauptsächlich rechtsrheinisch zwischen Siegburg und Mülheim und am unteren Niederrhein verbreitet (RhWb II 502). Ob hierzu auch **Fitsch** ›gutes Geschäft, Schnäppchen‹ (zu hören im Ruhrgebiet) *Mit der Karre hab ich echt en Fitsch gemacht* zu stellen ist, scheint fraglich. **Dünnfitsch** Durchfall *Kein Wunder, datte Dünnfitsch krichs, wenne die Äppel grün frisst.*

Fitten Launen, Flausen, Unsinn *Der hat nur Fitten im Kopp. Mach keine Fitten.* Das Wort ist im Regiolekt des Bergischen Landes zu finden (RhWb I 502).

Fitzken, Fitzel, Fitzelken, Fitzchen, Fitz kleines Stück, ein bisschen; oft etwas Abgerissenes, z. B. ein Stück Papier *Kannst du den Wagen nich noch en kleines Fitzelken vorfahren? Von sonem Fitzelken wirse donich satt. Von dem Fleisch is kein Fitz übrig geblieben. Dat hatte der auf sonem kleinen Fitzelken Papier geschrieben. Kein Fitzken krisse davon ab! Die hat noch nich ma en Fitzken Verstand.* **fitzen, abfitzen** abschneiden, abhacken *Warum kannze ma nich die langen Spieren* *hier abfitzen.* **Fitzebohnen** Schnittbohnen. *Fitz* ist in allen rheinischen Mundarten bekannt (RhWb II 507), die Varianten *Fitzelken* und *Fitzken* sind nur am Niederrhein und im Ruhrgebiet zu hören.

Flabes, Flabbes närrischer, alberner Mensch, Grünschnabel *Der Flabes hat schon wieder nur Unsinn fabriziert. Nä du Flabes* ›Ausruf, wenn jemand etwas Dummes getan hat‹. • *Mit so nem Flabes in der Mannschaft kannze nix werden* ›großer, steifer Kerl‹. Nach RhWb II 514 ist der *Flabes* im zentralen Rheinland, im Bergischen Land und am Niederrhein verbreitet. Die mundartliche Hauptbedeutung ›Maske, Gesichtsmaske‹ ist im Regiolekt nicht mehr bekannt.

flappen hinschmeißen, hechten (des Torwarts beim Fußball) *Mensch, da hätts de dich doch flappen müssen bei dem Ball.* **geflappt** verrückt *Der is doch geflappt!* **Geflappter** Verrückter *So ein Geflappter, wie der sein Mopped frisiert hat.* **Flappe, Fläppe, Fleppe** Schnute *Zieh nich sonne Fläppe, nur weil du einkaufen gehen muss* ›die Unterlippe herunterziehen‹. **Flappmann** Dummkopf, Tollpatsch *Wat bis du denn fürn Flappmann. Musse dir denn unbedingt sonn Flappmann als Freund aussuchen?* **Flappohren** Hängeohren *Der arme Kerl hat aber ganz schöne Flappohren.* Das Verb *flappen* ist in den Mundarten des Rheinlands (RhWb II 554) in unterschiedlichsten Bedeutungen weit verbreitet, in der Umgangssprache jedoch nur noch in der eingeschränkten Bedeutung beim Fußballspielen zu hören. Die Substantive sind dagegen auch in den Regiolekten hoch frequent. Das Wort ist wohl niederdeutschen Ursprungs, man vergleiche auch englisch flabby ›schlaff‹.

Flatsch, Flatschen, Fletsch Fladen, Fleck *Die Kuh hat sonn großen Flatschen gemacht. Der hatte vielleicht en Flatschen im Gesicht. Von Bremsenstiche krieg ich immer sonne Flatschen.* **flatschen** klatschend werfen *Ich könnt dat Ding inne Ecke flatschen. Gleich flatsch ich dir eine!* ›ohrfeigen‹ *Der is doch mim Bömmel geflätscht* ›nicht ganz gescheit sein‹. *Wenn der Fettsack in dat Becken springt, flatscht dat Wasser über den Beckenrand* ›spritzen, überspritzen‹. Zu hören ist auch die Form **Flametsch** *Wat hasse da von Flametsch anne Backe?* **fletschen** hinschmeißen (beim Fußball) *Da musse dich doch inne Ecke fletschen. Wenne dich nich fletschen wills, brauchse gar nich ers int Tor* *gehen.* **Kuhflatsch, Kuhflatschen** Kuhfladen **Fletschauge** Triefauge, geschwollenes Auge *Wo hasse dat Fletschauge denn von weg?* **Bauchflatscher, -fletscher** flacher Kopfsprung, Bauchlandung *Beim Bauchflatscher kannze dir fies wehtun. Ich bin über den blöden Bordstein gestolpert und hab en echten Bauchflatscher hingelegt. Flatsch* und *flatschen* sind gesamtrheinische Universalwörter mit unzähligen Bedeutungen (RhWb II 564); sie gehen wohl zurück auf althochdeutsches flaz ›flach, breit‹.

Flitsche, Fletsche Steinschleuder *Der Jung hat mit der Flitsche die Scheibe eingeschossen.* **Flitsch** *Gib mir ma die Flitsch rüber, dat Programm is Mist* ›Fernbedienung‹. **flitschen** rutschen *Die Seife is mir ausse Hand geflitscht.• Kannze flitschen?* ›Steine über das Wasser hüpfen lassen‹ • *Mit dem kannze kein Fernseh kucken, der is nur am flitschen* ›zappen‹. **durchflitschen** durchrutschen, entkommen *Der is mir da durchgeflitscht.* **geflitscht kommen** schnell hinzukommen *Als et wat zu Essen gab, kam der direkt anjeflitscht.* • *Pass auf, datte keinen geflitscht kriegst* ›einen elektrischen Schlag bekommen‹. **flitschig** glatt, glitschig *Dat is aber fies flitschig bei euch im Bad.* RhWb II 631: *Flitsch* und *flitschen* sind im gesamten Rheinland verbreitet; lediglich die Bezeichnungen *Flitsch* für die Fernbedienung und *flitschen* für zappen sind eine neuere Entwicklung, die sich im Rheinland auszubreiten scheint.

Flitzebogen, Flitschebogen Bogen für Kinder *Früher ham wer die Flitzebogen selber gebastelt, da ging ma dat nich kaufen!* Den Flitzebogen kennen noch heute alle Kinder im Rheinland (RhWb II 634).

Flönz gewöhnliche Blutwurst *Bei Himmel und Erde gehört unbedingt Flönz dabei.* Nur im zentralen Rheinland um und in Köln bekannt (RhWb II 682). Das Wort gehört wohl zur süddeutschen Plunze ›Blutwurst, essbare Innereien‹; vergleiche auch Plauze ›Lunge, Bauch‹.

flötepiepen, flötepiepe abschlägige Antwort, denkste! *Da hab ich mich wochenlang auf den Urlaub gefreut, und dann flötepiepen, wird dat Ullich krank. Wie war dein Date gestern? Flötepiepen, die Alte is gar nich gekommen.* Das wahrscheinlich aus Flöte und Pfeife zusammengesetzte Wort kennt man am Niederrhein, im Ruhrgebiet und im Bergischen Land (RhWb II 658). Eine Herleitung aus dem Niederländischen versucht dagegen Mengel 46 und aus dem Rotwelschen Wahrig 2/793.

Flumme Fußball *Wat is dat denn vonne weiche Flumme; damit sollen wir spielen? Gib ma die Flumme rüber!* Die *Flumme* als Fußball ist im RhWb II 679 noch nicht verzeichnet, das Wort ist aber sicherlich zu *flummen* ›knallen‹ zu stellen. Das Kinderspielzeug *Flummi* ›Hartgummispringball‹ ist dagegen wahrscheinlich die moderne Zusammenziehung von fliegender Gummi.

flummen schlagen, prügeln; meist **verflummen** *Als der sich einfach mein Fahrrad genommen hatte, da hab ich den vielleicht verflummt.* Das RhWb II 679 verzeichnet *flummen* als gesamtrheinisch.

fluppen gelingen, funktionieren *Dat fluppt ja wie geschmiert. Dat fluppt ja wie am Schnürchen. So wie de dat zusammengebastelt has, kann dat nie im Leben fluppen. Wenn der dat macht, fluppt dat auch.* Das Wort war in den unterschiedlichsten Bedeutungen im ganzen Rheinland verbreitet (RhWb II 682). Schon um 1900 ist die Bedeutungsvariante ›mit Behagen rauchen‹ belegt, genauso wie das abgeleitete Substantiv **Fluppe** ›Zigarre oder Tabakspfeife‹. Das Wort ist heute weit verbreitet als Bezeichnung für die Zigarette: *Mach sofort die Fluppe aus. Hasse ma ne Fluppe?* Wie das verwandte *flutschen* geht wohl auch *fluppen* auf lautmalerische Nachahmung zurück.

Fott, Futt Hintern *Dir sollte man de Fott verhauen. Der hat en Gesicht wie ne rasierte Fott. Die kann de Futt nich stillhalten.* **Föttken** kleines Kind *Dat süße Föttken kann ja schon bald laufen.* Die Verwendung des für das zentrale Rheinland und den Niederrhein (wenn nicht *Kont* gilt) typischen Wortes (RhWb II 944) als Simplex ist in der Umgangssprache nicht mehr so häufig, in Komposita ist es noch oft zu hören: **Hundsfott** moralisch minderwertiger Mensch *Mit dem Hundsfott will ich nichts mehr zu tun haben.* **Hibbelsfott, Rappelfutt** nervöser, zappeliger Mensch *Du Hibbelsfott, nu sitz ma endlich still.* **Quängelsfott** Quälgeist *Dat Blag is en richtiger Quängelsfott.* **Meckerfutt, Knötterfutt** Meckerer *Dat is sonne richtige Meckerfutt, nix kannze dem recht machen.* **Stippeföttchen** Paradetanz der Kölner Roten Funken. **Fottfinger, Futtfinger** Stinkefinger *Lass deine Fottfinger von der Frau. Geh mit deine Futtfinger davon! Musse deine Futtfinger eigentlich überall drin haben?* **Föttchesföhler** jemand, der Frauen betatscht *Dat wussten doch alle, dat der en Föttchesföhler is.* In den rheinischen Mundarten ist *Fott* weniger anzüglich als *Arsch*, auch wenn es die gleiche Wortgeschichte wie das mittlerweile als sehr derb geltende Wort *Fotze* hat.

Frack Ärger, Wut, Hass, Streit *Pass ma auf, dat macht der jetzt aus Frack extra nich. Der hat en richtigen Frack auf den Nachbarn.* Auch als **Frackigkeit** gebräuchlich *Aus reiner Frackigkeit hat der mich ne Stunde warten lassen* ›aus Gemeinheit, Nickeligkeit‹. **frackig** trotzig, feindselig, zänkisch *Du bis aber wieder frackig heute.* Die Wortfamilie ist nach RhWb II 717 mit Ausnahme des nördlichen Niederrheins im gesamten Rheinland zu hören. Sie wird zum Adjektiv *frack* gestellt, das in Bezug auf Sachen auch ›spröde, brüchig, herb, bitter schmeckend‹ bedeuten kann; vergleiche auch niederländisch wraak ›Rache‹.

frack kaputt, erledigt; es ist nicht ganz sicher, ob das heute oft zu hörende und gleichbedeutende **fratze** wortgeschichtlich verwandt ist. *Der Ball is fratze* ›ohne Luft, nicht mehr spielbar‹. *Komm, lass den Penner liegen, der is doch fratze. Die Karre is bald frack. Sonn frackes Fahrrad würd ich doch nich klauen.* Das Wort ist in der Umgangssprache des Ruhrgebietes und unteren, rechten Niederrheins zu hören. Hier ist es auch im RhWb II 717 belegt.

Frängel Knüppel, Prügel *Da hat der sich den nächstbesten Frängel geschnappt und voll zugeschlagen.* • *Dat war sonn blöder Frängel aus dem Vorgebirge* ›Tölpel, Bauerntrampel‹. Das Wort, das im zentralen Rheinland gebräuchlich ist (RhWb II 725), ist vielleicht zu *Prängel* zu stellen.

frasseln, frosseln, frösseln, fröseln sich abmühen, an etwas herumarbeiten, ungeschickt werkeln *Wat frasselse da schon wieder an dem Kabel, davon geht der Fernseher auch nich wieder. Der hat auch immer wat zu frasseln. Die hat ihr Leben lang nur gefrasselt.* **rumfröseln** *Bisse wieder an deinem Motorrad am rumfröseln?* Gebräuchlich sind auch die Ableitungen **Frasselei, Frösel** und **Gefrassel** *Dat is ne* *elende Frasselei, die Rolladenschnur auszutauschen* ›schwierige, diffizile Arbeit‹. *Dat ganze Gefrassel hat nix genützt* ›Plackerei, Abarbeiten‹. *Der blöde Frösel macht mich noch verrückt* › vielerlei aufwändige Arbeiten‹. • *Also, den ganzen Frösel ausem Keller schmeiß ich auf den Sperrmüll. Wohin mit dem ganzen Frösel?* ›Kram, Krempel‹ Nach RhWb II 736 ist das Wort verbreitet zwischen Nordeifel und Niederrhein. Die in den rheinischen Mundarten gebräuchliche zweite Bedeutung des Verbs *frasseln* ›ringen, herumbalgen‹ ist in der Umgangssprache zwar nicht mehr bekannt, verweist aber auf die Abstammung aus dem Niederdeutschen, die sich auch im angelsächsischen wraestlian und damit in dem neuerdings auch hierzulande bekannten Wrestling als Abart des Ringens findet.

Frese, Fresen unangenehme Person *Wie die die Leute betuppt, dat is doch en richtiges Frese.* Das zentralrheinische Wort (RhWb II 810) *fresen* steht für standarddeutsch frieren. Die Hauptbedeutung von *Frese* ist ›Schüttelfrost, Fieberfrösteln‹.

frickeln an etwas basteln, herummurksen, sich an etwas zu schaffen machen *Der is immer an irgendwas am frickeln. Hör auf, an der Wunde zu frickeln.* Aber auch: penibel arbeiten, mit Geschick und Geduld arbeiten *Da wirse aber ganz schön frickeln müssen, um dat hinzukriegen.* Oft als **herumfrickeln** oder **zusammenfrickeln** *Wat haste dir denn da für eine Schaltung zusammengefrickelt.* **sich durchfrickeln** *Der hat sich sein ganzes Leben so durchgefrickelt* ›durchwursteln‹. Als Substantiv **Frickelei** oder **Gefrickel** und in der Zusammensetzung **Frickelsarbeit** *Für sonne Frickelsarbeit bin ich nich zu gebrauchen. Die Reparatur von der Lichtmaschine is ne elende Frickelei.* Nach RhWb II 800 im gesamten Rheinland außer am nördlichen Niederrhein verbreitet.

friemeln, frimmeln werkeln, zusammenbauen, etwas (zwischen den Fingern) drehen *Wat friemelse denn da zwischen deine Finger?* Meist nur präfigiert gebraucht: **auffriemeln** *Ich krieg den scheiß Knoten nich aufgefriemelt.* **auseinander friemeln** *Den ganzen Kabelsalat muss ich jetz wieder auseinander friemeln.* **zusammenfriemeln** *Dat friemel ma wieder schön auseinander, watte dir da zusammengefriemelt has.* **herumfriemeln** *Der friemelt da jetzt schon ne Stunde dran herum, un der Fernseher tudet no immer nich. Wat meinze, wie* *lang ich da dran rumgefriemelt hab.* **Friemelei** diffizile Bastelei *Mit sonem Elektromotor is dat immer ne elende Friemelei.* **Gefrimmels** kleinliche, unnütze Arbeit *Ich hab dat Jefrimmels jründlich satt* ›Zerriebenes, Geriebenes‹. **Friemelskram** *Bei dem Friemelskram helf ich dir nich.* Nach RhWb II 812 ist das Wort im zentralen Rheinland und am Niederrhein gebräuchlich, allerdings herrscht in der Mundart die Bedeutung ›etwas zwischen den Fingerspitzen reiben, zwirbeln‹ vor; so hießen früher die Zigarrendreher im Kleverländischen *Zigarrefremmler.*

frunzeln fummeln, knittern, runzeln, zusammenknüllen *Frunzel doch da nich so dran rum.* **zusammenfrunzeln** *Ich möchte ma wissen, wer sich dat Kabelgewirr hier zusammengefrunzelt hat* ›unfachmännisch zusammengebastelt‹. **verfrunzeln** zerknittern *Wer hat denn die Decke so verfrunzelt?* **frunzelig** verwirrt, zerknittert *Wat has du denn vor frunzelige Haare heute?* Das Wort ist im zentralen Rheinland und am Niederrhein verbreitet (RhWb II 843).

fuchtig wütend, giftig, im Zorn aufbrausend *Der kann ganz schön fuchtig werden, wenn dem wat nich passt. Nu werd doch nich gleich fuchtig.* Das Adverb ist im gesamten rheinischen Raum verbreitet (RhWb II 861) und gehört zur Wortfamilie Fuchtel/fechten (ursprünglich war die Fuchtel ein Degen mit breiter Klinge).

Fuddel, Fudel Lumpen, wertloses Zeug *Sonn alten Fuddel willse doch wohl nich mehr anziehen. Kuck ma, ob du nich sonn alten Fuddel als Putzlappen findest.* • *Dat is doch alles Fudel mit der Reparatur, die ham doch gar nichts gemacht. Sonn Fudel, der Schiedsrichter hat se doch nich mehr alle!* ›Pfusch, Betrug, Täuschung, schlechte Arbeit‹ **Fuddelskram, Fudelskram** wertloses Zeug, unsolide Sache *Mit dem sein Fuddelskram will ich nichts zu tun haben.* **Fuddelsarbeit, Fudelsarbeit** schlechte, fehlerhafte Arbeit *Wenn ich früher sonne Fudelsarbeit abgeliefert hätte, wär ich sofort entlassen worden.* **Fuddelszeug** schlechte Kleidung, alter Kram *Schmeiß dat alte Fuddelszeug ma weg.* **Fuddelskrämer** Lumpenhändler *Der Fuddelskrämer kommt auch nich mehr mit seinem Wagen. Der läuft rum wie sonn Fuddelskrämer.* **fudeln, fuddeln, futteln** pfuschen, betrügen beim Spiel *Mit dem spiel ich nich, der fudelt immer. Hör auf zu fudeln! Hasse bei der Klassenarbeit wieder gefudelt? Dat hasse aber echt gefudelt* ›improvisieren‹. **fuddelig** minderwertig, unordentlich *Zu der Werkstatt geh ich nich mehr; die liefern nur fuddelige Arbeit.* **zurechtfudeln** recht und schlecht zusammenbasteln *Da hast du dir wieder was zurechtgefudelt.* **durchfudeln** schlawinern *Der fudelt sich sein ganzes Leben schon auf diese Art durch.* **Fudler, Futtler** jemand,der ständig mogelt *Ey du Futtler, hör auf zu fuschen.* Die Wortfamilie ist im gesamten Rheinland gebräuchlich (RhWb II 868). Dass *Fuddel* und *fudeln* wirklich eine gemeinsame Wortgeschichte haben, ist nicht ganz unumstritten; so setzt z. B. Wrede I 264 getrennte Stichwörter an.

fuffzig fünfzig *Für fuffzig Penning krichse heut nix mehr.* **Fuffziger** *Hasse ma en Fuffziger für mich? Dat is doch en falscher Fuffziger* ›jemand, dem nicht zu trauen ist‹. RhWb II 896: die Lautung ist fast im ganzen Rheinland bis zum unteren Niederrhein belegt.

fukackig überreif *Die Äpfel musste dringend verwerten, die sind ja schon fukackig.* Auch auf Lebewesen bezogen: *Der sieht richtig fukackig aus, der wird et nich mehr lange machen* ›ungesund, kränklich‹. Ein typisch zentralrheinisches Wort (RhWb II 862).

Fumm, Fumme Brotschnitte *Wart ma, ich schneid dir gleich ne ordentliche Fumm ab.* (auch als **Kafumm/Kavumm** gebräuchlich) • *Du has da en Fumm aus der Nase hängen* ›Nasenpopel‹. RhWb II 886: Das Wort ist im gesamten Rheinland gebräuchlich, die Bedeutungsvariante ›Nasenpopel‹ jedoch nur am nördlichen Niederrhein.

Funk Stadtsoldat, Mitglied einer Karnevalsgesellschaft *Mein Mann is bei de roten Funken.* Die Bezeichnung *Funk* oder *Funken* für ein Mitglied eines **Funken-Corps** ist nur in Köln gebräuchlich (RhWb II 898). Das **Funke(n)mariechen** als Tanzkünstlerin im Karneval ist dagegen als Bezeichnung mittlerweile überall im rheinischen Karneval, also auch dort, wo es keine *Funken* gibt, übernommen worden.

Funzel mickriges, schlechtes und schwaches Licht *Mein Gott, wat hat der da vonne schlappe Funzel an seim Auto, den kann man gar nich erkennen.* Auch: **funzelig** *Bei dem funzeligen Licht kannse do nich lesen, da machse dir die Augen kaputt.* Auch scherzhaft für Licht all-

gemein: *Mach doch mal die Funzel an!* Heute im gesamten Rheinland verbreitet, war das Wort nach RhWb II 901 früher auf das
zentrale Rheinland beschränkt.

fuschen beim Spiel betrügen; wenn plötzlich eine überraschende
Karte aufgespielt wird, heißt es: *Dat is gefuscht! Fuschen gilt nich!*
Fusch schlechte Arbeit *Dat is alles Fusch, wat die gemacht haben.*
Fuschkopp Falschspieler *Mit dem Fuschkopp spiel ich nich mehr.* Bis
auf den nördlichen Niederrhein gesamtrheinisch (RhWb II 927).

Fussel (mit stimmhaftem s) kleiner Fadenrest *Du has da en Fussel
anne Jacke.* **fusselig** ausfasernd *Dat is aber en fusseliger Stoff.* Auch
im übertragenen Sinn *Bei dem kannze dir dat Maul fusselig quaseln,
dat bringt doch nix.* **fusseln** ausfasern, ausfransen *Der Pullover fus-
selt aber ganz schön.* Diese rheinische Aussprache ist im gesamten
Erhebungsgebiet zu finden (RhWb II 930).

fussig rothaarig *Die hat so fussige Haare. Dat is en fussich Julchen.*
Auch als Substantiv **Fussige(r)** Rothaarige(r) *Die hat sich sonn Fus-
sigen angelacht.* Das Wort geht auf die alte mundartliche Lautung
Foss oder *Fuss* für den Fuchs zurück, die im gesamten Rheinland
nördlich der Mosel verbreitet war (RhWb II 848). Interessanterweise hat sich das abgeleitete Adjektiv in der Umgangssprache
gehalten, obwohl selbst in den rheinischen Dialekten die alte Lautung zunehmend durch das standardnahe Fuchs ersetzt wird.

Futtsack Mist, Schrott *Dat is doch alles Futtsack.* Meist jedoch in der
Wendung: **Futtsack haben** Ärger, Probleme haben *Du hass ja nich
auf mich hören wollen, jetz hasse den Futtsack. Der hat echt Futtsack am
Hals. Du bis für den ganzen Futtsack jetz selber verantwortlich.* Das
Wort scheint räumlich auf den unteren Niederrhein und den an-
grenzenden rechtsrheinischen Teil des Ruhrgebietes beschränkt
zu sein. Nachgewiesen ist es in Horster 184 für Rheinberg und in
Fellsches 55 für Duisburg.

Gäng, Gänge, Jang, Jänge in der Wendung **in die Gänge kommen** sich beeilen, beginnen: *Bis der in die Jänge kommt, is Weihnachten. Die kommt überhaupt nich in die Gänge. Komma langsam inne Gänge mitte Arbeit.* Die Wendung ist im zentralen Rheinland und am unteren Niederrhein verbreitet (RhWb II 999), dürfte aber in der Umgangssprache mittlerweile eine größere Verbreitung gefunden haben.

gauksen, jauksen, junksen bellen, heulen (vom Hund) *Der Köter is die ganze Nacht am gauksen.* Das Wort ist in der Eifel und im Hunsrück gebräuchlich (RhWb III 1154). Wahrscheinlich ist es zu standarddeutsch juchzen und jauchzen zu stellen.

Gedöns, Jedöns überflüssiges oder umständliches Getue *Der macht immer en Gedöns, wenn der en Tor geschossen hat. Nu mach doch nich sonn Jedöns um dat Kleen. Die macht auch immer viel Gedöns um nix. Dat is immer en Gedöns, wenn man mitte ganze Familie in Urlaub fährt* ›Aufwand, Mühe‹. **Gedönsrat** Lehrer, Wichtigtuer *Mein lieber Herr Gedönsrat.* Im zentralen Rheinland, am Niederrhein und im Bergischen Land verbreitet (RhWb VIII 1460).

Gelärsch, Gelärch Plunder, Gerümpel, altes Zeug *Dat ganze Gelärsch is nichts wert.* Nur im äußersten Süden des Rheinlands gebräuchlich (Pfälzisches Wörterbuch III 182).

Geschlöns, Geschlüns Eingeweide *Dat ganze Geschlöns kam früher inne Wurst.* Heute im übertragenen Sinn auch auf etwas Verworrenes wie das Kabelgewirr oder die Verdrahtung von elektronischen Geräten bezogen: *Durch dat Geschlöns an dem Autoradio steig ich nich durch. Schmeiß dat ganze Geschlüns ma weg!* ›minderwertiges Zeug‹ Gebräuchlich am Niederrhein und im Ruhrgebiet (RhWb VII 1400).

gibbeln lachend tuscheln, albern lachen, kichern *Wenn die zusammen sind, sind die nur am gibbeln* ›meist bei Mädchen‹. *Nu gibbel doch nich so blöd.* **gibbelig** zum Kichern aufgelegt *Du bis aber gibbelig heute.* **Gibbelstante** albernes, kicherndes Mädchen *Dat is die reinste Gibbelstante heute.* RhWb II 1213: am Niederrhein und in Teilen des Ruhrgebiets und des Bergischen Landes verbreitet. Mit großer Wahrscheinlichkeit hat das Wort denselben Ursprung wie das zentralrheinische **jeifele, jiffeln** oder **jiefele** mit demselben Bedeutungsspektrum (RhWb II 1138; deshalb wohl nicht typisch kölnisch wie bei Wrede I 296): *Wat bisse schon wieder am jiefele?*

gleisen schlittern *Das Eis auf der Eschwies ham wer uns schön Bahn gemacht, un dann sind wer den ganzen Tag gegleist.* Das Wort ist auf das südliche Rheinland beschränkt (RhWb II 1271).

göbeln, jöbbeln sich erbrechen (besonders bei Betrunkenen) *Der hat gleich neben den Eingang gegöbelt.* Nach RhWb II 1292 ist das Wort außer am nördlichen Niederrhein im Rheinland bis zur Mosel verbreitet; es geht zurück auf französisch dégobiller ›erbrechen‹.

gorrich geizig *Nu sei doch nich so gorrich und gib dem Kleen wat ab.* Das dazugehörige Substantiv wird seltsamerweise nur auf männliche Geizige angewendet: **Gorriger** *Von dem Gorrigen siehse keinen Pfennig.* Von den drei Bedeutungen, die das Adjektiv *gorg/görg* in den Mundarten zwischen Aachen und unterem Niederrhein haben kann (RhWb II 1306: mager, geizig, träge), ist in der Umgangssprache nur der Bezug zum Geiz geblieben.

greilen mit dem Stuhl hin und her schaukeln *Greil nich so!* ›Aufforderung des Lehrers an schaukelnde Kinder‹ Nach RhWb II 1377 ist das Wort als *greien* für den Niederrhein belegt, in der regionalen Umgangssprache ist es nur noch im Bergischen Land gebräuchlich.

Grielächer, Jrielächer Mensch mit hintergründigem Humor *Wie ich den kenne, is dat en richtiger Grielächer. Dem seine Krätzchen gehen um fünf Ecken rum.* RhWb II 1383 und 1406: aus greinen und lachen zusammengesetzt.

griemeln, jriemeln still vor sich hin lächeln, verschmitzt lachen (auch aus Schadenfreude) *Der griemelt sich einen. Wat hasse da zu jriemeln, ich find dat gar nich lustig.* RhWb II 1405: belegt für das zentrale Rheinland und den unteren Niederrhein; das Wort stammt aus dem mittelfränkischen Mundartraum.

gripschen heischen, Gaben sammeln *Zu St. Martin gehn wir gripschen.* Das im gesamten Rheinland zwischen Hunsrück und Düsseldorf verbreitete Mundartwort bedeutet nach RhWb II 1414 eigentlich ›Kleinigkeiten stehlen‹, hat sich aber in der Umgangssprache von Düsseldorf und Umgebung nur in dieser speziellen Bedeutung gehalten.

griselig, jriselig geronnen, körnig *Der Pudding schmeckt nich, der is ganz griselig. Die Milch is schon ganz jriselig.* **Grisel** etwas Körniges, Sandähnliches *Dat is ja mehr Grisel als Hagel.* RhWb II 1416: bekannt im zentralen Rheinland und am unteren Niederrhein; das Wort gehört nicht zu Gries, sondern ist ein genuines Mundartwort, das heute in der Standardsprache eventuell noch als Kohlengris bekannt ist (vergleiche englisch grisly).

H

Hacke Ferse *Der tritt einem beim Fußball immer in die Hacken. Ich hab mir die Hacken abgelaufen, bis ich irgendwo Zitronengras gekricht hab. Ich muss weg, der Gerichtsvollzieher sitzt mir aufe Hacken. Der hat die Polizei anne Hacken* ›wird verfolgt‹ • *Dem klebt dat Pech anne Hacken. Du hast doch einen anne Hacke* ›bescheuert sein‹. • *Der hat vielleicht einen inne Hacken* ›ist sturzbetrunken‹. Das entsprechende Adjektiv lautet **hickehackevoll** ›völlig betrunken‹. Beim Fußballspielen ist der **Hackentreter** berüchtigt, der von hinten in die Beine des Gegners grätscht. Das Wort ist in den Mundarten des Rheinlands eigentlich nur am Niederrhein gebräuchlich (aber auch in Köln), das zentrale Rheinland und der Süden kennen nur die Variante *Ferse* (RhWb III 37). Allerdings sind die festen Wendungen auch in den Regiolekten bis nach Köln verbreitet.

Hahn nur die Wendung **halver/halber Hahn** in Köln und Umgebung (RhWb III 94) als scherzhafte, auf keiner Speisekarte fehlende Bezeichnung für ein halbes Roggenbrötchen mit Holländer Käse.

Halbgehangen, Halbjehangen, Halbjehang unordentlich gekleidete Person *Sonn Halbjehangen, wie der wieder rumläuft.* Nach RhWb III 126 vorwiegend im zentralen Rheinland gebräuchlich, aber auch im übrigen Rheinland bekannt.

Hallas nur in der Wendung **keinen Hallas machen** *Mach blos keinen Hallas jetzt!* ›Ärger machen‹ Am nördlichen Niederrhein und im Ruhrgebiet oft zu hören, allerdings nur in Siewert 45 belegt und eigentlich nicht als Mundartwort nachgewiesen.

Hämmchen, Hämmche Eisbein, Vorderhachse des Schweins *Ich hätt ma wieder richtig Lust auf sonn krosses Hämmchen.* In den meisten Mundarten des Rheinlandes wird mit *Hame* der Hinterschinken des geschlachteten Schweins bezeichnet (RhWb III 172; vergleiche ham ›Schinken‹ im Niederländischen und Englischen). In Teilen des zentralen Rheinlands unterscheidet man jedoch zwischen *Schenk* ›Hinterschinken‹ und *Hame* ›Vorderschinken‹, so auch in Köln. Von hier aus hat das kölsche Nationalgericht *Hämmche met suure Kappes* auch in der Umgangssprache weite Verbreitung gefunden, obwohl die alte mundartliche Bezeichnung *Hame* kaum noch bekannt ist.

Hannack böser Mensch *Die Hannacke wollten mir den Rasenmäher schnell wieder bringen. Ich warte immer noch drauf.* **hannackig** zänkisch, übelwollend. Einen *Hannak* kennt man im südlichen und zentralen Rheinland (RhWb III 187). Das Wort ist überregional die Bezeichnung für einen Angehörigen des tschechischen Volkes (ursprünglich die Bezeichnung für einen Volksstamm in Mähren).

Hännes, Hannes Kurzform für Johannes, oft im abwertenden Sinn gebraucht *Kuck ma, wat der Hännes da schon wieder macht. Der* *hält uns für de Hännes* ›jemanden nicht für voll nehmen‹. Die Koseform **Hännesjen** ist eine in und um Köln bekannte und beliebte Puppenspielfigur; auch hier kennt man die Verwendung im übertragenen Sinn: *Der macht mit uns dat Hännesjen* ›an der Nase herumführen‹. Die Kurzform *Hannes/Hännes* ist gesamtrheinisch (RhWb III 231).

Hansmuff, Hans Muff Knecht Ruprecht, der Begleiter des heiligen Nikolaus. Die im zentralen Rheinland (RhWb III 239) von Kindern gefürchtete Schreckgestalt war eigentlich ein Spottname auf einen mürrischen Menschen (vergleiche das niederländische Schimpfwort Moffen für die manchmal ungeliebten deutschen Nachbarn jenseits der Grenze (RhWb V 1350)).

happig gierig, beträchtlich, übertrieben *Die ham aber happige Preise hier. Dat is ganz schön happig, wat der sich da geleistet hat. Die Aufgaben in der Mathearbeit waren ganz schön happig.* Das Wort ist nach RhWb III 247 in den Mundarten des Niederrheins, Bergischen Landes und zentralen Rheinlands bekannt. Es ist eine Ableitung von *happen* ›gierig essen‹. Während das Verb im sprachlichen Alltag völlig verschwunden ist, findet sich das Substantiv, das nach Wahrig 3/407 niederdeutschen Ursprungs ist, noch in der Wendung *einen Happen essen*.

hauschnau plötzlich *Die Pänz hatten Mäuschen geklingelt, und dann waren se auch schon hauschnau um die Ecke.* • *Nu sei doch nich direkt so hauschnau* ›grob‹. Auch als *Hau un Schnau* ist die Wendung in der zweiten Bedeutung im zentralen und südlichen Rheinland verbreitet (RhWb III 322), die Verwendung als ›plötzlich‹ kennt man nur in und um Köln (Wrede 1/339 und Bücher 411).

Heckmeck Getue, Umstände *Mach do nich sonn Heckmeck um dat bisken Haushalt. Watten Heckmeck!* Das Wort ist heute im Rheinland und in Westfalen weit verbreitet, allerdings so nicht im RhWb belegt. *Heckmeck* ist ein beliebtes Objekt von Volksetymologien. Es wurde zurückgeführt auf das Meckern einer Ziege (Küpper 335) oder auf das Wort *Hickemick/Heckmeck*, das im Rheinischen weit verbreitet ist (Winschuh 126). Letzteres, für das Rheinland als typisch geltende Wort bezeichnet eine mechanische Wagenbremse und ist zusammengesetzt aus dem altertümlichen Wort Hemme für Bremse und *Mickemick*, der rheinischen Form für Mechanik (RhWb III 618). Allerdings ist das Wort *Heckmeck* in der Bedeutung ›Getue‹ viel älter und schon seit dem 16. Jahrhundert als haggamagga oder hak mak bekannt (Röhrich II 686). Es war eine weit verbreitete Bezeichnung für Gehacktes oder durcheinander Gemengtes. Die lautliche Übereinstimmung mit der rheinischen Wagenbremse *Hickemick* ist rein zufällig.

heischen Gaben sammeln zu St. Martin *Dürfen wir nach dem Zug noch heischen gehen?* Das überall im Rheinland bekannte Wort (RhWb III 474) verschwindet langsam aus dem Wortschatz der Jugendlichen.

Henkemann, Henkelmann Doppelbehälter aus Blech zum Transport des Mittagessens an die Arbeitsstelle *Wat has du denn heut im Henkemann? Ich hab meinen Henkelmann stehen lassen.* Die mundartliche Variante *Henkemann* ist im Alltag heute meist dem Standard näheren *Henkelmann* gewichen, der im gesamten Rheinland verbreitet ist (RhWb III 512).

Heu in der Wendung **süß, söß Heu** Schmeichler, Speichellecker *So en söß Heu! Der kriecht dem ja fast hinten rein.* Die Wendung ist ausschließlich in und um Köln gebräuchlich (RhWb II 590).

hibbelig, hippelig zappelig, nervös *Mensch, sei doch nich so hibbelig und sitz ma still* ›Aufforderung der Mutter an ihr hyperaktives Kind‹. *Morgen geht der Urlaub los, ich bin schon ganz hibbelig vor Aufregung* ›aufgeregt‹. Auch als Substantiv **Hippel/Hibbel**: *Watten Hibbel, der sitzt nie still.* Das RhWb kennt diese Bedeutungen nicht. Möglich ist allerdings eine Ableitung von III 679 *hippen* ›trippeln, hüppsen usw.‹. Weniger wahrscheinlich ist die Herleitung von Küpper 344 aus der mundartlichen Entsprechung zu heiß, hitzig: *hitt, hiit.* Das Wort ist nachgewiesen bei Felsches 63.

Hicks, Hickepick, Hickeschlick Schluckauf (während *Hickepick* nur am Niederrhein und im Ruhrgebiet verbreitet ist, kennt man den *Hicks* auch im übrigen Rheinland (RhWb III 621)). *Hasse Hickepick, dann musse viel trinken. Dat Kleen hat den Hicks.*

Hingesch Hintern *Der hat sich den Hingesch verbrannt.* Die velarisierte Variante des Hinterns ist im zentralen Rheinland (RhWb III 663) gebräuchlich.

hinkeln das Hüpfspiel spielen *Sollen wir hinkeln spielen?* Das Verb ist im gesamten Rheinland bekannt (RhWb III 655), allerdings gibt es viele örtliche Konkurrenzformen. Das Spiel heißt auch **Hinkelkasten**, wie die auf den Boden gezeichnete Spielfläche selbst.

Hippe Ziege, im Regiolekt nur im übertragenen Sinn gebraucht: *Dat is vielleicht ne neugierige Hippe. Die Fotomodelle sind ja all nur noch so magere Hippen,* wenn sie nicht gar als **Hippengestelle** ›dürre Frau‹ bezeichnet werden. **Hippeland** Hinterland, ländlicher Raum; in der Regel verächtlich gemeint: *Der kommt vom Hippeland, der hat von nix ne Ahnung. Heute fahren wir mal ins Hippeland.* Der **Hippeländer** war früher eine eher lustige Benennung der Niederrheiner für die vermeintlich hinterwäldlerischen Grenzlandbewohner, heute ist das Wort sogar im Namen **Hippelandexpress** für einen Regionalzug zwischen Duisburg und Kleve in den Fahrplan der Deutschen Bahn aufgenommen. Das Wort **Hippe** ist in allen deutschen Mundarten gebräuchlich, so auch im ganzen Rheinland (RhWb III 673). Es wird zurückgeführt auf den vermuteten Ursprung als Lockruf für eine Ziege.

Höcksken nur in der Wendung **vom Höcksken aufs Stöcksken kommen**: wohl eine mundartliche Verballhornung der umgangssprachlichen Redewendung vom Hölzchen aufs Stöckchen kommen: *Wenn die ma loslegt, kommt die vom Höcksken aufs Stöcksken.* U. a. belegt bei Horster 230 (hier zu *Hökske* ›Haken‹ gestellt) und Fellsches 66.

holen Selbst viele Rheinländer wissen nicht, dass in den Mundarten südlich einer gedachten Linie durch Bonn (RhWb III 758) das Verb „nehmen" unbekannt ist. An seine Stelle tritt auch in der Umgangssprache das Wort *holen: Hol dir doch noch en Löffel Suppe.* **mitholen** mitnehmen, mitbringen *Wenn wir in die Karibik fahren, müssen wir Mückenspray mitholen. Holse mir en Bier mit? Hols du mich mit?* **abholen** abnehmen (auch an Gewicht) *Hast du etwa abgeholt, die Hose sitzt ja gar nich mehr so spack.* Eine andere Hauptbedeutung des Verbs ist ›kaufen‹: *Ich muss noch schnell Milch holen. Dat Hemd hab ich bei C&A geholt.* **einholen** einkaufen *Warst du schon einholen? Bis ich für dat Essen alles eingeholt hab, ist der Tag bald rum.*

hömmelig hinfällig, gebrechlich *Der alte Mann von nebenan ist aber schon ganz schön hömmelig.* RhWb III 941: bekannt am nördlichen Niederrhein.

Höpken Doof Blödmann, Dummkopf *Mit der Batschkapp siehse aus wie Höpken Doof. Da stand er da wie Höpken Doof.* Die niederfränkische Variante des Häufchens (RhWb III 327) in Verbindung mit „doof" kennt man nur im Norden des Niederrheins.

hörsch, hösch sachte, vorsichtig, leise *Geh ma ganz hörsch kucken, ob der Opa noch schläft.* Bis auf den Niederrhein ist das Wort im ganzen Rheinland bekannt (RhWb III 743). Die Herkunft erschließt sich, wenn man es zu ›höfisch‹, also auf dem Hof zusammenlebend, stellt.

Hubbel kleine Erhebung, kleiner Hügel *Pass auf, fahr nich über den dicken Hubbel da. Dat is doch kein Berg, dat is doch nur en kleiner Hubbel. Wat hasse denn da von Hubbel im Gesicht* ›Beule‹. *Der schmeißt alles auf einen Hubbel* ›Haufen‹. **Hübbelschen** Drempel zur Reduzierung der Geschwindigkeit im Straßenverkehr *Die bauen da in die Straße noch Hübbelschen rein.* **hubbelig** uneben, hügelig *Dat is aber ma ne hubbelige Straße. Dat is aber schwer hubbelig hier.* Den Hubbel kennt nach RhWb III 860 das gesamte Rheinland in unterschiedlichen Lautungen.

Huckel, Hückel kleiner Hügel, Erhebung, Bodenunebenheit *Dat is aber en kleiner Huckel, un dat soll en Berg sein. Pass auf, da is en Huckel aufe Straße, fahr da nich drübber.* **huckelig** uneben *Ganz schön huckelig hier die Straße.* Im RhWb III 877 ist überraschenderweise nur das Adjektiv für den Norden des Rheinlands belegt.

Hücksken nur noch in der Wendung **im Hücksken sitzen** zusammengekauert sitzen, in Hockstellung sitzen *Die Blagen können stundenlang im Hücksken sitzen, da tun mir schon vom Zukucken die*

Knie weh. Die Verkleinerungsform von *Hucke* ›Kniebeuge, Hocke‹ ist im zentralen Rheinland und am Niederrhein zu hören (RhWb III 873). Hier kennt man auch die Wendung **eine nasse Hucke kriegen** ›in den Regen kommen‹.

Hücksken, Höcksken, Hucke, Hock kleines Haus, kleines Zimmer, auch: Ecke, Winkel *Die wohnen vielleicht in nem kleinen Hücksken. Der hat in dem Studentenwohnheim nur en ganz kleines Höcksken für sich. Die sitzt immer in irgendeinem Hücksken.* Die Verkleinerungsform der am Niederrhein und in Teilen des zentralen Rheinlands verbreiteten mundartlichen *Huck* ›Ecke, Winkel‹ (RhWb III 867) hat sich in der Umgangssprache am Niederrhein bis heute gehalten.

Huddel, Hoddel schlechte Arbeit, Durcheinander *Wat is dat widder von Huddel hier. Jetz ham die mir schon die dritte Rechnung geschickt. Nix als Huddel un Brassel bei dem Verein.* • *Tiefer kann ich nich graben, da kommt nur noch Hoddel zum Vorschein* ›steiniger Unterboden, lockeres Gestein‹. Die Wortfamilie zu *Huddel* ist, wie für Wörter mit negativen Bedeutungen typisch, sehr umfangreich: **Gehuddel, Gehuddels** *Bei so einem Gehuddel kann dat nix werden.* **Huddelei, Huddelskram** Pfuscharbeit *Für sonne Huddelei sollen wir auch noch richtig Geld berappen.* **huddeln** pfuschen *Der is nur am huddeln, nie macht der wat richtig.* **zusammenhuddeln** nachlässig leben oder arbeiten *Da hasse dir widder wat zusammengehuddelt, dat passt hinten und vorne nich.* **verhuddeln** verlegen, verkramen *Hasse die Unterlagen schon wieder verhuddelt?* **huddelig** unordentlich, nachlässig *Dein Zimmer sieht immer gleich huddelig aus. Sonn huddeligen Kram kann ich nich leiden.* **verhuddelt** armselig *Mein Gott, wat sieht die arme Frau verhuddelt aus.* Das RhWb III 883 nennt als Verbreitungsgebiet nahezu das gesamte Rheinland. In den Dialekten ist die Grundbedeutung von *Huddel* ›alter, schmutziger Lappen, Lumpen‹ oder ›Putzlappen‹, in den Regiolekten hat sich allerdings nur die übertragene Bedeutung gehalten.

Hühnerkläuchen wörtlich: Hühnerfuß; nur in der Wendung: **(an) etwas mit dem Hühnerkläuchen machen (drangehen)** etwas mit Bedacht, behutsam angehen *Die sin so wat von empfindlich, dat kannste nur mim Hühnerkläuchen machen.* Nach RhWb III 921 ist das

Verbreitungsgebiet auf das linksrheinische, zentrale Rheinland beschränkt.

hummeln donnern *Boh, et hummelt, gleich gibbet Regen.* Diese Bedeutung des Verbs *hummeln* kennt man im westlichen Rheinland und am Niederrhein (RhWb III 937).

Hümpken, Hümmelken Kartoffelschälmesser *Mit dem stumpfen Hümpken kann ich nich schälen.* Das Wort ist nur kleinräumig im Bergischen Land rund um Hattingen und im Ruhrgebiet im Regiolekt gebräuchlich. Nicht in RhWb, nur bei Sprick 48 belegt.

hüppen, hoppen, höppen, hüppeln, hüppsen springen, hüpfen, auf einem Bein hüpfen *Na los, hüpp schon über den Bach. Der höppt über den Platz wie sonne lahme Ente* ›beim Fußballspielen‹. *Dat is gehöppt wie gesprungen* ›egal, dasselbe‹. *Wie oft kannse den Stein über dat Wasser hüppen lassen? Komm, wir gehen zum Baggerloch und hüppen ma kurz int Wasser.* Ein beliebtes Spiel der Kinder ist **Hüppekästchen**, ein Hüpfspiel, das unter verschiedenen konkurrierenden Bezeichnungen im ganzen Rheinland verbreitet ist. *Hüppen/höppen* ist nach RhWb III 1006 im ganzen Rheinland gebräuchlich.

hurkeln kuscheln, schmusen *Wat seit ihr denn da am hurkeln. Ich könnt dat Ullich immerzu hurkeln.* **hinhurkeln** rumfläzen, unordentlich sitzen *Wenn ich mich so wie du da hinhurkeln würde, hätt ich auch immer Rückenschmerzen.* Nach RhWb III 1020 ist das Wort im zentralen Rheinland und am unteren Niederrhein belegt, dort ist es auch heute noch im Regiolekt zu hören.

I-Dötzken, I-Dotz ABC-Schütze *Heute kommen die I-Dötzken inne Schule.* Die Bezeichnung für den Schulanfänger ist im ganzen

Rheinland und am Niederrhein verbreitet (RhWb III 1059). Da in früheren Zeiten der Schreibunterricht mit der Einübung des i begann, erklären sich die vielen dialektalen Varianten: *I-Drisser*, *I-Krätzer*, *I-Dopp*, *I-Bätschchen*, *I-Knüttel* usw. Allerdings ist nur das *I-Dötzchen* in der Umgangssprache heimisch geworden.

iggelig aufgeregt, nervös *Nu sei doch nich so iggelich, du machs mich ganz verrückt.* *Iggelig* ist im südlichen und zentralen Rheinland verbreitet (RhWb III 1070); die Herkunft ist ungeklärt (vergleiche aber englisch eager ›hitzig, ungestüm‹).

Immi unechter Kölner, Zugezogener *Dat is doch nur ne Immi. In dem Viertel wohnen nur noch Immis.* Aus imitieren/Imitat abgeleitete Kölner Bezeichnung (Wrede 1/382), die heute auch im weiteren Umkreis bekannt ist.

impig, ipschig, ipsig klein, unscheinbar *Dat is aber en impig Büschken, watter hier hingepflanzt habt.* In RhWb III 1084 ist *impig* überraschenderweise nur für das südliche Rheinland bis zur Eifelmitte belegt, es ist jedoch auch und gerade in der Umgangssprache des rechten Niederrheins und des Ruhrgebietes verbreitet (siehe Sprick 49 und J. Wolf 73).

Ippelken kleines bisschen *Is noch wat vonne Suppe da? Ja, aber nur noch sonn Ippelken.* Verbreitet am rechten Niederrhein, bislang noch nicht in Wörterbüchern nachgewiesen.

i woo wo denkst du hin, nie im Leben *Du wars doch gestern aufe Kirmes, oder? I woo, ich war zu Hause.* Nach RhWb III 1060 ist diese „entschuldigende, beschönigende Verneinung" im gesamten Rheinland verbreitet.

J

Jann un allemann alle Leute, jeder ohne Unterschied *Nach dem Fest sind wir mit Jann un allemann inne Kneipe. Der kennt Jann un allemann. Dat is wat Besonderes, nix für Jann un allemann.* Auch als **Jann, Pitt un Kloos** Während diese Variante nur am nördlichen Niederrhein zu hören ist, kennt *Jann un allemann* das zentrale Rheinland und der Niederrhein. Die Variante **Mann un Jann** ist im südlichen rechtsrheinischen Rheinland verbreitet (RhWb III 1143). Die Wahl der Kurzform für Johannes ist sicherlich nur dem Zwang des Reims zu verdanken.

jeck, geck verwirrt, verrückt, närrisch, nicht bei Trost, „jede Steigerung (oder Abnormität) des seelischen Lebens kennzeichnend" (RhWb II 1082) *Wat machs du denn da, bisse geck? Von dem Karessäll werd ich ganz jeck* ›wirr, durcheinander‹. *Der jecke Kerl is schon wieder ausgebüxt. Die is immer am putzen wie jeck. Der hät sich jeck jesoffe. Nu hör auf zu schreien, du machs dat Tier ja ganz jeck. Bisse jeck, mir sonn teures Geschenk zu machen. Der is jecker wie jeck* ›völlig verrückt‹. *Er is ganz geck auf sein neues Auto. Der is ganz jeck nach dem Mädchen* ›verrückt nach‹. **Jeck, Geck** (Fastnachts-)Narr *Jede Jeck is anders* (bekanntes kölsches Motto). Das Wort ist im gesamten Rheinland verbreitet (RhWb II 1082); es ist wohl mittelniederdeutschen Ursprungs, seine genaue Herkunft ist allerdings noch nicht erkannt.

Jick in der Wendung **den Jick schlagen** stürzen *Wie zuletzt Glatteis war, hab ich auf der Straße den Jick geschlagen.* • *Wenn ich dat hier seh, könnt ich glatt den Jick schlagen* ›ausflippen, aus der Haut fahren‹. Nach RhWb III 1170 gebräuchlich im südlichen und zentralen Rheinland.

jömeln, jömern meckern, jammern, unzufrieden sein, an allem etwas auszusetzen haben *Der is den janzen Tach am jömeln.* **rumjömeln** dasselbe *Du bis immer am rumjömeln, du merkst dat schon jar nich mehr.* **jömelig, jömerich** meckerig, jammernd, schwächlich

Dat Kind sieht so jömerich aus. Es handelt sich um die zentralrheinische Lautung von standarddeutsch jammern (RhWb III 1137).

Jöppken, Jüppken, Jöppchen verächtlich für eine Jacke *Wat hass du denn da fürn Jöppken an. Mit dem Jöppken willse zu der Party gehen?* *Jupp* ist in den Mundarten des zentralen Rheinlands, des Niederrheins und des Bergischen Landes die übliche Bezeichnung für eine einfache Männerjacke (RhWb III 1255).

jrängeln quengeln, nörgelnd weinen *Dat ewige Jrängeln nützt dir auch nichts. Jrängeln* ist die zentralrheinische Variante von greinen (RhWb III 1385).

juckeln, jückeln, jöckeln sich langsam fortbewegen, ohne Hast reisen *Wir hatten kein Ziel, wir sind nur so wat übert Land gejückelt.* **losjückeln** *Wir sind einfach losgejückelt, so int Blaue.* **herumjückeln** sinnlos Zeit vertrödeln durch herumlaufen *Die jückelt den ganzen Tach inne Gegend herum und hat abends nix geschafft.* **verjücken, verjückeln** ausgeben, verschwenden, verjubeln, einen draufmachen *Der hat sein ganzes Geld verjückt. Den Gewinn gehen wer jetz verjücken.* **Jückelei** Herumgerenne, Herumgefahre *Dat war vielleicht ne Jückelei, bis wir da waren.* **Jück, Jöck** nur in der Wendung **auf, op Jück sein** unterwegs sein *Der is abends immer auf Jück. Die Katze is nich im Garten, die is schon wieder op Jöck.* Die eigentliche Bedeutung des Wortes *Jück* ist ›Juckreiz‹; sie ist den meisten Umgangssprachensprechern allerdings nicht mehr bewusst. Ursprünglich nur im zentralen Rheinland verbreitet, ist die Wendung heute weit darüber hinaus sehr häufig im Alltag zu hören. Die Wortfamilie selbst ist gesamtrheinisch (RhWb III 1210), zu ihr gehören auch das Verb *jucken* mit den Wendungen *Lass jucken, Mann!* ›sich beeilen, sich sputen‹ oder *Das juckt mich überhaupt nich* ›nicht kümmern, nicht interessieren‹ (beides Wendungen, die nicht auf die regionale Umgangssprache beschränkt sind) und das nur für Köln belegte *juckig* ›lüstern, geil‹.

jutschen, jitschen, juschen stark regnen *Et war so am jutschen, mer konnten nicht vor et Loch gehen. Et juscht.* In RhWb II 1063 nur einmal für Adenau belegt (zu *gautschen*), aber auch bei Wrede 1/396 für Köln nachgewiesen.

Ka-, ka- Es scheint eine Eigenheit sowohl der Dialekte als auch der Regiolekte zu sein, die eigentlich „sinnlose" Vorsilbe *ka-* virtuos in allen Wortklassen – zum Teil als Verstärkung – zu verwenden. Beispiele sind: **kapaftig, kafupptich** ›mit Schwung, mit Karacho‹, **kabiestig** ›kratzbürstig‹, **Kabänes** ›etwas Dickes‹, **Kabachel** ›altes Haus‹, **Kabuff** ›kleines Zimmer‹, **Kavumm, Kafuck** ›Schwung, Kraft‹, **Karämmel** ›dickes Stück‹, **Kamuffel** ›Trottel‹, **kafeckeln** ›rennen‹, **kafetschen** ›um etwas kämpfen‹.

Kabachel altes Haus, baufällige Hütte *In dem Kabachel will doch keiner mehr wohnen.* Das für das Ruhrdeutsche belegte Wort (siehe auch Sprick 50) ist im RhWb IV 1 seltsamerweise nur für Simmern auf dem Hunsrück verzeichnet (hier übrigens als Femininum), obwohl es ganz offensichtlich ein niederdeutsches, im Münsterländischen weit verbreitetes Wort ist. Hier gibt es auch die Varianten *Kabraake, Kabracke* und *Kablache* (Piirainen 447, Siewert 52), die auf *Braake* ›altes Haus‹ und *Kracke* zurückgehen.

Kabänes etwas Dickes, Großes, Schweres *Der Kerl is en richtiger Kabänes. Gestern hab ich sonnen Kabänes von Hecht geangelt. Plötzlich lag da sonne Kabänes mitten aufe Straße.* Nach RhWb IV 2 ist das Wort im zentralen Rheinland belegt. Es gilt als exklusives rheinländisches Wort, dessen Herleitung aus angrenzenden Mundarten oder Sprachen bisher nicht gelungen ist. Es scheint allerdings nicht alt, sondern eine Schöpfung des späten 19. Jahrhunderts zu sein (Wrede 2/2); in der Umgangssprache ist es heute weiter verbreitet.

Kabäusken, Kabäuschen, Kabäusjen kleine Abstellkammer, auch ironisch für ein kleines Zimmer *Bring den Besen ma zurück int Kabäusken. Dein Zimmer is aber auch nich mehr als en Kabäuschen. Im Urlaub hatten wir echt Pech, dat Ferienhaus war ma mehr en Kabäusken als sonst wat.* In der rheinischen Umgangssprache wird nur noch die Verkleinerungsform benutzt, die Grundform *Kabuse*, die in allen Mundarten des Rheinlands heimisch war (RhWb IV 4), ist nicht mehr gebräuchlich. Allerdings macht diese Variante die Herkunft aus dem Niederdeutschen Kabüse deutlich, das ursprünglich sowohl allgemein einen kleinen Raum als auch einen Bretterverschlag auf einem Segelschiff, der als Küche diente (daher Kombüse), bezeichnete.

käbbeln, kabbeln, knäbbeln um Kleinigkeiten streiten, sich (auch liebevoll) zanken, ärgern *Die Nachbarn sin sich schwer am käbbeln. Müsst ihr euch immer kabbeln beim spielen? So wie die sich käbbeln, haben die bestimmt wat mitenander.* Das Verb wird im ganzen Rheinland häufig gebraucht (RhWb IV 4); das Substantiv **Käbbelei** ist dagegen seltener zu hören: *Die ganze Käbbelei lohnt sich doch gar nich wegen dem Kleinkram* ›Streiterei‹. Das Wort ist verwandt mit dem aus dem Niederdeutschen bekannten kabbeln der See (auch bekannt als Kabbelwasser), das entsteht, wenn zwei entgegengesetzte Wellenbewegungen aufeinander treffen.

Kabuff kleine Kammer, minderwertiges Zimmer, Absteige *Dat is vielleicht en Kabuff, wo der da wohnt.* Die Verkleinerungsform **Kabüffchen** hat eine weniger abwertende Bedeutung *Und oben unterm Dach haben die sonn lustiges Kabüffchen für de Gäste.* Nach RhWb IV 8 ist das Wort im zentralen Rheinland und am unteren Niederrhein verbreitet; es gilt sogar als „kölsch-ripuarisch-südniederfränkisches Eigenwort" (Wrede 2/3). Allerdings wird auch eine Verwandtschaft mit Kabuse (Wahrig 4/35) angenommen, siehe **Kabäusken**.

kakeln, bekakeln besprechen, quatschen, diskutieren *Worüber die schon wieder am kakeln sind, dat möchte ich gern wissen. Da setzen wir uns ma zusammen und bekakeln dat in aller Ruhe. Dat muss ich aber ers ma mit meiner Frau bekakeln, bevor ich dat machen kann. Dat wern wer in aller Ruhe bekakeln; dann sagen wer Bescheid.* Kakeln ist wohl zu kackeln zu stellen, das im ganzen Rheinland (RhWb IV 13) für gackern, aber auch im übertragenen Sinn für plaudern, erzählen und kritteln gebräuchlich ist.

kalbern meist als **herumkalbern** albern, sich kindisch benehmen

Nu benehmt euch ma und hört auf, so dämlich herumzukalbern. Das Wort ist im zentralen Rheinland, am Niederrhein und im Bergischen Land verbreitet (RhWb IV 74). Es ist eine lautliche Variante des Verbs kalben ›ein Kalb zur Welt bringen‹, das in den rheinischen Mundarten auch die Bedeutungen ›raufen, balgen, albern herumtollen wie ein ungeschicktes Kalb‹ haben kann.

Kalle, Kall In der Umgangssprache ist das rheinische Wort für Rinne (Straßenrinne usw.) fast nur noch in **Dachkalle** ›Dachrinne‹ zu hören: *Ich muss endlich die Dachkalle saubermachen, ich glaub, die is verstopft.* Lediglich auf Kegelbahnen kann man den Ausruf *Kalle!* noch hören, wenn die Kugel in die seitliche Begrenzungsrinne geraten ist. Das Wort, das in den Mundarten des zentralen Rheinlands und Niederrheins verbreitet ist (RhWb IV 81), ist eine frühe Entlehnung aus lateinisch canalis ›Rinne‹ (ein Universalwort (vergleiche englisch channel), das man übrigens bis auf sumerisch-akkadische Ursprünge zurückführen kann). Das standarddeutsche Kanal ist dagegen eine spätere Entlehnung aus dem Italienischen.

kallen erzählen, reden *Du hass gut kallen.* **bekallen** besprechen *Lass uns dat doch ers ma bekallen, bevor du gleich loslegst.* **Kall** Schwätzchen *en Kall halten. Bei dem Kall war dat ja klar, dat dat nich lange geheim bleibt* ›Gerede‹. *Mach doch nich sonn blöden Kall.* **Kallbacke** Schwätzer, Vielredner *Die Kallbacke geht mir auf en Sack.* Das in allen rheinischen Mundarten bis zur Mosel gebräuchliche Wort (RhWb IV 83) ist immer seltener in den Regiolekten zu hören. Damit verschwindet ein altes, aus nördlichen Sprachfamilien stammendes Wort, das allerdings im Englischen zum Standard gehört: to call.

Kamelle, Kamälle Bonbon *An Fastelovent ham wer viele Kamellen geschnappt.* • *Dat sind doch olle Kamällen. Sonne olle Kamälle, und der tischt uns dat hier als Sensation auf!* ›alte Geschichte, altes Zeug‹ Ob die letzte Bedeutungsvariante tatsächlich auf die rheinische Karamelle zurückgeht oder aber auf die niederdeutsche Variante der Kamille, ist noch nicht geklärt. Dies gilt auch für **kamällen,** nur in der Wendung: **(nix) zu kamällen haben** etwas (nichts) zu sagen haben *Hasse hier auch wat zu kamällen? Du hast hier nix mehr zu kamellen!* Die *Kamelle* (aus Karamelle) ist nach RhWb IV 188 in der Eifel und im zentralen Rheinland verbreitet. Das Verb *kamellen* hat im Regiolekt eine über diesen Geltungsbereich hinausgehende Verbreitung gefunden, was eher für die niederdeutsche Abstammung spricht.

Kandel Dachrinne *Die Kandel is schon wieder verstopft.* Die im zentralen Rheinland mit der *Dachkalle* konkurrierende Variante ist in der Eifel und an der Mosel (RhWb IV 129) auch in der Umgangssprache zu hören .

kapaftig Schallwort *Un dann is der kapaftich hingefallen. Da hat der ihm kapaftich eine reingehauen.* Nach RhWb IV 148 nur belegt für Rheinberg als einen Schall begleitendes Wort, im Regiolekt heute weit verbreitet; die Variante **kafupptig** kennt man im westlichen Ruhrgebiet (Fellsches 73).

Kapee nur in der Wendung **schwer von Kapee sein** geringe Auffassungsgabe haben *Die is schwer von Kapee, der musse alles dreimal erklären.* Nach RhWb IV 149 allgemein verbreitet in der Wendung: *guten Kapee haben* ›gut begreifen können‹; in die Umgangssprache ist die Wendung also mit der entgegengesetzten, negativen Bedeutung eingegangen.

Kappes Kohl *Kappes mit Speck mach ich nich. Dat stinkt hier nach aufgewärmten Kappes.* • *Sonn Kappes kannze mir nich erzählen, den Kappes glaub ich nich* ›Unsinn‹. *Heute kommt nur Kappes im Fernsehen. Der hat sich heute vielleicht en Kappes zusammengespielt. Der macht nur Kappes, wenn man nich aufpasst.* • *Du hättest deinen Kappes da nur hinhalten brauchen, dann wär der reingegangen* ›Kopf‹. • *Du has doch en Ratsch im Kappes* ›becheuert sein‹. **durch Kappes und Taback** (wobei die Betonung bei Tabak auf dem zweiten, kurzgesprochenen a liegt) *Wie du wieder aussiehst, musst du auch immer durch Kappes und Taback?* ›durch den dicksten Dreck, den unbequemsten Weg‹ *Der geht immer durch Kappes und Taback* ›draufgängerisch sein‹. **Kappeskopp** Dummkopf **Kappesbauer** (verächtlich) Gemüsebauer (im Vorgebirge), Hinterwäldler *Die sind da zu de Kappesbauern inne Eifel gezogen.* Der *Kappes,* dem lateinisch caput ›Kopf‹ zugrunde liegt, ist gesamtrheinisch (RhWb IV 161).

karrig geizig *Die karrige Sau. Dat is en karriger Hund.* Die mundartliche Variante zu karg spricht man im südlichen und zentralen Rheinland (RhWb IV 184).

Kasalla, Kazalla Schläge, Abreibung *Wenne nich endlich spurs, dann gibbet aber Kasalla.* Obwohl die Wendung im Ruhrgebiet und am Niederrhein häufig im Regiolekt zu hören ist, ist sie nirgendwo belegt.

Katsche, Kätsche, Kätsch Kerbe, Scharte *Mist, jetz hab ich ne Katsche in den Holzboden gehauen.*• *Der hat ja einen anne Katsche* ›ist leicht verrückt‹. RhWb IV 270: Das Wort ist im zentralen Rheinland zwischen Mülheim und dem Eifelrand verbreitet. Auch in der aktuellen Umgangssprache bezeichnet es wie in der Mundart ausschließlich Beschädigungen, die mit einem scharfkantigen Gegenstand hervorgerufen wurden.

Käu sinnloses Geschwätz, Gerede *Dat is immer derselbe Käu, den der erzählt. Nu mach ma nich sonn langen Käu hier. Der erzählt vielleicht en Käu.* Im RhWb IV 314 zum Stichwort *kauen* gestellt: *Käu* meint eigentlich das Gekaute oder den Prozess des Kauens. Die übertragene Bedeutung ›Geschwätz‹ ist im zentralen Rheinland weit verbreitet.

Kaue Bett *Ich hau mich inne Kaue.* • *Inne Kaue ham se sich heute ordentlich inne Haare gekriegt* ›Umkleideraum der Bergleute‹, auch **Waschkaue.** Die eigentlichen Bedeutungen des in den Mundarten nördlich der Ahr weit verbreiteten Wortes (RhWb IV 309) sind ›Hütte‹ und ›Käfig‹, die aber im Regiolekt nicht bekannt sind.

Kavumm, Kafumm Tatkraft, Kraft *Da sitzt Kavumm hinter, wenn der zuschlägt. Da brauchse ordentlich Kavumm für.* In RhWb IV 224 ist die in der aktuellen Umgangssprache kaum noch zu hörende Variante *karwupp* mit derselben Bedeutung für das Bergische Land, das Ruhrgebiet und den südlichen Niederrhein verzeichnet.

-ken, -kes Die unverschobene Diminutivendung *-ken/kes* wird von den Mundart- und Regiolektsprechern nördlich der Benrather Linie äußerst phantansievoll eingesetzt. Sie dient dabei keineswegs immer nur als Verkleinerungsform, sondern kann auch zur Verstärkung oder situativ verwendet werden. So ist ein **Gümmiken** keineswegs ein kleines Gummi, sondern ein Paketgummi: *Da musse en Gümmiken drum machen, sonst hält dat nich. Aber nur mit Gümmiken* ›Kondom‹. Auch ein **Gläsken** ist in der Aufforderung *Komma, ein Gläsken kannze noch!* ein ganz normales Pilsglas. Das gleiche gilt für das **Pilsken** *En Pilsken geht noch.* Beim **Knäbbelken** ist es gerade umgekehrt, das Wort bezeichnet sogar etwas besonders Dickes. **Männeken** ist keineswegs zärtlich gemeint, sondern wird oft für Drohungen gebraucht *Pass bloß auf, Männeken, dat machse nich noch einmal.* Andere Beispiele, die oft in der Diminutivform zu hören sind: **Fläschken** *Ich muss dem Ullig noch dat Fläschken geben.* **Bierken** *Gehen wer noch auf en Bierken.* **Jüngelken, Bömmsken** Bonbon **Stückskes** Geschichten, Anekdoten *Der kann vielleicht Stückskes erzählen.* **Spässkes machen, Törken** kleine Türe, kleines Tor *Hasse hinten dat Törken im Garten zugemacht?* **Türken** kleine Tour **Spirenzkes, von Hölzken aufs Stöcksken kommen, Lümmelken** Schälmesser **Mäusken, Häppken** Happen *Gehen wer noch en Häppken essen.* **Käffken** Kaffee **Herzken** Filou *Du bis mir vielleicht en Herzken.* **Möhrken** altes Fahrzeug *Wat hasse dir denn da von altes Möhrken gekauft.* **Pläuschken** gemütliche Unterhaltung *Kommt doch ma bei uns für en Pläuschken innen Garten.* **pännekesfett, Räppelken** Kinderrassel **Täuken** kleines Stück Schnur **Thrönken** Töpfchen für Kinder. Auch bei Adjektiven und sogar bei Adverbien und Personalpronomen kann die Endung auftauchen: **böttschken, bisken, tschüsken, tschüskes, epkes, efkes, ehmkes, etteken, knäppkes** sehr eng *Wat hasse denn da für knäppkes Hosen an. Haddet hingehauen? Aber knäppkes!* ›so eben‹, **blässkes** sehr blass.

kiebig, kibbig, kiewig lebendig, aufgeweckt, munter *Dat is en kibbiges Männeken* ›gewiefter, schlauer Kerl‹, in dieser Bedeutung heute nur noch am unteren Niederrhein gebräuchlich, sonst ›kratzbürstig, wütend, streitsüchtig, gehässig‹ *Als se den geärgert hatten, da is der vielleicht kiebich geworden. Nu werd doch nich gleich so kiewich!* RhWb IV 451: In den Dialekten ist das Wort nur nördlich der Linie Venlo – Mülheim verbreitet, in Einzelbedeutungen aber auch weit im Süden bekannt.

Killefitz, Killefitt, auch **Tillefit** Mumpitz, Kleinkram, überflüssiges Zeug, Getue *Dat is doch alles Killefitz, reg dich doch nich so auf. Nu mach doch hier nich sonn Killefitt.* Killefitz kann in den rheinischen Mundarten auch Personen bezeichnen (RhWb IV 466), im Regiolekt ist diese Bedeutung jedoch nicht mehr bekannt.

Killepitsch Schnaps, Alkoholreste; auch Markenname für einen Düsseldorfer Kräuterlikör *Jetz noch en Killepitsch, un ich bin um.* Im RhWb IV 467 als *Killewitsch* für Düsseldorf und Bonn (hier: saurer Wein) belegt.

kippelig unsicher, wackelig *Der sitzt aber kippelig auf dem Fahrrad. Dat is aber en kippeliges Gerät.* **kippeln** nahe vor dem Stürzen sein *Kumma, der is schon am Kippeln auf seim Rad.* Nach RhWb IV 508 ist das Wort gesamtrheinisch.

Kitsche kleine Delle oder Kerbe *Pass doch auf, jetz hasse ne Kitsche in den Tisch gehauen.* • *Du kanns die Kitsche doch nich einfach aus dem Fenster werfen* ›Kerngehäuse eines Apfels oder einer Birne‹, auch als **Appelkitsche** verbreitet. Im Ruhrgebiet ist die **Eierkitsche** als Bezeichnung für ein schrottreifes Fahrzeug gebräuchlich: *Mit der Eierkitsche willse bis nach Spanien?* Nach RhWb IV 572 ist die *Kitsche* im zentralen Rheinland und am südlichen Niederrhein verbreitet.

Kittchen, Kitsche Gefängnis *Der hat innet Kittchen gesessen. Euern Freund könnt ihr morgen innet Kitsche besuchen.* Gesamtrheinisch nach RhWb IV 577.

klabastern laut, polternd gehen *Mein Gott, wat bis du denn heute Nacht durch dat Haus klabastert.* Weitaus öfter zu hören ist allerdings die präfigierte Form **abklabastern** *Ich bin alles abklabastert, ich hab mein Portemonnaie nich wieder gefunden. Wir sind jedes Geschäft abklabastert, aber wir haben kein passendes Hochzeitsgeschenk gefunden.* RhWb IV 589: im zentralen Rheinland und am Niederrhein belegt; die Herkunft des Wortes ist nicht gesichert, erwogen wird eine Ableitung aus dem italienischen calpestare ›mit den Füßen treten‹, das wiederum aus dem lateinischen calce pistare ›mit der Ferse stampfen‹.

Klabusterbeeren kleine Kotklümpchen (nur im Plural) *Pass auf, lass den Hund nich rein, der hat den ganzen Arsch voll Klabusterbeeren.* Nach RhWb IV 592 im gesamten Rheinland belegt; obwohl bei Wrede 2/41 seltsamerweise schon als veraltet verzeichnet, im Regiolekt noch weit verbreitet, hier auch auf den Menschen bezogen.

kläddernass völlig durchnässt *Bei dem Gewitter bisse doch sicher kläddernass geworden.* Das Wort ist im Regiolekt des südlichen Niederrheins, des Ruhrgebiets, des Bergischen Landes und zentralen Rheinlandes weit verbreitet; im RhWb ist es jedoch nur sporadisch belegt (IV 663). Allerdings ist es in Mundartwörterbüchern nachgewiesen: Horster 273, Halbach 336.

Klaf (lange) Unterhaltung, Plauderei *Der Klaf war so lang, da hab ich meinen Bus verpasst.* **klafen** (kein Ende finden beim) reden, plaudern *Wat sind die zwei da wieder lang am klafen.* Laut RhWb IV 595 ein zentralrheinisches Wort (nicht verwandt mit kläffen).

Klamätsch Matsch, Dreck *Einmal nich aufgepasst, und schon hatt ich den ganzen Klamätsch anne Hose.* Auch im übertragenen Sinn: *Jetz hab ich den ganzen Klamätsch am Hals* ›Ärger‹. Im RhWb IV 602 sporadisch im zentralen Rheinland belegt, in der Umgangssprache heute auch am Niederrhein zu hören.

klamüsern erklären, verdeutlichen, meist nur als **auseinander klamüsern** *Dat hab ich dir gestern doch lang und breit auseinander klamüsert, un heute frach se schon wieder denselben Scheiß,* **ausklamüsern** *Ich möchte ma wissen, water da wieder ausklamüsert habt* ›ausgeheckt‹ oder **rumklamüsern** gebraucht: *Wat bisse denn da schon wieder am rumklamüsern* ›basteln, ziellos an etwas werkeln‹. RhWb IV 608: belegt im Bergischen Land und am Niederrhein; der Ursprung dieses Wortes ist nicht ganz klar, vielleicht zu Kalmäuser (auch in RhWb IV 91 belegt) ›eigenbrötlerischer, verschlossener Mensch‹; eventuell über das Jiddische kamzon ›Stubenhocker, pedantischer Mensch‹ aus dem lateinischen calamus, das auch die Bedeutung ›trockener Gelehrter‹ haben kann.

Kläpper, Klepper klappernde Schuhe, Holzsandaletten, meist als **Kläpperkes, Klepperchen** verwendet *Wenn die mit ihre Kläpper-*

kes über den Holzboden laufen, verstehe dein eigenes Wort nich. Da
Kläpperkes erst in den 60er Jahren auftauchten, sind sie im entsprechenden Wortartikel in RhWb 622 noch nicht als eines der Dinge
„zur Erzeugung eines klappernden Geräusches" verzeichnet.

Klätsch, Klatsch Klecks, eine kleine Menge einer breiigen Masse
*Tu mir ma en ordentlichen Klätsch Püree auf en Teller. Da war nur sonn
kleiner Klätsch Kaviar drauf.* **klätschen** etwas Breiiges gegen etwas
werfen *Der is da so richtig lang auf die Straße jeklätscht* ›hingefallen‹.
*Die ham die Tapeten vielleicht an die Wand geklätscht, krumm und
schief* ›unsauber arbeiten‹. *Mein Jott, wat has du dir da dick Butter
aufs Brot jeklätsch* ›dick schmieren‹. *Der Regen is vielleicht gegen die
Windschutzscheibe geklätscht.* **anklätschen** *Womit hasse dir denn die
Haare so angeklätscht.* **Klatsche** nur noch in der Wendung **einen an
der Klatsche haben** bescheuert sein *Hasse eigentlich einen anne
Klatsche, datte hier in der Straße so rast?* **klätschig, klitschig** nicht
ausgebacken *Der Schokoladenkuchen is noch klätschig, aber eigentlich
mach ich dat ganz gern. Du has ja ganz klätschige Haare, wird Zeit, datte die wäscht* ›fettig‹. **klätschnass, klätschvoll, Klätschkopp** po-
madisierte Frisur *So Klätschköpp kommen wieder in Mode.* **Klätschauge** vereitertes Auge, Triefauge *Wenne Zuch aufs Auge krichs,
gibbet en Klätschauge.* **Klatschkäse** Quark *Ich mach gern Klatschkäse
mit Kraut aufem Brot.* Nach RhWb IV 643 ist die Wortfamilie im
gesamten Rheinland zu hören.

Klicker Murmel *Komm, wir spielen Klicker. Dat kriegste für en Klicker
un en Knopp* ›für einen geringen Betrag, fast umsonst‹. Diese Variante zu *Knicker* ist nach RhWb IV 716 im südlichen Rheinland verbreitet.

Klingelmännekes, Klingelmännchen aus Jux an Türschellen
klingeln *Gestern ham se uns beim Klingelmännchen machen erwischt.*
Überraschenderweise nicht in RhWb IV 728, aber neben *Schellemännekes* oft im Rheinland zu hören.

Klitsch Klumpen *Ich hab en ordentlichen Klitsch Butter an den Teig
gemacht.* **Klitschauge** Triefauge *Der hatte sonne Klitschaugen heute
morgen.* In dieser Verwendung im zentralen Rheinland gebräuchlich (RhWb IV 741).

Klompen, Klumpen, Klomp Holzschuhe *Der Opa hat immer noch Klompen an, wenn der im Garten arbeitet. Der kann nur Hochdeutsch auf (mit) Klumpen* ›dialektal gefärbtes Hochdeutsch‹. Der *Klomp* war früher eine am Niederrhein und im zentralen Rheinland weit verbreitete Fußbekleidung (RhWb IV 799), heute hört man das Wort im Regiolekt immer seltener.

Klömpken, Klümpken, Klümpche, Klümpchen Bonbon *Bei Onkel Theo gibbet immer Klümpkes, wenn wir dahinkommen.* **Klümpcheszucker** *Ich tu am liebsten Klümpcheszucker in den Tee* ›Würfelzucker‹. Eines von vielen rheinischen Wörtern für Bonbon, verbreitet zwischen Mosel und südlichem Niederrhein (RhWb IV 799).

kloppen, klöppen prügeln, schlagen *Auf dem Schulhof sind die sich nur am kloppen. Früher musste ich für Taschengeld immer die Teppiche aufe Stange kloppen.* • *Nächste Woche müssen wir aber massig Überstunden kloppen. Auf der Baustelle sind wir nur am Stunden kloppen* ›Überstunden machen‹. **Kloppe, Klöppe** Prügel *Wenn ich nach Hause komm, krich ich bestimmt Kloppe wegen dem Loch inne Hose. Schalke hat am Samstach gegen Dortmund richtig Kloppe gekricht. Gleich setzt et Klöppe.* **Klöpper,** auch **Ausklopper** Teppichklopfer *Du krichs gleich einen mitten Klöpper.* **Klopper** Sensation, Aufsehen Erregendes *Dat Fußballspiel am Samstag in Meiderich war echt der Klopper. Dat is en Klopper, ich glaub et nich.* **Klopperei** Prügelei *Dat Spiel war ne elende Klopperei* ›schlechtes Fußballspiel‹. **ankloppen** *Bei mir brauchse gar nich mehr ankloppen wegen Geld* ›anfragen, bitten um‹. **draufkloppen** draufschlagen *Da musse ordentlich draufkloppen, sonst krisse dat nich los.* **verkloppen** verprügeln, verkaufen. **bekloppt** verrückt, dumm, blöd *Bisse bekloppt? Der is so bekloppt, dat glaub se nich! Bekloppter geht nich!* **Bekloppte/r** *Da sind ja nur Bekloppte aufem Platz!* Nach RhWb IV 760 ist die Wortfamilie um *kloppen* im ganzen Rheinland verbreitet.

Klöten Hoden *Ich hab den Ball voll in die Klöten gekricht. Dem Bock hängen die Klöten bis auf den Boden.* Obwohl in RhWb IV 822 nur für Malmedy belegt (siehe deshalb auch Horster 280 und Wrede 2/53), ist die Bezeichnung in der Umgangssprache des Rheinlands weit verbreitet. Das Wort gehört zu *Klut, Klüt,* entsprechend niederdeutsch kluit, mit dem in den Mundarten alles längliche, oval Geformte bezeichnet wird (siehe Klütte).

Klotschen schwere Schuhe, Holzschuhe *Mit den Klotschen würd ich aber nich wandern gehen. Du stehs mir mit deine Klotschen aufe Füße.* Im zentralen Rheinland, Bergischen Land und am Niederrhein gebräuchlich (RhWb IV 775).

Klüngel, **Klöngel** geheime Machenschaft, Regelung unter der Hand *der kölsche Klüngel. Gegen den Klüngel in der Stadt kommse nich an. Der is doch nur durch Klüngel an seinen Job gekommen. Dat is doch alles derselbe Klüngel* ›klüngelnder Personenkreis‹. • *Ich glaub, die ham en Klüngel miteinander* ›Liebesverhältnis‹. **klüngeln** Vetternwirtschaft, Günstlingswirtschaft treiben *Die im Stadtrat klüngeln doch alle mitte Baufirmen. Geklüngelt wird überall. Da geht kein Geschäft ohne klüngeln. Mit wem klüngelt die denn schon wieder* ›vertraulich sein mit jemandem‹. • *Nu klüngel doch nich so und mach ma voran* ›trödeln, bummeln‹. **ausklüngeln** ausmachen, schon von vornherein festlegen *Dat ham die unter sich schon ausgeklüngelt, da is für dich nix mehr zu machen.* **Klüngelei** Schiebung *Dat is doch immer wieder dieselbe Klüngelei.* **Klüngelsarbeit** knifflige Arbeit *Dat war vielleicht ne Klüngelsarbeit, ich bin froh, dat ich fertig bin.* **klüngelig** unordentlich, schmutzig, schlampig *Mit dem klüngeligen Kerl kommse mir aber nich nach Hause. Die sieht immer so klüngelich aus.* Geklüngelt wird nicht nur im sprichwörtlichen Köln, sondern überall im zentralen Rheinland (RhWb IV 806). Der *Klüngel* leitet sich wohl ab aus *Klunge*, einem schon im Althochdeutschen nachgewiesenen Wort, das in den rheinischen Mundarten noch seine ursprüngliche Bedeutung bewahrt hat: Knäuel, Klumpen und Lumpen.

Klütte, **Klut** Klumpen, Erdklumpen, Braunkohlebrikett *Nach dem Pflügen liegen immer große Klütten aufe Straße. Wir müssen noch die Klütten innen Keller tragen.* **Klüttenmann** Kohlenhändler, Kohlenträger *Morjen kommt der Klüttenmann, mach ma den Keller fertig.* Das aus dem Niederdeutschen stammende Wort (vergleiche auch niederländisches kluit ›Klumpen‹) ist im zentralen Rheinland und am Niederrhein bekannt (RhWb IV 822). Ältere Regiolektsprecher benutzen auch noch das Wort **Klüttenbutter** für eine lose verkaufte Butter.

Knäbbel, Knabbel dickes Stück, Brocken *Da hasse aber echt dicke Knabbel gelassen beim Umgraben. Sonn dicken Knäbbel Brot krieg ich nich runter.* Oft ist auch die Verkleinerungsform zu hören: **Knäbbelken** *Da sind aber diesmal dicke Knäbbelkes inne Kohle.* Laut RhWb IV 832 gilt das Wort im zentralen Rheinland, am Niederrhein und im Ruhrgebiet. Obwohl noch oft im Regiolekt zu hören, ist es verblüffenderweise in Köln schon lange ausgestorben.

Knäppchen, Knäppken Brotende *Dat Knäppchen is mir zu hart, dat ess ich nich. Dat Knäppchen kannze liegenlassen, dat isst die Oma* (oder: *dat is für inne Frikadelle*). Auch als **Brotknäppchen** Nach RhWb IV 852 und 832 hat das Wort die gleiche Verbreitung wie der *Knabbel* und wohl auch die gleiche Wortgeschichte.

knäppkes knapp, soeben *Hattat gepasst? Aber knäppkes. Wat has du denn für knäppkes Hosen an* ›Hosen, die eigentlich zu eng sind‹. *Dat war aber knäppkes* ›in letzter Sekunde‹. *Knäppkes* wird benutzt am Niederrhein und im Ruhrgebiet (siehe auch Wortartikel **-ken**).

knappsen sparen, das Geld zusammenhalten *Die sin ganz schön am knappsen mitte vier Blagen. Da kann man noch so knappsen, reichen tut es doch nich.* **abknappsen** mühselig sparen *Dat Geld für die Fahrkarte musste ich mir regelrecht abknappsen. Der hat sich allet in sein Leben abknappsen müssen.* Im RhWb IV 851 nur für das südliche Rheinland belegt, in der Umgangssprache jedoch im gesamten Rheinland zu hören.

Knas Dreck, fest haftender Schmutz *Wat hasse denn da von Knas anne Hose.* • *Hasse immer noch Knas mit denen?* ›Streit, Meinungsverschiedenheit‹ Nach RhWb IV 864 im zentralen Rheinland und am Niederrhein verbreitet, die Variante im südlichen Rheinland lautet **Knast** oder **Knares**.

knasen nörgeln, lästern *Nu hör doch auf zu knasen!* Nach RhWb IV 864 im gesamten Rheinland verbreitet, in der Umgangssprache jedoch nur noch im Bergischen Land zu hören.

knatschen (mit langem Vokal gesprochen) meckern, nörgeln *Dat Ullig is schon den ganzen Tach in einer Tour am knatschen.* **knatschig**

unzufrieden, nörglerisch *Nu sei doch nich gleich knatschig, nur weile keine Pommes krichs.* **Knatsch** Streit *Da gibbet schon wieder Knatsch.* Im RhWb IV 868 für das gesamte Rheinland belegt und zu *knatschen* ›matschen, platschen‹ gestellt.

knätschen, knatschen herummanschen, matschen *Knätsch doch nich so in dem Essen rum. Als Osel hab ich immer gerne in dem Teig geknätscht.Wenn man mit nackte Füße durch den Modder talpt, dann knatscht dat so schön. Knätsch doch nich so beim Essen!* ›laut matschen, geräuschvoll essen‹ **Knätschbrot** matschiges Brot *Der kann überhaupt nich backen, bei dem krisse immer Knätschbrot.* **knätschig** nicht ausgebacken *Der Kuchen is knätschig geblieben.* **knatschverrückt** vollkommen verrückt *Der Kerl is knatschverrückt.* Im Essen *geknätscht* wird nach RhWb IV 868 offensichtlich mehr oder weniger im gesamten Rheinland.

knibbeln an etwas herumfummeln *Hör auf, an der Kruste zu knibbeln* ›mit den Fingernägeln an einer Schorfkruste kratzen‹. *An der blöden Verpackung von den CDs bisse ewich am knibbeln. Hör auf zu knibbeln* ›mit den Fingern an den Fingernägeln puhlen‹. • *Die knibbelt aber lange an dem Teilchen herum* ›an etwas lange herumknabbern, langsam essen‹. **aufknibbeln** aufdröseln *Die Verpackung krieg ich nich aufgeknibbelt.* **abknibbeln** abmachen *Und hinterher musse die Plakette vonne Windschutzscheibe wieder mühselig abknibbeln.* Die in den rheinischen Dialekten verbreitete zweite Bedeutung des Wortes ›basteln, lange an etwas herumarbeiten‹ findet sich auch in dem Substantiv **Knibbelsarbeit** schwierige Arbeit, Fummelskram *Dat is aber ne Knibbelsarbeit hier mit den ganzen Kabeln vom Autoradio* und im Adjektiv **knibbelig** knifflig *Nä, sonne knibbelige Arbeit kann ich nich.* Laut RhWb IV 928 gesamtrheinisch.

Knicker Murmel *Ich hab schon zwölf Knicker gewonnen.* • *Der alte Knicker hat schon wieder keinen Pfennig rausgerückt* ›Geizhals‹. **knickerich, kniggerich** geizig, knauserig *Nu sei doch nich so knickerig und gib ma ne Runde aus.* **knickern** mit Murmeln spielen *Solln wer knickern?* Die im gesamten Rheinland verbreitete Wortfamilie stellt das RhWb IV 932 zum standarddeutschen Verb knicken; die Verbindung zum Geiz wird noch deutlich in dem standardnahen **Knickstiefel**.

kniepen zwinkern, knipsen erscheint im Regiolekt nur in den Wendungen: *Ich hab mit dem Äugsken gekniept* ›zugezwinkert‹ und *Der kniept schon mitte Augen* ›vor Müdigkeit die Augen zufallen lassen‹. Dagegen ist **kniepig** ›geizig‹ im Regiolekt allgemein verbreitet: *Wat ich gar nich leiden kann is, wenn einer so kniepig is.* Im zentralen Rheinland und am Niederrhein gebräuchlich (RhWb IV 916; im Rheinischen bedeuten *kniepen* oder *kneipen* nie kneifen, in diesem Fall sagt man *petschen* oder *pitschen*).

Kniest, Knies, Knist alter, festhaftender Schmutz *Bah, da sitzt der Knies von zehn Jahren in de Küche. Wat hasse denn da von Kniest anne Hose?* • *Ich hab sonn bisschen Knies mitte Nachbarn* ›Streit, Ärger‹. Zu dieser Bedeutung gehört auch das Adjektiv **kniestig** sauer, ärgerlich *Nachdem der beim Skat verloren hatte, war der richtig kniestig.* • *Der is immer so kniestig, von dem kannst du nichts erwarten* ›geizig‹. In RhWb IV 921 unter *Kneist* für das gesamte Rheinland belegt; die Herkunft des Wortes ist nicht gesichert, als Ableitungsmöglichkeiten werden das mittelhochdeutsche Adjektiv knuz ›verwegen, hochfahrend‹ und die altenglischen Formen cneatian ›streiten‹ oder cnyssan ›zerschellen‹ erwogen.

Knifte ein meist dickes, derbes Butterbrot *Mann, wat hasse mir denn da vonne dicke Knifte gemacht.* RhWb IV 945: belegt für das nördliche Bergische Land und Ruhrgebiet, vereinzelt auch im südlichen Rheinland nachgewiesen; im Regiolekt mittlerweile weiter verbreitet.

Knippchen, Knippken kleines Messer, Taschenmesser, auch **Knippmetz** *Ich hab beim Wandern immer en Knippchen inne Tasche, kann man immer ma brauchen.* • *Der hat nur so ein kleines Knippchen übrich jelassen* ›Brotende‹ (diese dem *Knäppchen* gleiche Bedeutung gilt südlich von Köln). Im RhWb IV 913 für das gesamte Rheinland verzeichnet als eigener Stichwortansatz zu *Kneip* (also nicht zu *knippen* ›kneifen‹).

knispeln etwas mit den Fingerspitzen sorgfältig herausziehen *Dat Knöpfchen hab ich aus meinem Nähkästchen geknispelt.* In RhWb IV 960 hauptsächlich für das zentrale Rheinland belegt.

Knolle Rübe *Im Herbst liegen wieder überall die Knollen aufe Straße.*

Im Regiolekt gebräuchlich sind auch die Zusammensetzungen **Knollebuur, Knollenkopp** und **Knollenkampagne** *Hinter Köln sin alles Knollebuure* ›Rübenbauern‹. *Nu läuft wieder die Knollenkampagne* ›Anlieferung der Rüben bei den Zuckerfabriken‹. **Knolli-Brändi** scherzhaft für billigen Schnaps *Bei dem Knolli-Brändi hasse ja schon vor dem Saufen en dicken Kopp.* In RhWb IV 985 als zentralrheinisch ausgewiesen.

Knöllchen Strafzettel *Ich war nur grad eben weg, und schon hatt ich en Knöllchen.* Heute auch als **Knolle** gebräuchlich: *Ich hab mir ne Knolle eingefangen.* Im RhWb VI 1131 unter dem Stichwort Protokoll verzeichnet. Diese Herleitung als Abkürzungs- und Verkleinerungsform von Protokoll gilt allgemein.

Knopp Knopf *Ich komm gleich, ich muss nur eben die Knöppe annähen. Hasse Knöppe aufe Augen?* • *Mann, mach doch die Knöpp auf* ›Augen‹. **abknöppen** jemandem Geld abnehmen oder abgewinnen beim Spiel *Dem hab ich sein ganzes Taschengeld abgeknöppt. Der hat mir dreißig Mark für die Platte abgeknöppt.* **vorknöppen** sich jemanden vornehmen *Wenn ich den das nächste Mal seh, werd ich ihn mir aber ma vorknöppen. Knopp* wird im ganzen Rheinland gebraucht; in der Mundart allerdings wird für den Knopf meist die Form *Knauf* verwendet (RhWb IV 991).

Knöpp, Knipp, Knüpp Knoten *Ich hab schon wieder Knöppe im Schuhriemen* ›Knoten‹. In den Mundarten des ganzen Rheinlands verbreitet (RhWb IV 1053).

Knorsch, Knosch, Knürschken, Knörschken, Knorschjen Knorpel, Knoten, Verdickung *Bah, sonn Eisbein kann ich nich essen, da is so viel Knorsch dran. Die Wurst is doch nur Knosch un sons nix. Da sin überall Knörschken an den Ästen. Ich ess dat Knürschken* ›hartes Brotende‹. Die verschiedenen Lautvarianten von *Knorz* sind im gesamten Rheinland verbreitet (RhWb IV 1004; allerdings auch als *Knursch* lemmatisiert in RhWb 1061) .

knosen, knosern im Essen matschen, unappetitlich essen *Hör auf, im Essen zu knosen. Musse eigentlich immer so auf em Teller knosen?* Seltener ist die Bedeutung ›langsam essen‹ *Nu mach ma voran und* *knos nich so, ich will abräumen.* Im RhWb IV 898 unter *knäusen* verzeichnet; bekannt im zentralen Rheinland und am südlichen Niederrhein.

knösseln, knöseln jammern, nörgeln *Wat bisse schon wieder am knösseln.* **Knösel, Knösselpitter** Jammerlappen **knöselig, knösselig** ewig nörgelnd *Mit dem knöseligen Typ will keiner wat zu tun haben.* Anders als RhWb IV 898, das diese Bedeutung des Verbs *knäuseln* nur für Düsseldorf nachweist, ist die Verwendung auch für die Umgangssprache des Niederrheins belegt.

knöttern, knüttern, knuttern, knottern leise weinen, nörgeln, verdrießlich sein *Nu hör auf zu knöttern und iss! Die Tante is den ganzen Tag am knöttern. Der tut nix als knüttern.* **knötterich** missmutig, griesgrämig, nörglerisch *Du bis aber knötterich heute. Nu sei doch nich so knütterich.* **Knötterei** Meckerei *Du und deine ewige Knötterei, dat kennen wir schon.* Geknöttert wird ohne Ausnahme im ganzen Rheinland (RhWb IV 1012 und 1085). Es handelt sich hier wahrscheinlich um ein lautmalendes Wort.

knubbeln unordentlich zusammenballen, verknittern *Nu knubbel doch die Tischdecke nich so. An der Kreuzung knubbelt et sich aber.* • *Die sind da in der Ecke am knubbeln* ›knutschen, sich liebkosen‹. **verknubbeln** zerknittern *Wer hat denn die Bettlaken so verknubbelt?* **knubbelig** klumpig, knotig *Der Teig is noch ganz knubbelig, da musse noch ordentlich rühren. Beim Schlachten musste man dat Blut rühren, daddet nich knubbelig wurd.* **Geknubbel** Gedränge *Bei dem Geknubbel hier aufem Weihnachtsmarkt macht dat doch kein Spass.* **Knubbel** Verdickung, Geschwulst *Wat hasse denn da von Knubbel hinterm Ohr? Da sind so dicke Knubbel an dem Baum. Die standen alle auf einem Knubbel* ›Haufen, Menge‹. *Hier liegen überall so dicke Knubbel auf dem Rasen* ›Klumpen‹. In Köln gibt es noch die exklusive Sonderbedeutung für den *Knubbel* als ›kleinste Abteilung des Karnevalsvereins Rote Funken‹. **Knübbelken/kes** *Da liegen lauter so kleine Knübbelken rum.* **Knubbeliger** untersetzter Mensch *Dat is sonn kleinen Knubbeligen.* **Fettknubbel** *Ii, da schwimmen ja richtige Fettknubbel auf der Suppe. Mein Gott, is dat en Fettknubbel geworden* ›dicker Mensch‹. **Knubbelsuppe** ziemlich eklige Milchsuppe mit Mehlklümpchen. **Knubbelecke** Knutschecke *Früher ham wer auf* *den Parties extra so Knubbelecken eingerichtet.* **knubbelvoll** überfüllt *Dat war knubbelvoll in der Kneipe.* Der aus dem Niederdeutschen stammende *Knubbel* (vergleiche auch englisch knob ›Knauf‹ oder niederländisch knobbel ›Auswuchs, Knoten‹) ist im gesamten Rheinland heimisch (RhWb IV 1014).

knuddeln, knudeln, knüddeln jemanden umarmen, (heftig) liebkosen *Dat is ja zum knudeln, dat Ullich. Ich könnt dich knuddeln.* • *Knuddel die Sachen doch nich so in den Koffer* ›zerknittern, zusammendrücken‹. **verknuddeln, verknudeln** zerknüllen, zerknittern *Als wir ankamen, war alles verknuddelt im Koffer. Die verknuddelte Tischdecke kannse do nich drauftun.* **knuddelig** knuffig, zum Herzen *Dat is aber man en knuddeliges Baby.* • *Dat knuddelige Hemd kannze nich mehr anziehen* ›unordentlich, schmutzig‹. **Knuddel** schmutzige Frau *Dat is ja unmöglich, wie die Knuddel wieder in die Schule kommt.* *Knuddeln* ist im ganzen Rheinland belegt (RhWb IV 1022).

Knuddeln, Knudeln Dampfnudeln *Knudeln sind mir zu trocken, die mach ich nich.* Ähnlich den österreichischen Germknödeln; entweder mit eingemachtem Obst, meist Pflaumen, oder einer eingedickten Milchsoße mit Speck gegessen. Die Sonderbedeutung ist belegt für den südlichen Niederrhein, die Nordeifel und Köln; in RhWb IV 1023 als *Knuddel* ›allgemein für Klumpen, Knäuel‹ verzeichnet (hier nicht zu *knuddeln* gestellt, da auch in Gebieten mit Kurzvokal die *Knudel* als Dampfnudel meist Langvokal aufweist).

knujen manschen *Nu hör ma auf, im Essen zu knujen. Die Blagen sind da draußen wieder am knujen* ›Schmutz machen, im Matsch spielen‹. Nach RhWb IV 1031 verbreitet am Niederrhein; im Regiolekt nur am nördlichen Niederrhein zu hören.

knülle, knüll, knöll betrunken *Mein Gott, is der vielleicht knülle. Lang nich mehr so knöll jewesen.* Nach RhWb IV 1032 sind *knüll* oder *knull* im Rheinland auch in Zusammensetzungen *knüllvoll* und *knatschknüll* weit verbreitet, die Dialekte kennen auch die Bedeutung ›nicht ganz gescheit‹, was ja gut zum Zustand des Betrunkenseins passt. Die Ableitung aus knallen (Küpper 439) ist mehr als zweifelhaft.

Knüngel, Knöngel unordentlicher, auch liederlicher Mensch; alter, dreckiger Lappen *Der sieht immer aus wie en Knüngel. Musse immer sonn fiesen Knüngel nehmen beim Putzen?* • *Dat is doch alles derselbe Knüngel* ›Sippschaft‹. **knüngeln, knöngeln** etwas langsam machen, trödeln *Und knüngel nich rum, wenn du aus der Schule kommst. Die sind nur am knüngeln untereinander* ›heimlich Verabredungen treffen‹. **verknüngeln** etwas verlegen *Wenn de dat nich findest, hasse dat sicher wieder verknöngelt.* **knüngelich** langsam, trödelig *Sei doch nich so knüngelich und mach endlich voran.* • *Bei denen is dat so knüngelich inne Küche, ich geh da gar nich gern hin.* **Knüngelskerl, Knüngelspitt** Lumpenhändler, Schrotthändler *Morgen kommt der Knüngelspitt, hasse wat zum rausstellen?* In RhWb IV 1038 für das gesamte Rheinland belegt (ob Verwandtschaft zum sehr ähnlichen *klüngeln* besteht, ist unsicher).

Knüsel festsitzender Dreck *Bah, wat is dat von Knüsel hier?* • *Wat is dat denn von alter Knüsel, dene da zum Putzen nimms* ›alter, unappetitlicher Lumpen‹. • *Du Knüsel, wie siehße denn nu wieder aus?* ›Dreckspatz, unordentlicher Mensch‹ • *Sach ma, ham die beiden da eintlich en Knüsel miteinander?* ›Verhältnis‹. Auch in den Zusammensetzungen **Knüselskerl, Knüselsferken, Knüselpott, Knüselspitt** oder **-pitter** ›dasselbe‹ und **Knüselskram. Knüselswäsche** leichte, improvisierte Wäsche *Auf dem Campingplatz kann man nur ma eben Knüselswäsche machen.* Gebräuchlich sind auch das Adjektiv **knüselich** *Bei denen kann ich nix essen, dat is da immer so knüselich. Dem gib ich nich die Hand, der is mir zu knüselich* ›unappetitlich, dreckig‹ und die Verben **knüseln/herumknüseln/verknüseln**: *Knüsel nich so mit dem Brot herum! Wer hat denn dat schon wieder verknüselt?* ›beschmutzen‹. Im RhWb IV 1072 ist *Knüsel/Knusel* als ›Klumpen, Rest, Schmutz‹ und als Bezeichnung für einen unsauberen Menschen für das gesamte Rheinland belegt.

Knüstchen Kanten Brot, Endstück des Langbrotes *Schmeiß dat Knüstchen nich weg, dat ess ich gerne.* Als *Knause, Knausen* mit unterschiedlichen Lautungen und einem weiten Bedeutungsspektrum ist das Wort im ganzen Rheinland verbreitet (RhWb IV 894), in der Umgangssprache hat sich wohl nur die Diminutivform in dieser eingeschränkten Bedeutung gehalten. Es geht wohl auf niederdeutsches Knust zurück.

Knüver Tüftler *Dat is en richtigen Knüver, der kricht dat schon hin.* In RhWb IV 879 (zu *Knäuber*) für das zentrale Rheinland belegt.

Knuz Kopfnuss, Prügel *Wenn die Pänz nich parieren, dann gibt et Knuze.* Im südlichen und zentralen Rheinland gebräuchlich (RhWb IV 903).

Köbes Kellner in einer Brauereikneipe *Mit dem Köbes brauch se nich diskutiern, der hat immer recht.* Als Kurzform für Jakob ist der *Köbes* im südlichen und zentralen Rheinland verbreitet (RhWb IV 1094).

köchen keuchen, husten *Dat arme Kind is in einem fort am köchen.* **Geköche** Gehuste *Dat Geköche in der Straßenbahn morgens geht mir echt auf den Sack.* In RhWb IV 1104 für das linksrheinische zentrale Rheinland belegt.

kodderich, kollerich, kollich übel, unwohl *Mir is ganz kodderich, ich muss mich setzen.* Die Ableitung **auskoddern** ›sich etwas von der Seele reden‹ ist nur in der Umgangssprache des Niederrheins und des Ruhrgebiets gebräuchlich: *Komma heut abend zu mir, dann kannze dich ma richtig auskoddern, un dan gehdet dir auch wieder besser.* Nach RhWb IV 1109 und 1136 ist *kodderich* in dieser Bedeutung am Niederrhein und im zentralen Rheinland verbreitet; ursprünglich aus dem Niederdeutschen quat, schon im 15. Jahrhundert in Köln als qwait ›schlimm, böse, schlecht‹ belegt (vergleiche niederländisch kwatlijk).

kokeln mit Feuer spielen, etwas anbrennen *Bei dem musse aufpassen, irgendwo kokeln macht dem am meisten Spass.* **ankokeln** anbrennen *Nach dem Brand warn die Möbel alle en bisken angekokelt. Jetz hasse aber nich aufgepasst, dat Fleisch is schon wieder angekokelt, dat kannze nich mehr essen* ›beim Grillen‹. Überraschenderweise ist das Wort im RhWb nicht belegt, obwohl es im Regiolekt des zentralen Rheinlands, Niederrheins und Ruhrgebietes verbreitet ist. Als Herkunft werden in der Regel das Ostmitteldeutsche oder das Nordniederdeutsche angegeben (Küpper 443 und Wahrig 3/261, 4/200; hier auch die Ableitung aus gaukeln).

kollern heute meist **kullern** rollen, kugeln *Der Appel is unter dat Sofa gekullert. Die ham sich vor Lachen auf em Boden gekullert.* **runterkollern** *Der is mim Schlitten umgekippt und dann den ganzen Berg runtergekollert.* **Kullerball** schlecht, schwach getreten Fußball *Mein Gott, ers sonn Anlauf, un dann sonn Kullerball.* Nach RhWb IV 1134 im gesamten Rheinland verbreitet.

kolone verwirrt, durcheinander *Mensch, ich bin schon ganz kolone im Kopp. Die macht mich ganz kolone.* In Wortsammlungen zum Ruhrgebietsregiolekt oft belegt (Sprick 60; auch bei Siewert 60), allerdings auch im Regiolekt des rechtsrheinischen Niederrheins bekannt. Im RhWb kein Eintrag.

kölschen derb für laut husten **herumkölschen** *Muss du eigentlich immer hier so laut herumkölschen, dat is ja nich zum Aushalten.* Im gesamten zentralen Rheinland verbreitet (RhWb IV 1144).

Kölscher Wisch oberflächliche Putzerei, unordentliches Wischen, Katzenwäsche *Ich mach heut nur Kölsche Wisch, nächste Woche machen wir eh Hausputz. Heut morgen habe ich nur Kölsche Wisch gemacht.* Im RhWb IV 1141 nur für das Bergische Land belegt, heute auch am Niederrhein verbreitet.

kontant in Übereinstimmung sein, ein gutes Verhältnis haben *Die zwei waren gut kontant mitenander.* Im zentralen Rheinland gebräuchlich (RhWb IV 1200: zu französisch content ›zufrieden, froh‹).

Kopp Kopf *Da hältse ma schön selber den Kopp für hin! Dat Tor hät der mit dem Kopp machen müssen. Bisse eigentlich panne im Kopp?* ›bescheuert‹ *Da musse aufpassen, da krisse en Kopp von. Mitten dicken Kopp kann ich nich kommen* ›Kater vom Alkohol‹. *Dann machen wer aber endlich Nägel mit Köpp. Der is nix wie Kopp un Arsch* ›sehr klein‹. *Die sin wie Kopp un Arsch* ›ein Herz und eine Seele‹. *Da mach ich mir keinen Kopp drum* ›Sorgen machen‹. *Da hab ich jetz keinen Kopp für* ›sich um etwas kümmern‹. *Da kannze dich auf den Kopp stellen. Und wenne dich auf en Kopp stells und mitten Arsch Fliegen fängst* ›nichts nützen‹. Auch in Zusammensetzungen: **Blaukopp** Evangelischer **Koppstand, Koppschmerzen, Dickopp, Fer-**

keskopp Schmutzfink, amoralischer Mensch **Doofkopp, Holzkopp, Torfkopp, Klätschkopp** wie angeklebt liegende Haare, **La-
berkopp, Suffkopp, Plätekopp, Kribbenkopp** Buhne im Rhein
Döskopp, Knallkopp, Schlunzkopp unordentlicher Mensch
Strubbelkopp. Köppken, Köppchen Tässchen *En Köppken Kaffee
könnt ich jetzt gut gebrauchen. Et jeht nix übber en juut Köppken Kaffee.* Diese Variante verweist auf die ursprüngliche Bedeutung des
Wortes Kopf – im Althochdeutschen koph – als Bezeichnung für
ein kleines Gefäß, die in den Mundarten des Rheinlands tatsächlich noch erhalten, in der Standardsprache jedoch völlig verschwunden ist. Auch die nicht dialektsprechenden Rheinländer
kennen sie noch von nachbarlichen Besuchen in den angrenzenden Niederlanden, wenn sie dort „en kopje koffie" bestellen (vergleiche auch cup im Englischen). Die heute in der Standardsprache allein vorherrschende Bedeutung ›Haupt‹ hat sich erst am Ende des Mittelhochdeutschen über die Bedeutungsnuancen „Scha-
lenförmiges" und „Hirnschale" herausgebildet. Ursprünglich
handelt es sich wohl um eine Entlehnung aus dem spätlateini-
schen cuppa ›Becher‹. Die unverschobene Variante *Kopp* gilt
natürlich für alle Dialekte im Rheinland (RhWb IV 1206) und ist
auch im rheinischen Regiolekt weit verbreitet, genau wie das abgeleitete Verb **köppen** köpfen, Kopfball spielen *Den hättse aber gut
köppen können* und der **Köpper** als Bezeichnung für einen Kopfsprung *Trau se dich Köpper vom Dreier?* ›Dreimeterbrett‹ In Köln
umgangssprachlich als **Köppes** belegt. **Seemannsköpper** Bauchflatscher, Köpper mit angelegten Armen. Im zentralen Rheinland
auch als **Köpfer**, am Niederrhein ausschließlich als *Köpper* verbreitet (RhWb IV 1234).

Körschken, Köschken, Körstken Endstück vom Brot *Die Omma,
die kann stundenlang auf dem Körschken rumkauen. Gib mir ruich dat
Körschken, ich mach dat gerne.* Nur noch selten hört man in der Um-
gangssprache die Grundform **Korst** oder **Korsch** ›Rinde, Kruste‹
Sonne harte Korsch kann ich nich beißen. Bis auf eine kleine Enklave
im Hunsrück stellen alle rheinischen Mundarten das r beim Wort
Kruste um (RhWb IV 1614), die umgangssprachlichen Belege sind
Beispiele dafür.

kott böse *Der Hund in der Birkenstraße is so kott, da geh ich nich vor-*

bei. Verbreitet von der Eifel bis zum Niederrhein (RhWb VI 1266). Das Wort ist Mitglied einer großen Wortfamilie, die in vielen Sprachen für die Bezeichnungen von Exkrementen oder anderem Ekelhaften verantwortlich ist; vergleiche standarddeutsch Kot, niederländisch kwaad ›böse, übel‹ oder gar russisch gad ›ekelhaftes Tier oder ekelhafter Mensch‹.

Köttel, Küttel, Köttelchen, Köttelken Kotklümpchen *Pass auf, da liegen Köttel aufe Erde. Tritt nich in den Köttel da.* • *Der kleine Köttel kann ja schon sprechen* ›kleines Kind‹. *I, a Köttela / Kannz ja noch kein i und a* (Kinderreim). *Ach datt süße Köttelken!* **Kaninchen-, Katzen-** oder **Mauseköttel** *Ich hab im Keller Mauseköttel gesehen, die Viecher sind bestimmt wieder von draußen reingekommen.* **Köttelkram** Kleinigkeit *Wat kümmerse dich auch um sonnen Köttelkram.* **ankötteln** einschmeicheln, lieb Kind machen *Da brauchse gar nich angeköttelt kommen, mit dir bin ich fertig. Köttel* ist im gesamten Rheinland gebräuchlich (RhWb IV 1800).

kötten Gaben sammeln, auch betteln *An Weihnachten kommt wieder jeder anne Haustür kötten. Kötten* ist ein zentralrheinisches Wort (RhWb IV 1286).

Krabbel, Kräbbelken Hefekrapfen *Oma, an Karneval musse aber wieder ma Kräbbelkes backen.* **Hefekrabbel** *Die Hefekrabbels sind aber fettig.* **Ölkrabbel, Ölkräbbelken, Ölkräbbelchen** Schmalzkrapfen *Iss ma ordentlich Ölkräbbelkes, die gibbet nur einmal im Jahr.* Vom zentralen Rheinland bis zum unteren Niederrhein gebräuchlich (RhWb IV 1389).

krabitzig, krebitzig, krabenzig, krabeulich reizbar, frech, angriffslustig, eigensinnig *Wat bisse schon wieder so krabitzig heute? Musse gleich wieder krabitzig sein?* ›schnell gereizt‹ **Krabitz** *Die Nachbarin is ne richtige Krabitz.* In den Mundarten nur für das zentrale Rheinland belegt (RhWb IV 1308), es scheint aber heute im Regiolekt weiter verbreitet zu sein. Die Variante *krabeulich* kennt man nur im Ruhrgebiet.

Krächel etwas Zurückgebliebenes, Krummgewachsenes. Ein *Krächel* kann vieles sein: ein mageres Tier, ein seltsamer Mensch, ein schiefes Ding usw. *Wat hasse denn da von Krächel nach Hause gebracht* (wenn der Ehemann ein misslungenes Exemplar von Weihnachtsbaum anschleppt). *Da hasse dir aber nen Krächel angelacht!* ›einen dünnen, blutarmen Freund‹. *Watt en Krächel!* ›grobschlächtiger Mensch‹. In diesen Bedeutungen auch im RhWb IV 1314 unter *Krachel*, dort jedoch nur für den Hunsrück belegt, heute aber auch im nördlichen Rheinland verbreitet.

krachen nur in den Wendungen *Lass krachen, Mann* als Aufforderung: mach voran, nun los doch, und *Da haben wir es aber ordentlich krachen lassen* in der Bedeutung von: da haben wir die Sau rausgelassen. Im RhWb IV 1311 in dieser Bedeutung nur für den Niederrhein belegt.

Krackekröttchen Ölkrapfen, Rosinenschnecke *Bring noch en Krackekröttchen mit vom Bäcker!* Das Gebäck ist in unterschiedlicher Form im Westen des zentralen Rheinlands bekannt (RhWb IV 1314).

krackelig altersschwach, zerbrechlich *Pass auf, die Leiter is schon ganz schön krackelig. Wat hasse denn da vonne krackelige Kiste* ›altes Fahrrad, Auto usw.‹ Die gleiche Bedeutung hat das Substantiv **Kracke** *Mensch, mit sonner alten Kracke würd ich nich mehr fahren.* RhWb IV 1318: verbreitet im gesamten Rheinland. Das Wort geht zurück auf französisch carraque, das eine alte Schindmähre oder einen Klepper bezeichnet.

Krad primitiver Mensch *Die Leute aus dem Viertel da, dat sind derart Kraden, mit denen kannsde dich nich abgeben.* **kradig** primitiv *Dat kradige Volk muss immer so laut gröhlen.* Diese Bedeutungsvariante der rheinischen *Krade* ›Kröte‹ findet man im zentralen Rheinland in und um Köln (RhWb IV 1323).

Kram Die ursprüngliche mundartliche Hauptbedeutung ›Jahrmarkt, minderwertige Ware auf dem Jahrmarkt‹ findet man im Regiolekt nur noch selten in dem Bedeutungszusammenhang *Dat alte Zeug kannse auf dem Kram verkaufen* ›Flohmarkt‹ (vergleiche den standarddeutschen Kramladen). Häufiger hört man dagegen **Krömken, Krömchen** außereheliches Verhältnis *Ich glaub, die ham* *en Krömken miteinander. Du wolls mit dem doch wohl kein Krömchen anfangen!* In allen rheinischen Mundarten kann *Kram* jede Art von Verhältnis oder Zuständen bezeichnen (RhWb IV 1349).

Kräpel etwas Schwächliches, Zurückgebliebenes, Verkrüppeltes; gilt sowohl für Pflanzen und Tiere als auch für Menschen *Wat hasse da von Kräpel gepflanzt, aus dem wird doch nie wat.* **kräpeln** *Dat arme Vieh kräpelt so vor sich hin* ›kümmern‹. **kräpelig** mickrig, unansehnlich *Wat is dat denn von kräpeligen Weihnachtsbaum?* Laut RhWb IV 1383 nur sehr sporadisch belegt, im Regiolekt des unteren Niederrheins und des Ruhrgebiets jedoch häufiger zu hören.

krapp knusprig *Die Brötchen sind schön krapp. Krappe* Brötchen sind ausschließlich im zentralen Rheinland beliebt (RhWb IV 1387).

Krätzchen, Krätzjen Anekdote, Schwank, heiteres Stück *Der hat den ganzen Abend Krätzjer erzählt, wir haben unter dem Tisch gelegen vor Lachen. Krätzchen* erzählt man sich ausschließlich im zentralen Rheinland (RhWb IV 1405).

Krau, auch **Kraupack** Gesindel *In der Siedlung wohnt nur Kraupack. Hier ist heute aber wieder Kraupack unterwegs.* In den Mundarten des gesamten Rheinlands verbreitet (RhWb IV 1415), im Regiolekt aber nur noch in der nördlichen Eifel zu hören.

Kraut eingedickter Obst- und Rübensaft als Brotaufstrich *Ohne Rübenkraut gibbet kein Frühstück für mich. Ich ess am liebsten Rübenkraut mit Holländer.* Andere Varianten sind **Appelkraut** und **Birnenkraut**. Das *Kraut* kennen nahezu alle Rheinländer (RhWb IV 1429).

kriegen Selbstverständlich wird das Verb *kriegen* auch in den rheinischen Regiolekten – genau wie in der allgemeinen Umgangssprache – in den unterschiedlichsten Verwendungszusammenhängen gebraucht, allerdings finden sich hier doch einige – regionale – Besonderheiten: *Krieg dir ruhig noch en Stück Kuchen* ›nehmen‹. *Die ham sich bei de Haare (in die Haare) gekriegt* ›in eine Auseinandersetzung geraten‹. *Den kriegen wir nich mehr, der is auf und* *davon* ›einholen‹. **ankriegen** jemanden zur Rede stellen *Er is mir immer ausgewichen, auf der Straße hab ich ihn dann endlich angekriegt.* **sich einkriegen** *Der kriegt sich gar nich mehr ein, dat se ihn aus en Verein geschmissen haben. Nu krieg dich ma wieder ein* ›sich beruhigen‹. *Ich konnt mich gar nich mehr einkriegen vor Lachen.* **sich bekriegen** *Nu komm, nu bekrich dich ma wieder* ›sich beruhigen‹. **aufkriegen** *Dat Fenster krieg ich nich auf, dat is ganz verklemmt* ›öffnen‹. • *Heute ham wer inne Schule nix aufgekriegt* ›Hausaufgaben aufbekommen‹. • *Den Teller krich ich mein Leben nich auf* ›etwas aufessen können‹. Diese Verwendungen finden sich nach RhWb IV 1496 im ganzen Rheinland.

Krint eigentlich Korinthe, in der Umgangssprache nur noch in der Bedeutung: eigensinniges, launisches Kind *Wenne immer sonne Krinte bis, brauchse dich nich wundern, wenn die anderen Blagen dich nich mitspielen lassen.*Entsprechend bedeutet **krintig** nörgerlisch, unzufrieden *Der is immer krintig, wenn er wieder inne Schule muss. Sollter besser kein Lehrer sein.* **Krintekunt** mürrischer, ewig nörgelnder Mensch *Sonne Krintekunt kannze nix recht machen.* Wrede 2/97 glaubt, dass die negativen Konnotationen der doch eigentlich süßen Korinthe auf ihr eher unansehnliches Aussehen zurückzuführen sind. Dagegen ist das Bild, das dem **Krentekäcker, Krintekacker** seinen Namen gibt, leichter zu durchschauen: jemand, der sehr empfindlich ist, der aus einer Mücke einen Elefanten macht, auch: Geizhals *Unser Lehrer is sonn richtigen Krentekäcker, jeden Scheiß streicht der an. Der Krentekäcker regt sich über jede Kleinigkeit auf.* Die arme Korinthe wird im nördlichen und zentralen Rheinland als Schimpfwort missbraucht (RhWb IV 1252).

kriolen johlen, wimmeln, meist als **herumkriolen** *Mein Gott, wat sind die Blagen da wieder am herumkriolen.* RhWb IV 1223: in dieser Bedeutung für den Niederrhein belegt, in der rheinischen Umgangssprache jedoch schon fast veraltet.

kritteln unzufrieden sein, etwas auszusetzen haben *Der is immer nur am kritteln.* **herumkritteln** *Wat hasse da schon wieder dran herumzukritteln.* **krittelig** *Nu sei doch nich immer so krittelig* ›empfindlich beim Essen‹. Laut RhWb IV 1541 ist das Wort belegt für das zentrale Rheinland, heute ist es in der rheinischen Umgangsprache allgemein gebräuchlich. Interessanterweise ist das Wort tatsächlich aus den Mundarten (meist als gritteln) in die Umgangssprache gelangt, obwohl es natürlich von lateinisch Kritik, kritisch usw. abstammt. Anders als zu vermuten, handelt es sich also nicht um gesunkenes sprachliches Kulturgut (siehe auch Wahrig 4/326).

Krollekopp, auch **Kröllekopp** Lockenkopf *Hasse dir en Krollekopp machen lassen?* ›Locken drehen lassen beim Friseur‹ Weniger verbreitet sind **Krollehaare** ›Locken‹. Das RhWb verzeichnet den **Krollekopp** unter dem Stichwort *Kroll* (IV 1549): Krause, Plissee; verbreitet im zentralenRheinland, am Niederrhein und im Ruhrgebiet. Die südrheinländische Variante **Krulles** ›Krauskopf, Lockenkopf‹ wird in der Umgangssprache dort heute durch die Locke verdrängt.

Kröpper Taube *Der is immer nur bei seine Kröppers oben im Schlach.* Diese mundartliche Bezeichnung für eine Kropftaube ist verbreitet am Niederrhein, im zentralen Rheinland, im Ruhrgebiet und im Bergischen Land (RhWb IV 1566).

Kroppzeug abwertende Bezeichnung für Dinge, Menschen, Pflanzen und Tiere *Dat Kroppzeug krichse nich ausem Garten raus* ›Unkraut‹. *Aus dem Kroppzeug wird eh nichts* ›in der Entwicklung zurückgebliebene Pflanzen oder Tiere‹. *Ers ma Kröver Nacktarsch trinken und Kroppzeug knabbern* ›kleine Snacks‹. Auf Menschen bezogen hat das Wort oft eine diskriminierende oder gar rassistische Bedeutung. *Mit dem Kroppzeug darfse nich spielen. Dat Kroppzeug hat hier nix zu suchen* ›Ausländer‹. **kroppig** (im Verhalten) grob *Wie der kroppige Kerl mit seinem Hund umgeht, dat is ne Schande für die Welt.* Auch im RhWb (IV 1563) in diesen Bedeutungen für das gesamte Rheinland belegt. Das Wort leitet sich wohl ab von *Kropp* ›Kropf‹ als krankhafter Schwellung der Schilddrüse. Dies erklärt die negative Bedeutung (eine andere Erklärung verweist auf *kroppen* ›kriechen‹, Wrede 2/100).

krosen, krösen unnütz arbeiten, pfuschen, still vor sich hin arbeiten, herumwühlen *Der is ma wieder im Keller am krosen* ›Arbeit vortäuschen, um sich vor etwas anderem zu drücken‹. Auch als **he-**

rumkrosen *Der macht nix als im Garten herumkrosen. Wat kröste da in meine Sachen herum* ›kramen‹ und **verkrosen** *Mist, ich hab meinen Pass verkrost* ›verlegen‹. **Kros** Krimskrams *Ich pack den ganzen Kros jetz unsortiert inne Kiste.* **Krösken, Kröschen, Krösjen** Techtelmechtel, Liebschaft *Der hat immer irgendein Krösken am laufen.* Im RhWb IV 1391 unter dem gesamtrheinischen Wort *krasen* verzeichnet.

Krott kleines Kind *Schick ma die Krött nach Hause, die können wir hier nich brauchen. Die kleine Krott hat sich dat Knie aufgeschlagen.* Verbreitet im gesamten Rheinland (RhWb IV 1570 und 1621).

krücken sich abmühen, plagen *Der is nur am krücken und am krücken und kommt doch zu nix.* **abkrücken** *Da hab ich mich ganz schön abkrücken müssen, bis ich dat fertig hatte.* RhWb IV 1581: in dieser Bedeutung belegt für den Niederrhein nördlich von Mönchengladbach; das Wort geht natürlich auf das Substantiv Krücke zurück.

Kruffes kleines Haus, kleines Zimmer *Wie die mit vier Mann in dem kleinen Kruffes hausen können, dat is mir ein totales Rätsel.* Nach RhWb IV 1422 im zentralen Rheinland verbreitet: zum Stichwort *kraufen* ›kriechen‹, womit sich die Etymologie erklärt: ein Haus, in das man hineinkriechen muss.

Krümmel (Brot-)Krume *Da liegen überall Krümmel auf dem Teppich. Wie die bei meinem Beihilfeantrag in den Krümmeln gesucht haben, dat war schon nich mehr feierlich* ›nach Kleinigkeiten fahnden‹. Auch als Verb **krümmeln** *Krümmel doch dat Sofa nich so voll* und als Adjektiv **krümmelig** verbreitet *Mensch, is dat en krümmeligen Kuchen.* In übertragener Bedeutung auch als Bezeichnung für ein kleines Kind gebräuchlich *Kuck ma den kleinen Krümmel da.* Das RhWb IV 1599 verzeichnet den Kurzvokal statt des standarddeutschen Langvokals im Worte Krümel für das ganze Rheinland, auch in der Umgangssprache ist hier ausschließlich die kurze Variante zu hören.

krunkeln, verkrunkeln verknittern *Zieh doch deine Jacke im Auto aus, die verkrunkelt ja total.* **krunkelig, verkrunkelt** zerknittert *Ich* *würd mich mit dem schönen Kleid doch nich auf die Wiese legen, dat wird ja ganz krunkelig.* RhWb IV 1605: verbreitet im zentralen Rheinland.

krüselich lockig, gekräuselt *Kuck ma, dat Wasser im Baggerloch is ganz krüselich. Wat has du denn auf eima so krüselige Haare, hasse da Minipli drin?* **krüseln** kräuseln *Dat Wasser krüselt sich, da is bestimmt Wind. Der blöde Faden krüselt sich immer, den krieg ich nich glatt gezogen.* RhWb IV 1423: verbreitet im zentralen Rheinland und am Niederrhein; es handelt sich um die mundartliche Variante von standarddeutsch kraus und kräuseln.

Krütsch(en)-rühr-mich-nich-an, Krückche-röhr-mich-nit-an überempfindlicher Mensch, Mimose *Sei doch nich sonn Krütsch-rührmich-nich-an, ich will dir doch gar nix.* Die im gesamten Rheinland verbreitete Bezeichnung (RhWb IV 1431) bezieht sich im Kölnischen auch auf das Springkraut (das bei Berührung die Samenkapseln herausschleudert) und die Mimose, deren Blätter sich bei Berührung schließen (Wrede 2/102).

Küchenpitt, Küchenpitter (kleines) Schälmesser *Jetz hab ich den Küchenpitt mit den Kartoffelschalen weggeschmissen.* Die rein dialektale Lautung **Köökepitt** hört man in der Umgangssprache des Niederrheins nur noch selten. Der *Küchenpitt* ist nach RhWb IV 1631 im ganzen Rheinland verbreitet; das Wort ist eine der vielen Zusammensetzungen mit dem Vornamen Peter im Rheinland.

Kuddelmuddel Wirrwarr, heilloses Durcheinander, verworrene Situation *Da hasse aber en ganz schönen Kuddelmuddel angerichtet. Sonn Kuddelmuddel hab ich überhaupt noch nich erlebt. Und wer muss den ganzen Kuddelmuddel hinterher wieder wegräumen? Ich!* RhWb IV 1654: im ganzen rheinischen Sprachgebiet bis auf den nördlichen Niederrhein verbreitet. Das Wort ist verwandt mit Kuttel ›Innereien, Därme‹, das wiederum in seiner mittelniederdeutschen Entstehungszeit einmal ›Haufen, Wirrwarr‹ bedeutet hat; der zweite Wortbestandteil geht zurück auf das niederdeutsche Modder ›Schlamm, Dreck, Moder‹.

kujonieren, kujenieren jemanden quälen, schikanieren *Ich werd* *mich bald beschweren, ich lass mich doch von meinem Chef nich kujo-nieren.* Das überall im Rheinland gebrauchte Wort (RhWb IV 1701) geht zurück auf französisch couillonner ›jemanden hereinlegen‹.

Kulle, Kull, Kuhle, Kaule Mulde, flache Grube *Pass auf, da is ne Kulle, fahr da nich durch. Da is sonne tiefe Kuhle inner Wiese.* Oft noch in Gewässernamen erhalten: *Schultes Kull, Nieper Kuhlen* usw. *Kuck ma, der hat sonn kleinet Külleken im Kinn* ›Grübchen‹. *Komm, wir haun uns inne Kuhle* ›Bett‹. **Kühlchen** kleine Vertiefung im Bo-den beim Murmelspiel *Beim Klickerspiel ham die Kinder miter Hacke en Kühlchen ausgekratzt.* **Furzkulle** Mittelritze im Bett *Dat Kind kann inne Furzkulle schlafen. In sonne Furzkulle schlaf ich nich* ›schlechtes Bett‹. **Kieskuhle** Kiesgrube *Komm wir gehen inne Kies-kuhle baden.* **Mistkulle** Mistgrube *Du siehs aus, als wärse inne Mist-kulle gefallen.* Die verschiedenen Varianten der *Kaule* sind im ganzen Rheinland verbreitet (RhWb IV 329).

kümen klagen, stöhnen, bei jeder Gelegenheit jammern *Den kann ich nich ab, der is immer nur am kümen. Un dann war se am kümen, dat se mitte Arbeit nich ferdich wird und wie hart dat Leben als Mutter is.* Im RhWb IV 336 ist das Wort für das gesamte Rheinland in un-terschiedlicher Lautung (*käumen, kaimen, kömen*) belegt.

Kump Schüssel *Und hinterher gibt et ne ordentliche Kump Erbsen-suppe. Der hat die ganze Kump leer gegessen. Nu hau dir ma die Kump orentlich voll.* **Kümpken, Kömpken, Kümpchen** kleine Schüssel *Dat Kümpken wirse doch wohl noch aufkriegen. Ein Kümpchen kann ich noch juut vertragen.•* Ich mach mir ers ma en Kömpken Kaffee ›kleine Tasse‹ (nicht zu verwechseln mit *Köpken*). RhWb IV 1720: im zen-tralen Rheinland und am Niederrhein gebräuchlich; die mundart-liche Hauptbedeutung ›Trog, Wasserbehälter‹ ist im Regiolekt nicht mehr gemeint. Das Wort ist sehr alt, man nimmt sogar eine germanische Urform kumb/kump an.

kungeln heimliche Geschäfte machen, Geheimnisse austauschen, etwas aushecken *Die sind schon wieder am kungeln. Wat die immer zu kungeln haben?* **abkungeln** abhandeln *Wie bisse denn da drange-kommen? Dat hab ich dem Blödmann auf dem Flohmarkt abgekungelt.* **Kungelei** heimliche Abmachung, Schiebung *Die mit ihrer ewigen*

Kungelei. Nach RhWb IV 1730 im zentralen Rheinland bis zum südlichen Niederrhein verbreitet.

Kunt Hintern *Die passt mit ihrer breiten Kunt nich in den Sessel. Morgenstund hat Gold im Mund und Blei inne Kunt. Der had en Kopp wie en Kunt* ›breites Gesicht‹. Das Verbreitungsgebiet der *Kunt* reicht von Aachen bis an den Niederrhein (RhWb IV1736); in der Umgangssprache wird das Wort allerdings zunehmend durch *Arsch* ersetzt.

Kuselkopp Purzelbaum *Mutter, kuck ma, ich kann Kuselkopp. Der hat vielleicht einen Kuselkopp geschossen, als ich dem die Beine weggetreten hab* ›Purzelbaum machen‹. Nach RhWb scheint die Zuordnung nicht ganz einfach zu sein. Im Rheinland finden sich folgende Benennungen: *Kausenkopf* (RhWb IV 341: zu *Kause* ›Beule, Keule‹), *Kuselkopf* (RhWb IV 1783: zu *Kusel* ›Dreckklümpchen‹) und *Kutzelenbaum* (RhWb IV 1807 ›Purzelbaum‹, für Siegburg belegt).

kusen verkramen, achtlos in eine Ecke werfen *Die Pänz sind unmöglich, jetz ham se wieder die ganzen schönen Sachen in die Ecke gekust.* Im zentralen Rheinland gebräuchlich (RhWb IV 342).

L

labbern lose befestigt sein, schlackern *Die Hose labberte dem nach der Krankheit nur so umme Beine.* **(he)rumlabbern** (dasselbe) *Mach dat do ma fest, damit der Auspuff da nich so rumlabbert. Wat labbert denn da so lose rum?* **labberig, labbrig** wässrig, fade *Dat is aber ma ne labbrige Suppe. Mach dat doch ma richtig fest, dat is ja ganz labberig* ›nicht fest, lose‹. *Ii, der hat sonn labberigen Händedruck, dat mag ich nich.* **Labber** fades Zeug *Sonn Labber ess ich nich. Is dat en ekliger Labber.* **Labberbrühe** dünne Suppe, fades Getränk *Die Labberbrühe* *soll Bier sein?* **Labbes, Lappes** großgliedriger Mensch mit nachlässiger Haltung *Der lange Labbes taugt noch nich ma zum Basketball spielen. Ey du Lappes, kannse nich aufpassen. Mit dem Labbes is nix los* ›einfältiger Kerl‹. Die unterschiedlichen Ableitungen zum Stamm *Labb-* sind im ganzen Rheinland zu finden, wenn auch nicht alle überall (RhWb V 2).

laff geschmacklos, ungesalzen, schal, fade *Die Suppe war zu laff, sons war et jut. Der laffe Kall jeht mir auf den Sack* ›nichtssagend‹. *Dat is mir zu laff.* *Laff* ist ein zentral- und niederrheinisches Wort (RhWb V 37), das auch in der Umgangssprache hoch frequent ist.

Lällbeck Schnösel, Einfaltspinsel *Sonn Lällbeck! Kommt sich wer weiß wie toll vor, nur weil er mit sonner Kiste durch die Gegend fährt.* Im zentralen Rheinland und im Bergischen Land bis zur Ruhr verbreitet (RhWb V 62; zu lallen ›mit schwerer Zunge reden‹).

Lamäng nur in der Wendung: **aus der (kalten) Lamäng** etwas leicht bewerkstelligen können *Dat mach ich doch aus der Lamäng* ›im Vorbeigehen‹. *Dat kann der doch aus der Lamäng* ›ohne Vorbereitung‹. *Wie soll ich dat direkt so aus der kalten Lamäng erklären?* Verblüffenderweise in RhWb V 62 nur sporadisch für das zentrale Rheinland belegt, im Regiolekt allerdings überall zu hören. Verballhornt aus französisch la main ›die Hand‹.

Lampett, Waschlampett Porzellanwaschkanne, Waschgarnitur auf dem Waschtisch *Ach kuck ma da, sonne Waschlampätt ham wir früher auch gehabt.* Das Wort ist gesamtrheinisch (RhWb V 78), wird jedoch in der Umgangssprache nur noch von über 40-Jährigen benutzt. Vergleiche auch niederländisch lampetkan ›Waschkrug‹.

läper, leper lose, nicht solide, zu locker *Pass auf, der Stuhl is ganz leper, setz dich da nich drauf. In sonner leperen Karre würd ich nich mitfahren.* In RhWb V 490 im Wortartikel *lip* als sehr seltenes niederrheinisches Wort eingestuft, ist es am unteren Niederrhein im Regiolekt heute häufig zu hören.

läppern, leppern allmählich zusammenkommen, anhäufen *Die*

Schulden läppern sich. Jeden Tach ne Schachtel Kippen, dat leppert sich. Wie gehdet? Et läppert sich ›ironische Antwort im Sinne von *es geht*‹. **zusammenleppern** (dasselbe) *Bei jedem Tanken drei Mark sparen, da leppert sich ganz schön wat zusammen übert Jahr.* **Läpperkram** *Dat is doch alles Läpperkram* ›unbedeutender Kleinkram, der die Mühe nicht lohnt‹. *Mit dem Läpperkram gib ich mich gar nich ers ab. Läppern* gehört zur großen mundartlichen Wortfamilie um den *Lappen,* aus der im Regiolekt noch andere Mitglieder zu finden sind: **lappen** dick auftragen *Musse dir die Butter so dick auf et Brot lappen.* • *Wer weiß, wat der sich schon wieder gelappt hat* ›etwas ausfressen‹. *Der hat sich vielleicht en Ding gelappt* ›in ein Fettnäpfchen treten‹. **anlappen** anflicken *Dat hab ich da so angelappt, dat hält schon.* **läppsch, läppisch** fade, uninteressant, unbedeutend, wenig gewürzt *Stell dich doch nich so läppsch an. Mit sonnem läppschen Kram kannze mich nich kriegen. Die Suppe is aber läppsch.* Auch auf Menschen bezogen: *Sonn läppschen Typ, wat willse denn mit dem?* ›langweilig‹ Während *läppern* und *läppsch* im gesamten Rheinland zu hören sind, sind *lappen* und *anlappen* nach RhWb V 128 nur im nördlichen Rheinland verbreitet (die ironische Antwort *et läppert* ist wohl fälschlicherweise in RhWb V 4 unter dem Stichwort *Labb-* verzeichnet).

Last in der Wendung **Last haben** seine liebe Not haben mit *Ich hab Last mitte Beine. Die hat auch ihre liebe Last mit dem kranken Mann. Da krisse noch Last mit.* Nach RhWb V 149 vorrangig im zentralen Rheinland belegt, aber auch im übrigen Rheinland zu hören.

latschen schlampig gehen *Musse eigentlich immer so latschen? Jetz bisse mir aufe Füße gelatscht.* • *Gleich krisse eine gelatscht, wenne so weiter machs. Dem hab ich vielleicht eine gelatscht, als der mich angepackt hat* ›ohrfeigen‹. **ablatschen** Absätze ablaufen *Jetz hab ich mir die neuen Schuhe schon abgelatscht. Der latscht jedes Jahr zwei Paar Schuhe ab.* **anlatschen** schlampig daherkommen *Wie kommst du denn da angelatscht?* **Lulatsch** langer, sich oft tapsig benehmender Kerl *Der lange Lulatsch stößt sich überall den Kopp.* **Latschen** Schlappen, Pantoffeln *Wat hat der en paar Latschen an. Da bin ich fast ausse Latschen gekippt* ›überrascht sein, umfallen‹. **Quadratlatschen** große Schuhe *Der hat vielleicht Quadratlatschen* ›große Füße‹. Das Verb *latschen* wie auch seine vielfältigen Ableitungen (RhWb V 156, V 598, VI 1275) sind im ganzen Rheinland verbreitet.

Latüchte Laterne, Lampe, Taschenlampe *Wat hasse dir denn da vonne Latüchte gebastelt, damit willse doch wohl nich im Zuch mitgehen. Da geht mir aber ne Latüchte auf* ›Licht‹. Die aus dem Niederdeutschen stammende scherzhafte Mischform aus Laterne und Leuchte ist im zentralen Rheinland und am Niederrhein belegt (RhWb V 156).

latzen blechen, bezahlen *Für sonn dickes Auto musse aber ordentlich latzen. Dafür wirse noch latzen* ›im übertragenen Sinn bezahlen‹. Nach RhWb V 165 im ganzen Rheinland verbreitet, geht das Wort möglicherweise auf den Brustlatz der Männerhose zurück, in dem das Geld aufbewahrt wurde.

Lauschäpper, Lauschöpper Nassauer, Schmarotzer *Der Lauschöpper hat nie eigene Zichten* (Zigaretten). *Den Lauschäpper kenn ich, der säuft sich überall durch.* Zwar nicht im RhWb belegt, aber in den Dialekten des Niederrheins nachgewiesen (Horster 321), ist das Wort sicher eine Zusammensetzung aus dem auf das Jüdischdeutsche zurückgehende lo, lau ›nichts, wenig‹ und dem mundartlichen *schöppen* für ›schöpfen‹. Das jüdischdeutsche lau kennt die Umgangssprache außerdem in der Wendung *etwas für lau bekommen* (die Ableitung bei Wahrig 4/413 aus dem standarddeutschen lau ›leicht warm‹ ist zweifelhaft).

lecker Im Rheinischen wird lecker auch als Synonym für ›hübsch‹ und ›lieb‹ gebraucht: *Ach wat is dat en lecker Dierken* ›süßes kleines Tier‹. *Hasse dat lecker Mädchen gesehn?* Das Substantiv **Lecker** ist ein Synonym für alle Arten von Süßigkeiten: *Der hat immer jät Lecker im Bürro.* **Leckerfress** Leckermaul *Kuck dir den Leckerfress an, der kann mit dem Schnuppen gar nich mehr aufhören.* Verbreitet im zentralen Rheinland und am Niederrhein (RhWb V 278).

Liebchen, Liepschen kleines Kind *Na Liepschen, komma zu Oma!* • *Dat is mir vielleicht en Liebchen* ›falsche Person‹. Bekannt im südlichen und zentralen Rheinland (RhWb V 451).

Linkspot Linkshänder *Dat is ene Linkspot, der kricht Schwierigkeiten inne Schule. Der kann aber nich Rechtsaußen spielen, dat is ne Linkspot* ›Linksfüßer beim Fußball‹. Das Wort ist eine Zusammensetzung aus links und Pfote. Andere, in den Regiolekten allerdings weniger frequente Synonyme sind **Linkspeter, Linkstotsch** und **Linksflutsch**. Alle Varianten sind belegt in RhWb V 480.

litschen schlittern *Komma mit auf de Straße, da kanns de gut litschen. Wenne nich richtig auftrittst, dann können wer dich auch litschen lassen* ›jemanden bei einer (Bütten-)Rede durchfallen lassen (Sonderbedeutung in Köln)‹. Belegt in RhWb V 500 für das zentrale Rheinland.

los, loss auf, geöffnet *Die Tür is los.* **losmachen** *Mach ma dat Fenster los!* ›aufmachen‹ Während die Bedeutung ›offen‹ nur am Niederrhein verbreitet ist, hört man im Kölner Raum gelegentlich noch im Regiolekt die Bedeutungsvariante *loss herumlaufen* ›ledig sein‹: *Läuft die noch loss herum?* Die anderen mundartlichen Bedeutungen von *los* unterscheiden sich nicht vom Standarddeutschen oder sind nicht mehr in der Umgangssprache präsent (RhWb V 547).

loss jonn, lott jonn Diese isolierte mundartliche Wendung hört man als Aufforderung im Sinne von ›mach voran, jetzt aber los, nun komm doch endlich‹ auch im Regiolekt bei Sprechern, die nicht mehr Mundart sprechen: *Lott jonn! Wir kommen sonst zu spät.*

lünkern, lunken heimlich schauen, verstohlen beobachten *Du has gelünkert, dat gildet nich!* ›beim Versteckspielen‹ *Er hat ganz vorsichtig um die Ecke gelünkert, um zu schauen, ob das Christkind schon da war.* In RhWb V 20 verzeichnet unter *lunken*; in dieser Bedeutung verbreitet vom Hunsrück bis zum unteren Niederrhein, vergleiche *lonken* im Niederländischen.

Lurche, Lorche, Lorke minderwertiges Getränk *Bah, is dat ne warme Lorche, die is nich zu trinken. Sonne Lorke kannze den Leuten doch nich anbieten.* Im RhWb V 541 nur einmal als ›fades Getränk‹ für Solingen bezeugt; allerdings auch bei Wrede 2/154 als *Lörche* belegt. Überraschenderweise gilt es hier schon als veraltet, obwohl es in den Regiolekten im zentralen Rheinland, am Niederrhein und im Ruhrgebiet noch häufig zu hören ist. Das Wort geht zurück auf den Lauerwein ›Nachwein, Tresterwein‹, der sich aus lateinisch lora ›mit Wasser aufgegossener Wein‹ ableitet.

lustern hören, horchen *Pass auf, sei lieber still, der lustert da.* Das im ganzen Rheinland verbreitete Mundartwort (RhWb V 233) ist im umgangssprachlichen Alltag im zentralen Rheinland noch oft zu hören, in den anderen Regionen existiert es nur im dialektalen Kontext.

Mackador Anführer, wichtige Persönlichkeit, meist als **Hauptmackador** *Der war ja der Hauptmackador da in dem Verein.* Belegt für das Bergische Land und den Niederrhein (RhWb V 937; zu *Matador*). Vielleicht eine Verbindung aus *Matador* und *Hauptmacker*?

Macke Fehler, Scharte oder Schramme an einem Gegenstand *Pass auf, die Kanne hat dahinten ne Macke, die würd ich so nich kaufen.* RhWb V 692: hier ist das Wort nur für den Hunsrück und die Eifel bezeugt, heute ist es in dieser Bedeutung jedoch im ganzen Rheinland gebräuchlich. Die übertragene, auf einen Menschen bezogene Bedeutung *Der hat ja ne Macke* ›ist etwas verrückt, hat einen Tick‹ ist im RhWb gar nicht belegt, sie ist aber heute ebenfalls überall im Rheinland zu hören. Die Zuordnung zu jüdischdeutsch makko ›Schlag, Streich‹ scheint in diesem Zusammenhang fraglich.

Mackes Kraft, Stärke des Körpers *Der hat ordentlich Mackes in de Mauen.* Laut RhWb V 694 in dieser Bedeutung verbreitet im ganzen Rheinland. Vermutet wird jüdischdeutscher Ursprung, vergleiche makko ›Schlag‹ (Mengel 43).

maff müde, platt, fertig *Dat Wetter macht mich ganz maff.* Nach dem

Rennen war ich völlig maff. • *Da bisse maff, wa?* ›überrascht sein‹.
Nach RhWb V 720 ist das Wort nur in einem eng begrenzten Ge-
biet am rechten Niederrhein und an der Ruhr verbreitet; in der
Umgangssprache scheint es sich aber auszubreiten.

maggeln unterhandeln, makeln *Die maggelt mit Häusern. Dat Maggeln liegt der im Blut.* Im Regiolekt hat das Wort häufig einen negativen Anklang: heimlich verhandeln, jemanden täuschen *Ich
möchte wissen, wat die da wieder am maggeln sind.* **vermaggeln** *Die
hat Haus und Hof vermaggelt, ohne dat der wat mitgekriegt hat.* Die
mundartliche Variante von makeln ist nach RhWb V 778 im gesamten Rheinland belegt.

malad krank, schwächlich, hinfällig *Der is schon lang so malad, mit
dem wird dat nix mehr.* Bis auf den nördlichen Niederrhein ist das
französische Lehnwort (RhWb V 785: aus französisch malade
›krank‹) in allen rheinischen Mundarten verbreitet.

Malesten, Molesten, Malessen körperliche Beschwerden, Unan-
nehmlichkeiten *Ich hab Malesten mitte Nieren. Der Wagen hat aber
echt schon Molesten, den würd ich nich mehr fahren.* Laut RhWb V
1241 sind die *Molesten* gesamtrheinisch. Sie gehen zurück auf lateinisches molestia ›Beschwerlichkeit, Ärger‹.

Mallör Unfall, Unglück, Pech *Mir is en Mallör passiert. Dat gibt
noch en Mallör, pass op. Der hat Mallör mit seiner Frau.* Die Bezeichnung **Mallörchen** für ein uneheliches Kind ist nur noch von älteren Umgangssprachensprechern zu hören. Sonst ist das über die
Mundarten aus dem Französischen entlehnte Wort gesamtrheinisch (RhWb V 793).

Mälm, Mölm, Malm eigentlich trockener, mehliger Staub; im Regiolekt auch daraus entstandener Matsch *Musse wieder durch den
dicksten Mälm stalpen? Heb die Füße hoch, du wirbelst den ganzen
Mölm auf.* Dieses alte Wort (siehe althochdeutsch melm und go-
tisch malma ›Sand‹) ist im zentralen Rheinland und am Niederrhein verbreitet (RhWb V 1069; vergleiche niederländisch molm
›Staub, Torf‹).

Mämme weibliche Brust *Kuck ma, wat die vor Mämmen hat!*
Mimmkes Brustwarzen *Dadurch kannze echt der ihre Mimmkes
sehn.* **Mämmsinn** Sehnsucht *Nach zwei Wochen hab ich immer so
richtig Mämmsinn nach Hause.* **Mämmespeck** *Die hat echt Mämmespeck angesetzt* ›Speckring um den Bauch‹. *Dat is noch Mämmespeck,
dat wächst sich aus* ›Pummeligkeit bei Säuglingen‹. Die aus dem
Tierreich übernommene, auch in den Mundarten eher derbe Bezeichnung (eigentlich Kuheuter) ist im ganzen Rheinland bekannt
(RhWb V 799). Die Bedeutung ›Muttersöhnchen, Weichei‹ in *Du
bis vielleicht ne Mämme!* ist heute in der allgemeinen Umgangssprache heimisch geworden.

Männeken Die eigentlich niederfränkische Diminutivlautung ist
bei *Männeken* weit über den Geltungsbereich des Dialekts in den
Süden ausgedehnt. In der Umgangssprache hört man auch im
zentralen Rheinland Sätze wie *Der Schiedsrichter is aber en giftig
Männeken. Sonn klein Männeken un sonne große Schnauze.* **Männekes machen** jemanden für dumm verkaufen, übervorteilen *Die
machen doch nur Männekes mit dir!*

mantschen, manschen etwas zusammenmischen *Mansch doch
nich so im Essen, wie sieht dat denn aus* ›Kartoffeln und Gemüse ver-
mischen‹. *Die Blagen sind am liebsten im Dreck am mantschen* ‹im
Schlamm wühlen‹. **herummanschen** *Musse eigentlich immer auf
dem Teller so herummanschen.* **zusammenmantschen** *Dat is immer
alles zusammengemantscht, wenn die kocht.* Verbreitet im ganzen
Rheinland (RhWb V 844).

Mappe Fresse, Klappe, in der Wendung: **einen vor die Mappe
hauen/kriegen** *Dem Arsch hau ich gleich einen vor die Mappe. Gleich
krichse einen vor die Mappe* ›verprügeln, ohrfeigen‹. Das nach
RhWb V 849 sporadisch im Bergischen Land und am Niederrhein
belegte Wort gilt hier als neuere Erscheinung; in den Regiolekten
ist die Wendung heute weit verbreitet (im Bergischen Land auch
in der Variante *einen vor et Mäppchen hauen*).

Marmel in der Wendung **einen an der Marmel haben** *Ich
glaub, du has einen anne Marmel, so von hinten inne Beine zu gehen*
›verrückt sein‹. Mit *Marmel* ist wohl die im gesamten Rhein-

land (unter anderem) so benannte Murmel als Synonym für den Kopf gemeint. Die Wendung selbst ist in RhWb V 893 nicht belegt.

Mattes Kraft, Stärke *Hasse kein Mattes inne Mauen? Die hat aber ordentlich Mattes in de Arme.* Auch in der Wendung **Nacht Mattes!** verbreitet: *Wenn der dat rauskricht, dann Nacht Mattes!* ›ist alles zu spät‹ Die Kurzform zum Namen Matthias und seine Sonderbedeutungen sind im ganzen Rheinland bekannt (RhWb V 947). Weshalb der Name mit Kraft und Stärke in Verbindung gebracht wird, ist unklar; vielleicht beziehen sie sich auf das Beil als Attribut des Heiligen (Wrede 2/186).

mau schlecht, übel *Mir is ganz mau nach der Fahrt auf der Achterbahn.* • *Dat mit der Bezahlung sieht aber mau aus* ›unwahrscheinlich, aussichtslos‹. • *Dat Jeschäft is eher mau* ›schlecht‹. Nach RhWb V 954 in der Nordeifel, im zentralen Rheinland und am Niederrhein verbreitet. Die Etymologie ist ungesichert, der Ursprung wird im 19. Jahrhundert im Berlinischen vermutet (Wrede 2/187).

Maue Arm, Oberarm; in den Regiolekten meist nur noch in der Wendung *Der hat nix inne Mauen* ›schwach, kraftlos‹ oder *Der hat ordentlich wat inne Mauen* zu hören. Die Wendung ist nach RhWb V 958 für das Ruhrgebiet belegt, in der Umgangssprache ist sie aber weiter verbreitet. Das Wort *Maue* selbst steht in allen Mundarten des Rheinlands für den ›Ärmel an einem Kleidungsstück‹. Diese Bedeutung findet sich in der Umgangssprache des zentralen Rheinlands: *Krämpel dir ma die Mauen hoch, dann werden die auch nich nass.*

Mauken Füße, nur im Plural und meist nur in Zusammensetzungen wie **Schweißmauken** und **Käsemauken** *Der hat sonne Käsemauken, mit dem kannze nich in einem Zelt schlafen* ›Schweißfüße‹. **Eismauken** ›kalte Füße‹. Das Wort geht zurück auf den Begriff *Mauche/Mauke*, mit dem in den Mundarten nicht nur des Rheinlands eine Krankheit an den Füßen bei Rindern und Pferden bezeichnet wird (RhWb V 956). Seltsamerweise ist die auf den Menschen übertragene Bedeutung in rheinischen Mundartwörterbüchern nicht belegt, sie wird offensichtlich nicht als mundartlich

angesehen, obwohl sie eher einem dialektalen Hintergrund zuzu-
rechnen ist (Piirainen 604) als die *Mauche* selbst, die ein veterinär-
medizinischer Fachausdruck ist.

meimeln leicht regnen *Et is am meimeln draußen.* • *Musse immer
hier vor alle Leute meimeln?* ›urinieren‹. Das Wort ist im Ruhrdeutschen (Kanies 118) und im Bergischen Land verbreitet und wohl
niederdeutschen Ursprungs (Piirainen 573).

Menage, Menasch Kantine in einem Werk, auf einer Grube *Bei
Krupp gingen die Malocher inne Menage, die hohen Tiere int Kasino es-
sen.* • *Hasse die Menasch nich auf den Tisch jestellt?* ›Tischständer für
Gewürze‹ RhWb V 1071: in dieser Bedeutung für das Saarland
und das Siegerland belegt; heute auch im Ruhrgebiet und am un-
teren Niederrhein bekannt, wird aber immer seltener gebraucht.
Das Wort stammt natürlich aus dem französischen ménage
›Haushalt, Wirtschaft‹.

Metz Messer *Gib mir ma en altes Metz, dat ich hier dat Kabel abisolie-
ren kann.* **Schälmetz, Küchenmetz** Küchenmesser *Auf dem stumpfen Schälmetz kannze nach Köln reiten.* Das mundartliche *Metz* gilt
etwa ab der Mosel bis zum Niederrhein (RhWb V 1100). In der
Umgangssprache benutzen es heute nur noch ältere Sprecher.

mickerig, mickrig schwach, klein *Wat habt ihr denn da von mickriges Bäumken im Vorgarten? Mit sonem mickrigen Geschenk geh ich da
nich hin* ›dürftig‹. **Micker, Mickermänneken** schwächliche Person oder Pflanze *Von sonnem Mickermännchen lass ich mir doch nix
sagen.* **mickern** vor sich hinkümmern *Der Rosenstrauch mickert so
vor sich hin.* Das Wort ist in RhWb V 1125 zwar einmal im Bergischen Land verzeichnet (auch bei Horster 350), es wird von den
Mundartsprechern aber offensichtlich mehrheitlich der Umgangssprache zugeordnet. Es ist allerdings niederdeutschen Ursprungs (zu *mickern* ›schwach, zurückgeblieben sein‹).

Miege derbe Bezeichnung für abgestandenes Bier oder ein fades
Getränk, auch Urin *Sonne pisswarme Miege kannze do nich trinken.*
Im RhWb V 1131 nur sporadisch am Niederrhein belegt, findet
sich die *Miege* im sprachlichen Alltag heute im Ruhrgebiet (Sprick

71) und im nördlichen Rheinland. Das Wort scheint eine niederdeutsche Entlehnung zu sein (Piirainen 539).

Mies Kosename für eine Katze *Mies, Mies, komma her.* Auch als Diminutiv *Miesken komm!* Mit diesen Rufen werden im ganzen Rheinland die Katzen gelockt (RhWb V 1165).

Mocke Brackwasser, fauliges Wasser, eklige Brühe *In der Mocke hier im Hafen wollsde doch wohl nich ernsthaft schwimmen. Schütt die alte Mocke doch weg und nimm dir neuen Kaffee.* In RhWb V 1323 als *Muck* ›Schlamm im Teich, Kaffeesatz‹ belegt für das zentrale Rheinland und den südlichen Niederrhein (siehe auch *Muckefuck*, das wohl auch zu *Muck* zu stellen ist).

Modder, Mutt, Muddel Matsch *Musse auch immer im Modder spielen. Im dicksten Mutt fühlt der sich am wohlsten. Da sitzt aber dicker Modder drin im Motor* ›Bodensatz‹. *Da is nur noch Modder in der Kanne. Der Kaffee is nur noch Mutt.* **modderig** *In dem moddrigen Wasser gehe ich nich schwimmen.* **muddelig** *Bei dem muddeligen Wetter krischse dat arme Dier* ›trübes Wetter‹. *Modder/Mutt* sind im ganzen Rheinland verbreitet (RhWb V 1339); in den Regiolekten sind sie ebenfalls überall hoch frequent. Das aus dem Niederdeutschen stammende Wort findet sich auch im Englischen *mud* oder im Niederländischen *moer.* Übrigens geht auch die Bezeichnung Essigmutter auf diese Bezeichnung einer schlammigen Ablagerung in einer Flüssigkeit zurück.

Möhn, Möhne nur noch als Bezeichnung für eine alte Frau als Karnevalsgestalt *Die Möhnen sind wieder los und schneiden den Männern die Krawatte ab.* In **Möhnefett** hat sich auch in der Umgangssprache noch die ursprüngliche Bedeutung ›alte verheiratete Frau‹ gehalten *Die hat ganz schön Möhnefett angesetzt* ›Fettpolster bei älteren Frauen‹. **Möhneball** und **Möhneabend** hört man nur im Zusammenhang mit dem rheinischen Karneval, dazu gesellt sich die **Obermöhn** als Chefin eines Möhneclubs (wie die Bonn-Beueler Waschweiber). Die *Muhne/Mühne* ist in den Dialekten des ganzen Rheinlands belegt (RhWb V 1366) und war in ihrer ursprünglichen Bedeutung die Bezeichnung für die Schwester des Vaters oder der Mutter (Tante).

Molli nur in der Wendung **den Molli machen** *Pass auf, dat die nich den Molli machen mit dir. Ich lass doch nich mit mir den Molli machen* ›jemanden zum Narren halten, übervorteilen‹. *Molli* hat in den rheinischen Mundarten unterschiedlichste Bedeutungen, in der Regel sind aber entweder ein junger Stier oder ein Hund gemeint (RhWb V 1383). Auch wenn die in der Umgangssprache weit verbreitete Redewendung so nicht im RhWb belegt ist, scheint sie sich auf das Prügeln eines Hundes zu beziehen (Küpper 542).

Mölsch, Gemölsch, Jemölsch Mischmasch *Aus dem ganzen Gemölsch kann ich jetz die Rechnung nich raussuchen.* **mölschen, vermölschen** etwas durcheinander mengen, in etwas Nassem panschen *Kuck die Pänz, wie se den Matsch am mölschen sind.* In RhWb V 1390 für das zentrale Rheinland und das Bergische Land nachgewiesen.

Mömmes verhärteter Nasenschleim *Kuck dir dat Ferkel an, ständig holt der sich die Mömmesse aus der Nas.* Nach RhWb V 1395 nur im engeren, zentralen Rheinland um Köln bekannt.

Möpp in der Wendung **fieser Möpp** Schimpfwort für einen unangenehmen, widerlichen Menschen *Bah, wat bis du en fiese Möpp, dat hät ich von dir nich gedacht.* **den Möpp haben** in schlechter Stimmung sein *Die kannsde die ganze Zeit nich ansprechen, die sitzt nur noch in ihrem Zimmer, weil se den Möpp hat.* Die Wendungen sind verbreitet im zentralen Rheinland (RhWb V 1280). Die Herleitung des Wortes ist noch nicht vollständig gelungen. Angenommen wird die Verwandtschaft zu *Moppen* ›Geld, Kirmesplätzchen‹ oder zu *Mopp* ›Scheuerbesen‹, entlehnt aus altfranzösisch mappe und lateinisch mappa ›verschiedenartig benutztes Tuch‹ (Wrede 2/205).

Möppel, Moppel, Möbbel dicker Mensch, Junge *Dat is aber en dicker Möppel geworden, da müsst ihr doch wat machen.* **möppelig** dick, mopsig, wohlgenährt *Dat Kind is aber arch möppelig. Du bis aber auch ganz schön möppelig geworden, wa?* **Speckmoppel** Kosewort für ein kleines Kind *Du kleiner Speckmoppel, kuck ma, wat ich dir hier füren Schokolädchen mitgebracht hab.* RhWb V 1209/83: verbreitet im zentralen Rheinland, im Bergischen Land und am Niederrhein. Das Wort ist vielleicht verwandt mit *Mopp*, das in den Mundarten ein kleines rundes Kirmesgebäck bezeichnet.

Moppen Geld *Ich hab keine Moppen mehr. Wat, mit den paa Moppen willze mitfahren?* Belegt für das zentrale Rheinland und den Niederrhein (RhWb V1283); wie der *Möppel* sind wohl auch die *Moppen* mit den gleichnamigen Kirmesplätzchen verwandt.

moppern, **möppern** meckern, murren, nörgeln *Der is nur am möppern. Hör doch endlich auf zu möppern!* **Gemöpper**, **Möpperei** Gemecker *Du mit deinem ewigen Gemöpper, dat is ja nich zum Aushalten. Dat Gemöppere nutzt dir jetzt auch nix.* In RhWb V 1286 für den Niederrhein belegt; es ist auch in den angrenzenden Niederlanden gebräuchlich.

Mörfken, **Mürfken** schlampiger Mensch, unansehnliche, langweilige Person *Da hat die sich vielleicht en Mörfken angelacht, mit dem geht die inne Kiste? Dat is aber en Mürfken von Hund* ›räudiger Köter‹. In RhWb V 1421 für Duisburg und Mülheim/Ruhr belegt und auch genau hier im Regiolekt gebräuchlich (Fellsches 113). *Mörfken* ist eine Ableitung aus der mundartlichen Variante von mürbe.

Mostert Senf *Gib ma den Mostert rüber. Der schmiert sich sogar auf sein Dubbel Mostert.* Die rheinischen Mundarten kennen nur *Mostert* (RhWb V 1309), in der Umgangssprache wird das Wort aber zunehmend durch das standardsprachliche Senf ersetzt. Zugrunde liegt lateinisches mustum ›junger Wein, Most‹.

Muckefuck, **Muckenfuck** Kaffeeersatz *Dat soll Kaffee sein, der schmeckt wie Muckefuck.* Belegt für den Niederrhein und das zentrale Rheinland (RhWb V 1339). Die volksetymologische Herleitung aus französisch mocca faux ›falscher Mocca‹ aus der Zeit der napoleonischen Kontinentalsperre ist wohl unrichtig (Wrede 2/209), zu vermuten ist vielmehr ein Zusammenhang mit dem rheinischen *Muck* ›Schlamm, Kaffeesatz‹ und dem ebenfalls rheinischen *fuck* ›faul, verfault‹.

Muckis Muskeln (nur im Plural) *Der hat ordentlich Muckis gekriegt.* Die **Muckibude** ›Fitnesscenter‹ ist heute weit über die Grenzen des Rheinlands (RhWb V 1322: verbreitet im gesamten Rheinland) gebräuchlich.

mucksen schmollen, übel gelaunt sein *Lass ihn, der is am mucksen.* Auch in der Bedeutung ›sich rühren, bewegen‹ *Ab in die Ecke, und wehe du muckst dich. Hier wird nich mehr gemuckst!* **mucksig** schmollend, trotzig *Und wenne jetz zwei Tage mucksig bis, mehr Taschengeld gibbet nich.* **Mucks** Zeichen der Bewegung *Ich will keinen Mucks hören.* In RhWb V 1337 für das gesamte Rheinland belegt.

müffeln langsam essen, zahnlos kauen *Wie lange müffels de denn schon an dem Rodonkuchen, is der zu trocken? Der Opa hat an dem Essen nur sonn bisschen gemüffelt. Ham wer nix mehr zu müffeln?* **Muffel, Muffkopp, Muffelkopp** mürrischer Mensch *Mensch du Muffkopp, warum komme denn ma nich mit inne Kneipe?* Im Ruhrdeutschen auch als **Kamuffel** ›einfältiger, unbeweglicher Mensch‹ gebräuchlich. Nach RhWb V 1350 im gesamten Rheinland belegt; zu *Muff/Muffel* ›kleiner Bissen, Häppchen, Stückchen‹.

müffen, muffen, müffeln, möffeln üblen Geruch verbreiten, stinken *Wat müffelt hier so, wer war dat? Dat kannze nich mehr essen, dat möffelt schon.* **müffig, möffig** faulig, dumpf *Wat riecht dat hier so müffig, als ob dat feucht wär. Die Erbsen rochen schon ganz möffig, als ich die Packung aufgemacht hab.* Im RhWb V 1355 für das gesamte Rheinland verzeichnet; zu niederländisch muf ›verschimmelt, dumpfig‹.

mümmeln lange an etwas herumkauen, sparsam essen *Wat mümmelse so an dem Butterbrot, schmeckt dir dat nich? Der kann nur noch mümmeln, seitdem er keine Zähne mehr hat.* Im RhWb V 1152 unter dem Stichwort *mimmeln* und V 1396 im Wortartikel *mümmeln* mit nahezu identischer Bedeutung für das ganze Rheinland belegt.

mummeln, mümmeln sich warm einpacken, es sich kuschelig machen (meist bei Kindern) *Jetz mummel dich ma schön in die Decke,* *damitte nich frierst.* Meist jedoch präfigiert: **einmümmeln, ein-mummeln** *Is der Osel auch ordentlich eingemümmelt in seim Kinder-wagen?* Laut RhWb V 1394 ist das Wort zwar nicht sehr dicht, aber doch für das ganze Rheinland belegt. Es ist abgeleitet von dem veralteten Mumm/Mumme ›Maske, Larve‹ (vergleiche niederlän-disch mom ›Maske‹), das heute noch in Mummenschanz erhalten ist.

musen herumkramen *Den Ring wirsde nich finden, un wenn de noch so lang in dem Schmuckkästchen must.* Zu *mausen* ›Mäusefangen, sti-bitzen‹, in dieser Bedeutung im zentralen Rheinland bekannt (RhWb V 1005).

Mutze Fastnachtsgebäck aus süßem Zuckerteig in Schmalz/Öl gebacken *Mutzen gibbet auch aufe Kirmes.* Oft als **Mutzenmandeln**, also in Form kleinerer Mandeln gebacken. *An Karneval hat die Om-ma immer Mutzenmandeln gemacht.* Im RhWb V 1016 unter *Mauze* als ›Fastnachtskrappel‹ im zentralen Rheinland und am unteren Niederrhein belegt.

mutzig muffelig, launisch, eigensinnig, unleidlich *Der macht ma wieder en mutziges Gesicht. Wat kuckst du denn schon wieder so mut-zig.* **Mutzkopp** Pessimist, ein ewig Meckernder *Der Mutzkopp sorgt ma wieder für schlechte Stimmung.* Das Adjektiv (zu *mutzen* ›schmollen‹) ist bis auf den nördlichen Niederrhein im gesamten Rheinland heimisch (RhWb V 1498).

Muzepuckel unsympathische, schmierige Person *Der alte Muze-puckel hat mich schon wieder beschissen.* Eigentlich nur für Köln (RhWb V 1500) als ›gekrümmter Rücken, Katzenbuckel‹ belegt, hat das Wort im Regiolekt eine Bedeutungserweiterung erfahren.

nackig nackt *Die war nackich unter dem Kittel. Die Blagen ziehse am besten nackich aus, wenn die im Matsch spielen.* Nach RhWb VI 34 ist *nackich* in weiten Teilen des Rheinischen die mundartliche Variante von nackt. Während die mundartlichen, rheinischen Synonyme *bläck* und *bloos* in der Umgangssprache kaum zu hören sind, ist *nackich* im Regiolekt gebräuchlich.

Naupen, Nuppen, Neupen Laune, Marotten, eigenwillige Gewohnheit *Der hat heut widder seine Neupen, lass en in Ruh!* Laut RhWb VI 120 im Hunsrück und in der Eifel gebräuchlich.

nickelig bösartig, leicht erregbar, nachtragend *Da musse aufpassen, dat is en ganz nickeliges (nicklich) Männeken. Der Verteidiger is richtig nickelich, wie der immer von hinten inne Beine geht.* Das Adjektiv ist wahrscheinlich abgeleitet von **Nickel** boshafter Mensch, Flegel, besonders bei Kindern *Der war früher als Kind en richtiger Nickel.* Laut RhWb VI 134 ist das Wort von Neuss bis an den nördlichen Niederrhein verbreitet; es gilt als Kurzform von Nikolaus.

Nischel (oft wird das sch hier wie das g in Genie gesprochen) Kopf, Gesicht, Nasenpartie *Du krichs gleich einen auf den Nischel. Der muss für alles den Nischel hinhalten.* In RhWb VI 221 in dieser Bedeutung belegt für Saarbrücken, in den Regiolekten aber weit verbreitet.

nitt, nett, nich nicht *Komm mir jaa nich wieder so nach Hause. Sach dat nich. So jeht dat nett. Nitt, dat ich dir nich jlaub, aber dat jlaub ich dir nitt. Sarret nich! Dat mach ich nich.* **is nich** ablehnender Bescheid *Schick do ma ne Pulle Bier rüber! Is nich, du has no nie einen ausgegeben. Is nich? Ich werd dir zeigen: is nich!* Nirgendwo im Rheinland wird man im sprachlichen Alltag die standardsprachliche Variante nicht hören, sondern nur *nich* und *nitt.* Die eigentliche Dialektvariante *nitt/nett* (RhWb VI 183) findet sich in der Umgangsprache des südlichen und zentralen Rheinlands, im Norden dagegen benutzt man die „standardsprachlichere" Variante *nich*.

nix nichts *Dat macht doch nix. Samma ersma nix. Hilft nix! Von nix kommt nix. Der kann nix.* Die aus dem standardsprachlichen nichts entstandene Bildung *nix* (RhWb VI 185) ist heute in allen rheinischen Regiolekten zu hören.

nöhlen meckern, nörgeln, klagen *Der is immer nur am nöhlen! Nöhl hier nich so rum!* **Genöhle** Gemeckere *Dein ewiges Genöhle geht mir auf die Nerven.* Laut RhWb VI 231 ist *nöhlen* in dieser Bedeutung am Niederrhein und in weiten Teilen des zentralen Rheinlands belegt. Das Wort ist wohl eine Entlehnung aus dem Niederdeutschen (niederdeutsch nölen ›meckern‹; siehe auch niederländisch neutelig ›quengelig‹).

Nöppel, Nopp, Nöppken Knoten, Nippel, kleiner Knubbel *Da is doch sonn Nöppel dran, da musse dran ziehen. Da is sonn Nöppken im Stoff, da ziehse sicher bald den Faden.* Belegt für das zentrale Rheinland und den Niederrhein (RhWb VI 236).

Nösel, Nüsel schäbiger Rest *Da is ja nur noch sonn Nösel im Glas.* **Nüsele** Geld *Da hab ich kein Nüsele für.* • *Bei dem Nösel is et egal, watte auf den Tisch brings, der is nur am meckern* (beim Essen wählerischer Mensch). **nüseln** langsam essen, undeutlich sprechen *Der nüselt sich da wieder einen in den Bart.* **nöselig** wählerisch *Nee, so wat von nöselig beim Essen!* Das Wort ist im zentralen Rheinland in einem Streifen vom Siegerland bis nach Aachen belegt (RhWb VI 285). Es wird darüber spekuliert, ob es mit der Wortgruppe um *Osel, Usel, oselich* verwandt ist.

Nöttelefönes Kleinigkeitskrämer, Nörgler *Mit sonem Nöttelefönes brauchse dich gar nich abzugeben, der weiß doch alles besser.* Ein zentralrheinisches Wort (RhWb VI 304), das man nur noch im Regiolekt von Köln hören kann.

Nülle, Nölle, Nöll (meist unförmige) Nase *Mit sonne rote Nülle is dat bestimmt en Säufer. Der hat einen vor die Nöll gekriegt.* • *Hasse dem seine Nülle gesehn?* ›Penis‹. In den Mundarten des Rheinlands bezeichnet dieses alte, schon im Altsächsischen belegte Wort den Haarwirbel auf dem Kopf. Die Bedeutung ›Nase‹ ist auf das zentrale Rheinland beschränkt (RhWb VI 274), in den Regiolekten ist sie weiter verbreitet.

Nüsel Nase, Kopf *Du muss deinen Nüsel auch überall reinstecken. Der kricht gleich einen auf den Nüsel, wenn der so weitermacht.* In RhWb VI 287 nur belegt für das Bergische Land, im Regiolekt aber weiter verbreitet (Sprick 76).

oll alt, schäbig, vergammelt *Den ollen Käse, den willse doch nich essen! Wat willse denn mit dem ollen Kram? Dat sind doch alles olle Kamellen.* **Olle** Frau, Ehefrau *Bringse deine Olle auch mit heute Abend? Dem seine Olle hat aber Haare aufe Zähne. Hasse die Olle gesehen, Mann, wat hat die ne Bombenfigur.* **Olle** Mann, Ehemann *Die gibt ihrem Ollen aber ganz schön Zunder. Ey Ollen, gehse mit inne Kneipe?* **Olsche, Alsche** alte Frau *Kumma, wat die Olsche von kurzen Rock anhat.* **Ollen** Eltern *Unsere Ollen ham sich en Wohnwagen anne Ruhr gekauft.* Obwohl diese mundartliche Variante zu standarddeutsch alt/Alte nur sporadisch am Niederrhein und an der Ruhr belegt (RhWb I 130, Horster 370) und eigentlich dem niederdeutschen Sprachraum zuzuordnen ist, hat sie in der Umgangssprache heute eine viel weitere Verbreitung gefunden.

Öllech in der Wendung **kranker Öllech** kränklicher Mensch *Mit dem kranken Öllech kannsde ja gar nichts anfangen, der soll ma in Kur gehen. Öllech* oder *Üllich* ist die außer am Niederrhein weit verbreitete mundartliche Bezeichnung für die Zwiebel (RhWb IX 38: eine Mischform aus mundartlich *Ünne* (aus lateinisch unio, französisch oignon) und *Lauch* (aus lateinisch alium)). Die übertragene Bedeutung findet sich in den rheinischen Dialekten häufig.

Omma Oma, Großmutter *Komma, Omma. Der Sauerbraten von unser Omma is am besten.* **Omma(blatt)** günstiges Blatt beim Skat *Mit
sonn Ommablatt kann jeder gewinnen. Mein Gott, wat muss du vonne
Omma aufe Hand haben.* Die Bezeichnung Oma für die Großmutter
hat sich erst im 20. Jahrhundert auch in den Dialekten durchge-
setzt. Die Aussprache *Omma* ist typisch rheinisch.

Omme, Umme Nase *Du krichs eins auf die Omme!* Nachgewiesen
im Regiolekt des Ruhrgebiets (Sprick 77, J. Wolf 76) und zentralen
Rheinlands (z. B. in Bonn und Siegburg). So nicht in RhWb belegt,
ein dialektaler Hintergrund ist aber zu vermuten.

ömmelig unscheinbar, gering, enttäuschend, unansehnlich *Dat is
aber ömmelig, watte hier zu essen kriss. Dat is vielleicht ne ömmelige
Karre* ›altes, kaputtes Auto‹. *In et Sauerland fahr ich nich in Urlaub,
dat is mir zu ömmelig.* **Ömmel, Ömmelken** kleiner Rest *Da is nur
noch sonn Ömmelken übrig geblieben.* Das Wort ist zwar so nicht im
RhWb nachgewiesen (allenfalls in IX 76 als *Ürmelchen* ›unscheinbare Sache‹ für Krefeld); es ist jedoch vielfach örtlich belegt (Fellsches 119, Weffer 115 und Piirainen 638).

ömmes jemand, dieser da *Und wat macht ömmes da? Kuck ma ömmes da, wie der wieder aussieht. Da muss ma ömmes kommen un nach-
kucken.* Das rheinische Mundartwort für jemand lautet *iemes*, die
Variante *ömmes* kennt man in Teilen des zentralen Rheinlands, des
Niederrheins und im Ruhrgebiet.

Ömmes, Ömmesmann etwas Großes, Dickes *Da laach aber en ganz
schöner Ömmes aufe Straße* ›dicker Stein‹. *Die Alte von nebenan hat
mit sonem Ömmesmann nach uns geworfen. Der rechte Verteidiger is
aber echt en Ömmes* ›kräftiger, dicker Kerl‹. Nicht in RhWb, aber
bei Horster 371, Weffer 115, Sprick 77. Belegt für die Regiolekte
des zentralen Rheinlands, des Niederrheins, des Ruhrgebietes
und des Bergischen Landes.

Oppa Opa *Der Oppa is im Garten am krosen. Ey Oppa, wenne nich
mehr fahren kanns, gib den Führerschein ab.* Opa ist das übliche, im
Rheinland gebräuchliche Wort für den Großvater (RhWb VI 402),
der Kurzvokal ist typisch für das nördliche Rheinland.

ösig angriffslustig, gefährlich, ungangenehm *Pass bei dem auf, der is leicht ösig. Wenne nich aufpasst, kann dat ganz schnell ösig werden.* Das Verb *öseln/örscheln*, das im zentralen Rheinland und im Bergischen Land belegt ist (RhWb VI 417), ist im Regiolekt nicht mehr zu hören. Auch das Adjektiv selbst ist nur noch sporadisch im Ruhrgebiet nachgewiesen (Sprick 78).

P

pängstern triezen, bequatschen *Mich brauchse gaa nich pängstern, von mir krichse dat Geld nich.* Das Wort, das heute nur noch im Ruhrdeutschen zu hören ist, geht zurück auf das mundartliche *pängen* ›etwas mit Gewalt erzwingen‹, das für den südlichen Niederrhein und das zentrale Rheinland belegt ist (RhWb VI 483; wohl ein französisches Lehnwort aus peine ›Mühe‹).

Pannas, **Panhas** mit Buchweizenmehl eingedickte Blut- und Wurstbrühe am Schlachttag *Meine Omma hat gerne Pannas mit Rübenkraut gegessen. Jetz hasse den ganzen Pannas auf dem Boden liegen* ›Kram, Zeug‹. • *Pass bloß auf, wenne so weiter machs, dann hängt der Pannas bald im Christbaum. Jetz is aber bald Pannas am Christbaum, wenn hier nich sofort Ruhe ist. Nu is aber Pannas am Schwenkmast* ›Androhung von Sanktionen oder Strafen‹. **Pannaskopp** Blödmann *Mit som Pannaskopp wie dir red ich doch gar nich.* Das Wort kennt man nach RhWb VI 485 im nördlichen Rheinland und am Niederrhein. Zugrunde liegt das westfälische *Pannharst*, eine Zusammensetzung aus Pann ›Pfanne‹ und Harst ›Röstpfanne, auch: gebratenes Fleischstück‹.

panne dumm, nicht gescheit *Der is echt panne im Kopp* ›ziemlich dumm‹. • *Drei Runden um en Platz, da bisse echt panne* ›erschöpft‹. **Pannemann** Idiot (eigentlich ein Klempner (Heinsberg) oder ein Hut) *Wenn ich mich nur nich mit dem Pannemann eingelassen hätte.*

Pannemann und Söhne total bescheuert *Pannemann und Söhne! Ihr habt se doch wohl nich mehr alle!* Die Herkunft ist nicht geklärt, die verschiedenen Verwendungen und das Kompositum *Pannemann* legen allerdings eine Zuordnung zu *Pann*, der gesamtrheinischen Variante für die Pfanne nahe (RhWb VI 663). Das Wort ist in diesen Bedeutungen typisch für den Niederrhein und das Ruhrgebiet.

pännekesfett nur in der Wendung **et pännekesfett haben** gut leben *Also wenn der et nich pännekesfett hat!* Die Wendung ist am ganzen Niederrhein bis nach Düsseldorf in RhWb VI 674 belegt (eigentlich: fettes Pfännchen), im Regiolekt aber nur noch im Ruhrgebiet zu hören.

Panz oft in den Pluralformen **Penz**, **Pänz** und im Ruhrgebiet **Penze** (schlecht erzogene, wilde) Kinder *Die Pänz sind im Garten am spielen. Schick die Penze doch auf en Spielplatz. Die Penz sind so frech, da komm ich nich mehr gegen an. So ein frecher Panz.* Noch eine Spur unerzogener sind die **Saupänz** *Manchmal kann ich die Saupänz einfach nich mehr sehen.* **verpänzen** sich überessen *Mit den ganzen Waffeln hat der sich verpänzt, kein Wunder, dat er jetz Bauchweh hat.* Pänz gibt es im zentralen Rheinland (RhWb VI 488) und sporadisch im Ruhrgebiet (Kanies 138). Zugrunde liegt das Wort Pansen ›Magen der Wiederkäuer‹ und seine mundartliche Variante *Panz* ›dicker Bauch‹; weshalb allerdings die Bezeichnung für einen dicken Wanst auf Kinder übertragen wurde, ist – ähnlich bei *Blag*/Balg – noch nicht geklärt.

Papp Vater *Der Papp is nur zufrieden, wenn er im Garten am brasseln is. Hasse den Papp eigentlich ma ohne Zigarre gesehn?* Die mundartliche Variante für den Vater ist im ganzen Rheinland mit Ausnahme des Niederrheins verbreitet gewesen (RhWb VI 497), in der Umgangssprache wird sie zunehmend durch *Pappa* ersetzt.

papp nur in der Wendung **nicht mehr papp sagen können** *Ich bin so satt, ich kann nich mehr papp sagen* ›übersättigt sein‹. Laut RhWb VI 497 im zentralen Rheinland und am Niederrhein gebräuchlich. Es handelt sich hier wohl um ein Schallwort mit Anklang an das folgende *Papp*.

Papp Brei, Milchsuppe, Kleister *Bah, den Papp kann ich nich essen.•
Jetz hab ich aber den (die) Papp auf* ›die Faxen dicke haben‹. **Mehlpapp**
Die Suppe is die reinste Mehlpapp ›klumpige Mehlpampe‹. **pappsatt**
Fünf Reibekuchen, und ich bin pappsatt ›voll gesättigt sein‹. **Pappkopp**
dicker Kerl, Dummkopf, Puppenfigur **Pappauge** geschwollenes
Auge *Wovon hasse denn dat Pappauge?* **päppeln** jemanden sorgsam
pflegen, aufziehen *Dat Ullig musse aber ordentlich päppeln, damit dat
wieder zu Kräften kommt.* **aufpäppeln** aufziehen *Wir ham dat kleine
Kaninchen mite Flasche aufgepäppelt.* **pappen** kleben, kleistern *Die hat
dat Bild einfach so anne Wand gepappt. Wat habt ihr denn die Tapeten so
unordentlich an de Wand gepappt.* • *Ich papp dir gleich einen* ›prügeln,
schlagen‹. *Papp* ist im gesamten Rheinland verbreitet (RhWb VI
498); es handelt sich um ein sogenanntes Lallwort kleiner Kinder
für eine Speise, ist aber nichtsdestotrotz schon aus dem Lateinischen bekannt: pappa und seine Ableitung pappare ›essen‹.

parat (gesprochen *paraat*) bereit, fertig *Ich mach mich schnell parat,
in fünf Minuten bin ich unten. Is alles parat? Dat hasse dir aber gut parat gelegt* ›zurecht legen, ausdenken‹. *Mit dem komm ich patu nich
parat* ›klar‹. Ein gesamtrheinisches Wort (RhWb VI 514), das im
Regiolekt des zentralen Rheinlands oft zu hören ist.

Paselack, Paslack meist nur im Plural gebräuchlich: **Paselacken**
Pöbel, Gesocks, Herumtreiber, Außenseiter *Da sind die richtigen
Paselacken zusammen.* Auch als abwertende Bezeichnung für Ausländer gebraucht: *Da in dem Viertel wohnen doch nur noch Paselacken.* Das Verb *paselacken* ›durch dicken Schmutz waten‹ war in
den Mundarten des unteren Niederrheins, des Bergischen Landes
und im Ruhrgebiet verbreitet, der *Paselack* als Herumtreiber ist
nur für Essen belegt (RhWb VI 539); im Regiolekt des Ruhrgebiets
ist das Schimpfwort jedoch noch heute oft zu hören.

Paselemanes, Baselemanes Kram, Gesamtheit verschiedener Sachen, Anhäufung von wertlosen Dingen *Aus dem ganzen Paselemanes kann doch keiner mehr klug werden. Un dan is der ganze Baselemanes zusammengefallen.* Die eigentliche Bedeutung des bis auf das
südliche Rheinland gesamtrheinischen Wortes (RhWb I 489) ist
heute im Regiolekt unbekannt: ›Verneigung, Kompliment‹. Sie erklärt sich aus dem spanischen Ursprung besamanos ›Handkuss‹.

Patt, Pättken, Pättchen Pfad *Der Patt geht genau am Kanal lang. Die ham durch den Garten sonn Pättken gemacht.* **Leinpatt** Leinpfad *In Essenberg kannze noch auf dem alten Leinpatt bis nach Homberg gehen.* **Pättkestour** Fahrradtour *Die sind aufe Pättkestour im Münsterland.* Diese dialektale Variante des standarddeutschen Pfad ist im gesamten Rheinland gebräuchlich (RhWb VI 643) und in der alltäglichen Umgangssprache noch oft zu hören.

paven, pafen, paffen schlagen, werfen, knallen *Den Pott hat er in die Ecke gepaft.* Das Verb, das im zentralen Rheinland und am Niederrhein verbreitet ist (RhWb VI 465), ist vom Schallwort paff abgeleitet.

Peias, Peijas Hanswurst, Tölpel, Clown, Kirmespuppe *Der Peias is wohl vom wilden Max beschnuppert, der hat se doch nich mehr alle. Karneval verkleide ich mich als Peijas* ›als Clown verkleidete Karnevalsfigur‹. *Dat lass ich mir nich von dem gefallen, ich lass doch nich den Peias mit mir machen* ›zum Narren halten‹. Der *Peijas* ist im gesamten Erhebungsgebiet verbreitet (RhWb I 401); die Bezeichnug ist wohl über das französische paillasse ›Hanswurst, Strohsack‹ aus dem italienischen pagliaccio ›dasselbe‹ entlehnt (vergleiche Bajazzo).

pellen Sowohl das Verb *pellen* als auch das Substantiv *Pelle* sind allgemeinsprachlich. Mundartlichen Hintergrund haben lediglich die **Pellmänner**, wie in Teilen des Rheinlands (RhWb VI 608) die Pellkartoffeln genannt werden, und der **Pellkopp** Eichel des Penis.

pesen rasen, sich schnell vorwärtsbewegen, rennen *Der kam vielleicht mit Karacho um die Ecke gepest. Musst du mit dem Rädchen immer so durch die Wohnung pesen.* **rumpesen** *Die pest den ganzen Morgen in der Siedlung rum und kriegt nichts geschafft.* Im RhWb VI 623 für den nördlichen Niederrhein belegt, in der Umgangssprache bis ins Ruhrgebiet verbreitet. Die Ableitung aus dem englischen to pace ›gehen‹ (Küpper 601) ist wohl eher unwahrscheinlich.

petzen jemanden anschwärzen, verraten *Hasse wieder beim Lehrer* *gepetzt?* **verpetzen** *Bei dem musse aufpassen, der verpetzt immer alles.* **Petze** *Du alte Petze, mit dir spiel ich nich mehr.* In den Mundarten bedeutet das Wort in der Regel ›jemanden kneifen‹ (RhWb VI 642), die Bedeutung ›jemanden verraten‹ ist nur sporadisch belegt. Im Regiolekt ist es heute genau umgekehrt, fast jeder wird das Wort im sprachlichen Alltag in der zweiten Bedeutung verwenden.

picheln saufen, trinken *Der hat sich ordentlich einen gepichelt. Jetz gehen wir aber ma einen picheln* ›gemütlich einen trinken‹. **Pichelbruder** *Der is en richtiger Pichelbruder geworden* ›Penner, Säufer‹. Zur Erhebungszeit des RhWb war das Wort „vor allem in den Städten" des Rheinlands gebräuchlich (VI 805), heute ist es in allen Regiolekten verbreitet. Es ist niederdeutschen Ursprungs und erinnert an das Verb pegeln, mit dem man das Anbringen von Markstrichen (Pegeln) auf Trinkgefäßen bezeichnete.

Pick Zorn, Groll; nur in der Wendung **den Pick auf jemanden haben** *Pass auf, der hat den Pick auf dich.* Nach RhWb VI 807 ist das Wort im ganzen Rheinland bekannt; es ist wohl eine romanische Entlehnung, vergleiche französisch pique oder italienisch picca ›Pike, Spieß, auch Groll‹.

Picke Fußspitze, nur in der Fußballersprache: *mit (der) Picke schießen*: *Dat is doch reine Glücksache, wenne mit Picke schießt. Mit Picke kannze nich treffen.* Das Wort geht zurück auf das mundartliche *Picke*, mit dem im gesamten Rheinland etwas Spitzes bezeichnet wird (RhWb VI 808).

pickepackevoll völlig voll, bis oben angefüllt *Der Bus war pickepackevoll. Mein Koffer ist pickepackevoll.* • *Ich bin pickepackevoll* ›völlig abgefüllt, total satt‹. Das RhWb VI 808 kennt das Wort am Niederrhein und im zentralen Rheinland. Die im Regiolekt seltener zu hörenden Varianten *pickvoll* oder *pickevoll* erinnern an die dicht gefüllten Fässer mit Pökelfleisch oder eingelegten Heringen.

piddeln mit den Fingerspitzen an etwas werkeln, herummachen *Hör auf, immer an der Kruste zu piddeln. Musse eigentlich immer an* *dem Brot piddeln? Der piddelt schon die ganze Zeit in der Nase* ›in der Nase bohren‹. *Musse eigentlich immer im Essen piddeln?* ›herumstochern‹ **aufpiddeln** *Ich krich den Scheißknoten nich aufgepiddelt!* **rauspiddeln** *Der hat die ganzen Rosinen ausem Kuchen rausgepiddelt.* **abpiddeln** *Du kanns dir ja sonn Sonnenblumenkern abpiddeln.* **piddelig** Geschick und genaues Zugreifen erfordernd *Sonne piddelige Arbeiten überlass ich immer meiner Frau.* **Piddelskram** und **Piddelsarbeit** werden tiftelige, knifflige Arbeiten genannt: *Bei sonner Piddelsarbeit krieg ich die Pimpernölles. Mit som Piddelskram geb ich mich gar nich ers ab.* Nach RhWb VI 821 ist das Wort von der Zentraleifel bis zum Niederrhein verbreitet. Möglicherweise ist *piddeln* eine Ableitung aus dem in der Umgangssprache nicht mehr bekannten *Piddel*, einem mundartlichen Synonym für *Pinn*; allerdings ist die Ableitung nicht eindeutig. Möglich ist auch eine Verwandtschaft mit den lautähnlichen Mundartwörtern *bütteln* und *pütteln* mit gleichem Bedeutungshorizont.

piefen rauchen *Die piefen sich gemütlich einen.* **piefig** mürrisch, gereizt *Nu sei ma nich so piefig und mach mit. Mein Gott, is dat piefig hier* ›spießig‹. Die mundartliche Lautung von standarddeutsch pfeifen ist im gesamten Rheinland zu hören, allerdings kennt man die Bedeutung ›rauchen‹ nur im Südwesten des zentralen Rheinlands (RhWb VI 697).

Piepe Pfeife, heute in der Umgangssprache wohl nur bei **Buxenpiepen, Hosenpiepen** Hosenbeine *Wat der für kurze Buxenpiepen hat! Piepe* ist die niederrheinische und bergische Variante zu standarddeutsch Pfeife (RhWb IV 685).

piesacken ärgern, jemanden quälen, schikanieren. *Du bis den Jung nur immer am piesacken. Nu hör doch auf, mich mit deinen blöden Fragen zu piesacken. Der Lehrer hat mich schwer gepiesackt.* In RhWb VI 878 ist das Wort für das ganze Rheinland belegt. Es ist wohl niederdeutschen Ursprungs, abgeleitet aus der Wendung *mit einem Ossenpesek* ›Ochsenziemer‹ *schlagen.* Eine andere, weniger wahrscheinliche Deutung geht von dem – durch das Rotwelsche verbreiteten – jüdischdeutschen pisseach ›lahm, krumm‹ aus, also jemanden so zurichten, dass er lahm und krumm geht.

pieseln pinkeln *Ich muss ma eben pieseln.* Das Wort ist mit der Bedeutung ›vor Nässe triefen‹ am unteren Niederrhein belegt (RhWb VI 881: aus friesisch piiseln); im Regiolekt ist dieser Bedeutungszusammenhang nicht mehr bekannt.

Piesepampel unangenehmer, mürrischer Mensch *Den Piesepampel würd ich gar nich ers einladen.* Den *Piesepampel* kennt man am Niederrhein und im Ruhrgebiet (Fellsches 125); er ist nicht im RhWb belegt und scheint aus dem Niederdeutschen importiert zu sein (Piirainen 669).

pillegrade kerzengerade, aufrecht *Der Pfosten muß pillegrade stehen, sonst wird der Zaun schief.* Nach RhWb VI 700 wäre die wörtliche Übersetzung ›pfeilgerade‹. Das Wort ist in dieser Lautung verbreitet im zentralen Rheinland zwischen Köln und Moers.

Pillemann Penis eines Jungen *Wenne deinen Pillemann angefasst has, musse dir die Finger waschen.* Das Wort bezeichnet auch den kleinen Finger in einem am Niederrhein beliebten Fingermärchen, ist aber in dieser Bedeutung im sprachlichen Alltag nicht mehr präsent. Eine andere, am nördlichen Niederrhein häufig zu hörende Zusammensetzung ist **Pillepalle** Kinderei, Kleinkram, etwas Unbedeutendes *Komm mir doch damit nich, dat is doch alles Pillepalle. Wegen som Pillepalle regt der sich auf.* Auch wenn dieses Substantiv nicht in RhWb VI 838 verzeichnet ist, so gehört es mit Sicherheit doch in dieselbe Gruppe der niederrheinischen Wörter mit dem Bestimmungswort *Pillen*, das aus der Kindersprache stammt und auf das mittelniederländische pille ›Patenkind‹ zurückgeht. In diese Gruppe sind neben den schon genannten auch *Pillenbaum* ›Purzelbaum‹, *Pillenposs* ›Versteckspiel‹, *Pillekuchen* ›Kartoffelgericht mit Speck und Eiern‹ und *Pillewurst* ›kleine Wurst für Kinder beim Schlachten‹. Die gesamte Wortfamilie ist hauptsächlich am Niederrhein verbreitet.

pimpelig, pimperlig verzärtelt, empfindlich *Der is so pimpelig, der müsste öfter ma kalt duschen.* **verpimpelt** verwöhnt, verzärtelt *Die is so verpimpelt, die haut der kleinste Schnuppen um.* **Pimperliese** Zimperliese *Die blöde Pimperliese is wegen jedem Scheiß am heulen.* Pim-

perlige Menschen kennt man im südlichen und zentralen Rheinland (RhWb VI 844).

pimpern koitieren (in der Jugendsprache) *Hasse eigentlich schomma gepimpert?* Auch wenn das Wort – wie zu erwarten – nicht in Mundartwörterbüchern verzeichnet ist (eventuell gibt RhWb VI 843 *pimpeln* ›huren gehen‹ einen Hinweis), hat es sicherlich einen dialektalen Hintergrund. Küpper 612 vermutet Verwandtschaft zum niederdeutschen *pümpeln* ›stoßen‹, das auch den Hintergrund für das umgangssprachliche **Pimmel** ›Penis‹ bildet, weil es analog zum niederdeutschen *Pümpel* ›Stößel im Mörser‹ gestellt wird. Nach RhWb VI 840 war *Pimmel* ehemals nur im zentralen Rheinland und am Niederrhein verbreitet, heute ist das Wort Bestandteil der allgemeinen Umgangssprache.

pingelich peinlich genau, übertrieben wählerisch *Nu sei doch nich immer so pingelich. Die is vielleicht pingelich beim Essen. Jetz ham wer sonn ganz pingeligen Lehrer gekricht, der streicht alles an.* **Pingel, Pingelige(r)** *Dat is vielleicht en Pingel, bei dem sitzt kein Härchen krumm. Mit so nem Pingeligen kann ich nich zusammenarbeiten.* Dieses typisch rheinische Wort (RhWb VI 600) ist durch Konrad Adenauers Ausspruch „man solle beim Gebrauch der Macht nicht gar so pingelig sein" auch außerhalb des zentralen Rheinlands berühmt geworden. *Pingelich* ist natürlich die velarisierte Variante des von Pein ›Schmerz‹ abgeleiteten Adjektivs peinlich, analog zu Pein – *Ping*.

Pimpernölles, auch **Pimpernellen, Pimpernelles, Pippernölles** in der Umgangssprache nur noch in der Wendung **die Pimpernölles kriegen** oder **se an de Pimpernellen kriegen** ungeduldig, nervös werden, der Verzweiflung nahe sein *Bei der Frickelsarbeit kriegste die Pimpernölles. Ich krieg die Pimpernellen, wenn der schon wieder so lange trödelt. Bei der ewigen Warterei auf den Zug krich ich se an die Pimpernellen.* Eigentlich ist das Wort die mundartliche Bezeichnung für das Zittergras, wodurch sich vielleicht die Bedeutung erklärt ›vor Nervosität ganz zittrig werden‹. Im RhWb VI 845 u. 874 ist die Wendung in dieser Bedeutung für das zentrale Rheinland bis zum unteren Niederrhein belegt. In den Regiolekten ist sie heute noch weiter verbreitet.

Pinn Stift, Pflock, Zapfen (ein rheinisches Universalwort für alles Längliche, Nagelförmige) *Da musse sonn Pinn reinstecken, damit dat hält. Da is sonn Pinn anne Wand, da kannse dat Bild dran aufhängen.* Eine etwas gröbere oder größere Variante des *Pinns* ist der **Pinnorek**, **Pinnökel**, **Pinnokel** oder **Pinnörkel** *Gib mir ma den Pinnörkel da rüber. Ich brauch einen Pinnorek, der genau hier rein passt.* Der *Pinnorek* kann auch als Verlegenheitswort wie das bekannte *Dingens* gebraucht werden, wenn die eigentliche Bezeichnung eines Gegenstandes nicht bekannt ist. Das abgeleitete Verb **pinnen** hat zwei unterschiedliche Bedeutungen: *Dat Plakat hab ich einfach mit Klebstoff anne Wand gepinnt* ›festmachen (in jeder Weise, auch ohne Pinne!)‹. • *Wer hat denn den blöden Spruch an die Tafel gepinnt?* ›schreiben‹. **festpinnen** *Die Karte hab ich mit Reißzwecken festgepinnt.* **abpinnen** abschreiben *Darf ich bei dir abpinnen? Der lässt mich nich abpinnen.* Das Wort *Pinn* (RhWb VI 852) ist niederdeutschen Ursprungs und sehr alt, man kann es bis auf indogermanische Wurzeln zurückführen, entsprechend groß ist sein Verbreitungsgebiet. So ist z. B. die Pinnwand keine deutsche Erfindung; sie geht zurück auf das englische Verb to pin ›etwas mit einer Nadel befestigen‹. Der *Pinnorek* ist dagegen eine neuere Variante. Hier haben die Ruhrdeutschsprecher das Allerweltswort *Pinn* eigenmächtig abgewandelt, indem sie die vermeintlich polnische Endung -orek (analog zum im Ruhrgebiet bekannten *Mottek* ›schwerer Hammer‹) angehängt haben, um das Wort interessanter und „polnischer" zu machen. Im Polnischen gibt es das Wort natürlich nicht.

Pinn, **Pinne**, **Pien**, **Ping** Schmerzen *Ich hab Pinne im Bein.* **Koppinn/Kopping** Kopfschmerzen *Von dem Gesöff kriegste Koppinn.* **Zahnpien** Zahnschmerzen *Von Zahnpien kannze verrückt werden.* **pinnen** schmerzen *Der Fuß is am pinnen, wo der gestern gegen getreten ist beim Pöhlen.* Den Schmerz kennen die Mundarten des Rheinlands (RhWb VI 598) nicht, gesprochen werden ausschließlich Varianten des Wortes Pein: *Ping, Pien, Pinn, Pinne, Peng, Pein.* In den Umgangssprachen findet sich das Wort noch vermehrt am Niederrhein, im Ruhrgebiet und im Bergischen Land, die Variante *Ping* spielt im Regiolekt des zentralen Rheinlands keine große Rolle. Das Wort lässt sich über das lateinische poena ›Strafe‹ auf das griechische Wort poiné für ›Sühne, Buße, Strafe‹ zurückführen.

Pinneken, Pinnchen, Pinntchen kleines Schnapsglas, z.T. auch der Schnaps selbst *Komm, ein Pinneken trinken wir noch. Nimm doch dat Pinnchen als Eierbecher.* Das Wort ist nach RhWb VI 856 am Niederrhein (*Pinneken*) und im zentralen Rheinland (*Pinnchen*) gebräuchlich. Die Variante *Pinntchen* liefert einen Hinweis auf die Etymologie des Wortes. Anders als RhWb und Küpper 613 herleiten, geht das Wort wohl auf das alte Hohlmaß Pinte zurück, nach dem auch die gleichnamige kleine Kneipe benannt ist; vergleiche auch englisch pint ›Bierglas von etwa 0,59 Liter‹ oder pinte ›ein Glas (Bier)‹ in einigen niederländischen Dialekten. Diese Bezeichnung wiederum wird zurückgeführt auf französisch pinte, was eigentlich mit ›die Gemalte‹ zu übersetzen wäre und sich auf die aufgemalten Eichzeichen bezieht (zu lateinisch pingere ›malen‹).

Pipper Kartoffel *Ohne Pippers is dat doch kein richtiges Mittagessen.•Schnapp dir ma die Pipper, wir wollen zum Bolzplatz* ›(eher minderwertiger) Ball‹. Genau wie das Substantiv hat das Verb **pippern** einen eher negativen Beiklang: *Die ham vielleicht gepippert* ›schlecht Fußball gespielt‹. Der Gebrauch von *Pipper* ist, wie im Dialekt auch (RhWb VI 874), auf den nördlichen Niederrhein beschränkt. Das Wort, das man auch im Niederländischen als pipping oder pippeling kennt, geht wohl zurück auf französisches pépin und normannisches pupin ›Fruchtkern‹. Es ist im Spanischen als pepita und im Toskanischen als pippolo bekannt. Die alte Ableitung aus lateinisch pepo ›Wassermelone‹ ist heute umstritten, die frühe Wortgeschichte von *Pipper* ist noch ungeklärt.

Pips Erkältung *Ich glaub, ich hab mir ganz schön den Pips geholt. Mach dat Fenster zu, sonst holste dir noch nen Pips.* Das Wort ist im gesamten Rheinland verbreitet und hat in den Dialekten ein sehr differenziertes Bedeutungsspektrum (RhWb VI 875). Im Regiolekt versteht man unter *Pips* allerdings nur noch jedwede Form von Erkältungskrankheit. Das unscheinbare Wörtchen, das viele Rheinländer für eine typisch rheinische Erscheinung halten, ist weit verbreitet und hat eine lange Geschichte. Es geht auf das lateinische pituita ›zähe Flüssigkeit, Verschleimung‹ zurück und ist über das oberitalienische pipita zum althochdeutschen Lehnwort phiphiz/phiffiz geworden. Im Mittelalter bezeichnete es – wie auch noch heute im Dialekt – ausschließlich eine schnupfenartige Krankheit beim Federvieh.

piselich klein, unbedeutend, unwichtig *Dat is aber piselich, wat hier geboten wird. Sonn piseligen Strand, und hier solln wer Urlaub machen? Die wohnt aber in nem piseligen Zimmer.* **Pisel, Piesel** dummer und oft eingebildeter Mensch *Mit dem Pisel will ich nix zu tun haben. Dat is ne jecke Pisel.* **Piselskram, Piselsding, Piselszeug** Kleinkram, unbedeutendes Zeug *Dat is doch alles Piselskram, wat ihr da in eurer Frauengruppe macht. Wegen som Piselskram reg ich mich do nich auf.* Nach RhWb VI 879 ist das Substantiv *Piesel* im zentralen Rheinland und am südlichen Niederrhein verbreitet gewesen, seine ursprüngliche Bedeutung ›männliches Glied beim Stier oder Ochsenziemer‹ war aber schon um 1920 kaum noch bekannt. Allerdings wird mit *Piesel* noch heute im Ruhrgebiet etwas „Dünnes, Langes, Überstehendes" bezeichnet (Sprick 82), die Herkunft ist hier also nicht zu übersehen. Das Adjektiv *piselich* war um 1920 nur einmal in Eupen belegt, muss sich also erst in letzter Zeit verbreitet haben.

pitschen kneifen, zwicken *Der pitscht mich immer.* • *Die Schuhe sin am pitschen* ›kneifen, passen nicht richtig‹. • *Gestern hab ich vielleicht einen gepitscht gekriegt, als ich den Stecker reingesteckt hab* ›einen elektrischen Schlag bekommen‹. **abpitschen** abkneifen *Die alte Leitung da kannsde einfach abpitschen.* Das Mundartwort ist in allen rheinischen Mundarten – mit Ausnahme des nördlichen Niederrheins – beheimatet (RhWb VI 893); in der regionalen Umgangssprache ist es allerdings nur noch im zentralen und südlichen Rheinland zu hören. Es ist wahrscheinlich eine Ableitung zu picken. Unklar ist, ob *pitschen* ›einen trinken‹ lediglich eine Bedeutungsvariante ist.

pitschen einen trinken *Komm, wir pitschen uns einen. Der hat aber ordentlich einen gepitscht.* Das RhWb kennt diese Variante nicht, allerdings ist die Bedeutung für Köln belegt (Wrede 2/293, hier zu *petschen* ›kneifen‹ gestellt). Küpper 611 und Sprick 83 schlagen die eher unwahrscheinliche Ableitung aus dem angeblich polnischen pic ›trinken; Bierkanne‹ vor.

Pitt, Pitter Kurzform für Peter; wird oft im übertragenen Sinn wie ›Mensch, Kerl oder Junge‹ gebraucht: *Dat is aber en mageren Pitter. Wat bis du denn von steifen Pitter* ›unbeweglich, unsportlich‹. *Mein Gott, dat is vielleicht en drögen Pitter!* ›langweiliger Mensch‹; in Köln ist als *drüje Pitter* der oft versiegte St. Petrusbrunnen an der Ostseite des Kölner Domes bekannt. Der *dicke Pitter* ist in Köln die schwere Petersglocke des Domgeläutes. *Du jecke Pitter. Pitterken, geh du voran* ›nicht ganz ernst gemeinte Aufforderung‹. Mit der Verkleinerungsform *Pitterken* benennen Kinder den kleinen Finger. *Pitter* findet sich im Rheinland in vielen Zusammensetzungen wie **Knauserpitter** ›jemand, der geizig ist‹, **Knüngelspitt** ›Lumpensammler, Schrotthändler‹, **Knüselspitter** ›jemand, der dreckig ist‹, **Stinkepitt, Frierepitter** ›jemand, der schnell friert‹, **Miesepitter** ›jemand, der immer schlechte Laune verbreitet‹ usw. Er kann sogar Sachen bezeichnen: **Küchenpitt** *Kannze mir ma den Küchenpitt rübergeben* ›kleines Küchenmesser‹. Das **Pittermännchen** kann vieles bedeuten: Penis, kleiner Junge, Gefängnis; im zentralen Rheinland heute aber zumeist bekannt als Bezeichnung für ein kleines Bierfass für Partyzwecke: *Mit zwei Pittermännchen werden wir wohl nich auskommen.* Für die rheinischen Dialekte verzeichnet das RhWb VI 624 für *Pitt/Pitter* eine Unzahl von Bedeutungen, Redewendungen und Verwendungszusammenhängen.

Plack, Placke, Placken Stück, Flecken, Fläche *Bei dem Neubau sind sonne großen Placken ausem Putz gefallen. Aus der Fliese ist ein ganzer Placken rausgesprungen. Um den Baum einzupflanzen, musse en Placken ause Wiese schneiden* ›Grassode‹. *Der hat sich da sonn wertlosen Placken Land anne Grenze gekauft.* • *Wat hasse dir denn da für einen alten Placken um den Kopf gebunden?* ›Kopftuch‹ • *Der arme Kerl hatte sonn Placken im Gesicht* ›Ausschlag‹. *Boh, wenn ich dat seh, da krij ich Plack* ›Ausruf der Verärgerung oder des Ekels‹. **plackig** *Der sieht ja furchtbar aus, dat ganze Gesicht is ja plackich* ›voller Ausschlag‹. Der nach RhWb VI 903 im gesamten Rheinland gebräuchliche und aus dem Niederdeutschen stammende *Placken* ist eines der seltenen Beispiele für die Übernahme des gesamten umfangreichen Bedeutungsspektrums eines Wortes in den Regiolekt.

pladdern heftig, laut regnen *Hör ma, wie dat pladdert.* • *Die Enten pladdern im Teich* ›planschen, schwimmen‹. **Pladderregen** heftiger

Regen *Dat war aber en richtiger Pladderregen gestern.* RhWb VI 917: in dieser Bedeutung im Bergischen und am Niederrhein verbreitet; auch im Mittelniederdeutschen und Niederdeutschen gebraucht. Es ist wie platschen oder platzen ein lautmalendes Verb.

Pläne Jottwedee *Dahinten wohnse ja echt inne Pläne* ›auf dem platten Land‹. *Dann hat mich dat Auto geschnitten; und ich ab inne Pläne* ›in die Wiese‹. *Mein Gott, da schießt der inne Pläne!* ›irgendwo hin, nicht ins Tor‹ Im RhWb VI 925 für das zentrale Rheinland und Teile der Eifel belegt, ist das Wort heute auch am Niederrhein und im Ruhrgebiet gebräuchlich. Es geht zurück auf lateinische Wurzeln: planus ›platt, eben‹, über das französische plaine in die deutschen Mundarten gelangt.

plästern, pliestern heftig regnen, schlagen *Boh, is dat wieder am plästern draußen. Dem hab ich aber eine geplästert.* • *Der hat sich gestern einen geplästert* ›betrinken‹. **verplästern** verprassen, schlagen, zechen *Der hat sein ganzes Geld verplästert. Wir ham uns gestern vielleicht einen verplästert.* Nach RhWb VI 935 und 937 ist das Wort zwischen Mosel und Emmerich allgemein bekannt; es geht zurück auf mittellateinisches plastrum ›Gips‹ und das daraus abgeleitete *pliestern* oder *plästern*, das in den rheinischen Dialekten für das dort unbekannte „verputzen" steht und das Bewerfen einer Wand mit Speis meint.

Pläte, Plät, Plat Glatze *Du krichs ja schon ne Plät. In dem seine Pläte kannze dich spiegeln. Besser ne Pläte als gar keine Haare.* Auch als **Plätekopp** zu hören: *Die hat neuerdings sonn Plätekopp zum Freund* ›Glatzkopf‹. Im Ruhrgebiet kann *Plät* auch den ganzen Kopf bezeichnen: *Der hat vielleicht einen vor die Pläte gekricht.* In Köln und Umgebung ist das Wort zum Spitznamen geworden, dort kennt z. B. jeder den bekannten Rocksänger Zeltinger nur als *die Plät.* Das Wort ist im gesamten Rheinland gebräuchlich (RhWb VI 954) und ist natürlich die mundartliche Variante der standarddeutschen Platte, die wiederum eine frühmittelalterliche Entlehnung aus dem altfranzösischen plate ist.

Plätschkapp Schiebermütze *Mit der Plätschkapp siehst du vielleicht doof aus.* Im RhWb VI 943 für das gesamte Rheinland belegt: „flache Kappe, Sportmütze (wie wenn einer darauf *geplätscht* ›geschlagen‹ hätte)".

Platz, Blatz (ein oft aufwändig gebackenes) Weißbrot *Geh doch eben ma noch en Platz für Sonntag kaufen.* Nach RhWb VI 960 ein zwar im ganzen Rheinland bekanntes, aber meist nur im zentralen Rheinland und im Bergischen Land gebrauchtes Wort. Bekannter und weitaus gebräuchlicher ist die Verkleinerungsform **Plätzchen** für ›kleine flache und trockene Küchlein, Kekse‹, auch in **Zuckerplätzchen** oder **Pfefferminzplätzchen**. Jemand mit einem **Blatzbutterngesicht** oder **Blatzbotteramgesicht** hat im Bergischen Land oder in Bonn einen runden Kopf und gilt als nicht attraktiver Mensch. Die früher übliche Ableitung des Wortes aus lateinisch placenta ›Kuchen‹ wird heute abgelehnt; es wird vielmehr zu Platz ›freier Raum, Fläche‹ nach den im Mittelalter gewöhnlichen flachen Kuchen und Fladen (vergleiche den mittelhochdeutschen placzbecker) gestellt.

plempern, verplempern verschütten, verschwenden *Plemper nich mit dem Wasser da rum. Hasse wieder dat ganze Taschengeld für nix un wieder nix verplempert.* **Plempe, Plämpe** breiige Masse, schales Getränk *Dat Blag spielt am liebsten im Dreck und macht Plämpe. Die Plämpe, die die da verkaufen, kann ich nich trinken.* Im RhWb VI 925 wird das Wort schon der allgemeinen Umgangssprache zugeordnet, dort ist es heute weit verbreitet.

ploren, plogen sich beeilen, etwas schnell machen *Ploch dich, sons werden wir nich fertig! Der plocht sich, als wenn der Teufel hinter ihm her wär.* Diese Bedeutung des standarddeutschen Verbs plagen findet man im zentralen Rheinland (RhWb VI 923) auch heute noch im Regiolekt.

Plörre, Plöre dünnes, wässriges, wenig schmackhaftes Getränk *Die Plörre kannze nich trinken* ›schales Bier‹. Im RhWb VI 982 als Plör für Aachen belegt: dünner, schlapper Kaffee. Das Wort, das wohl aus dem Niederdeutschen stammt, ist im Regiolekt des nördlichen Rheinlands und Ruhrgebiets heute oft zu hören.

Plörren Lumpen, wenig attraktive Kleidung, heute auch allg. für die Kleidung *Räum endlich deine Plörren da weg. Die alten Plörren willse doch wohl nich mehr anziehen? Ich hätte große Lust, die Plörren hinzuschmeißen* ›kündigen‹. Laut RhWb VI 983 in dieser Bedeutung am Niederrhein und im Bergischen Land verbreitet.

Plümmel, Plümme Troddel, Quaste *Die haben so Plümmels an ihrer Bettdecke.* **Plümmelmütze** Zipfelmütze *Zieh die Plümmelmütze an, es ist kalt draußen.* Das Wort ist im zentralen Rheinland und am Niederrhein gebräuchlich (RhWb VI 987). Es geht zurück über das mittelhochdeutsche pflûme auf lateinisch pluma ›Feder‹. ›Flaumfeder‹ ist auch die ursprüngliche und in den Mundarten heute noch bekannte Bedeutung des Wortes *Plümme/Plümmel* (siehe auch niederländisch pluim ›Feder‹). Sie findet sich auch wieder im *Plümmo*, der regionalsprachlichen Bezeichnung für das Federbett.

plümmen an etwas zupfen, herumfummeln (*knibbeln*) *Der is immer an der Kruste da am plümmen.* **Fiesplümm** empfindlicher Esser. In RhWb VI 990 und RhWb II 446 belegt für den Niederrhein; heute noch am nördlichen Niederrhein im Regiolekt zu hören.

Plümmo Oberbett, Federbett *Dat Plümmo is viel zu warm fürn Sommer.* Das in weiten Teilen des Rheinlands (RhWb VI 990) verbreitete Lehnwort geht zurück auf französisch plumeau ›Federwisch, -kästchen‹. Wortgeschichtlich ist es mit *Plümme* und *Plümmel* verwandt.

Plünnen wertlose Kleidung, Lumpen; wie die verwandten *Plörren* heute auch salopp für Kleidung ohne negativen Beiklang *Schmeiß die alten Plünnen doch endlich weg. Hasse deine Plünnen endlich alle zusammen?* • *Wir ham die alten Plünnen alle in die Garage getan* ›altes Gerümpel‹. Auch wenn diese Variante, die im Ruhrgebiet und im Bergischen Land zu hören ist, in RhWb VI 993 unter *Plunder* nicht belegt ist, gehören die *Plünnen* wortgeschichtlich hierhin.

Plüschprumm Pfirsich *Bald gibt et wieder Plüschprumme.* Das eigentlich als „plüschige Pflaume" zu übersetzende Wort ist im zentralen Rheinland und am Niederrhein bekannt (RhWb VI 997; die *Praume/Prumme* ist im gesamten Rheinland die mundartliche Entsprechung zur standarddeutschen Pflaume; in der Umgangssprache noch stellenweise in **Prummetaat** ›Pflaumenkuchen‹ zu hören).

Pluten alter Plunder, alte Kleidung *Dat arme Blag, dem ziehen se immer nur die alten Pluten an. Schmeiß die alten Pluten ma weg.* Auch scherzhaft gebraucht: *Ich hab heut extra meine besten Pluten angezogen. Die gibt alles Geld für ihre Pluten aus.* Nach RhWb VI 1000 im zentralen Rheinland und am Niederrhein belegt.

Pock, Puck, Pogge Schwein *Kuck ma, da sind noch echte Poggen aufe Weide.* **Poggenstall** Schweinestall *Dat stinkt hier wie im Poggenstall.* Oft wird nur noch die Verkleinerungsform **Pöcksken, Pücksken** gebraucht: *Früher hatten wir immer en Pöcksken im Stall.* **Pöcksken op de Leiter** ›Kinderspiel‹ Das Wort hat ein klar begrenztes Verbreitungsgebiet am Niederrhein bis nach Düsseldorf (RhWb VI 1173). Im dortigen Regiolekt ist es jedoch immer seltener zu hören. Es hat dieselbe Wortgeschichte wie niederdeutsch Pogge ›Frosch‹; so bedeutet *pogge* in den angrenzenden niederländischen Dialekten noch heute sowohl ›Ferkel‹ als auch ›Frosch‹.

Pohl Pfahl, Pfosten *Ich bin mit dem Auto gegen sonn doofen Pohl gefahren, den konnt ich zum Verrecken nich sehn. Wenn man wat anfängt, muss man auch Pohl halten* ›durchhalten, bei der Stange bleiben‹. **Wäschepohl** *Die Wäschepöhl im Garten hat der Vatter selber im Betrieb gemacht* ›Pfosten für die Wäscheleine‹. **pöhlen** Fußball spielen *Kommse mit pöhlen? Die sind da hinten aufem Bolzplatz am pöhlen* ›mit wenigen Spielern amateurhaft spielen‹. *Die pöhlen da rum, dat is doch kein Fußball* ›technisch schlecht spielen‹. Die unverschobene Form *Pohl* des hochdeutschen Wortes Pfahl gilt für das gesamte Rheinland: RhWb VI 649. Das abgeleitete Verb *pöhlen* ›pfählen‹ hatte in den rheinischen Mundarten immer schon Nebenbedeutungen, die sich auf das Spielen von Kindern bezogen.

Pollack verächtliche Bezeichnung für einen Polen oder Ausländer, auch für sozial Schwache und Randgruppen *In der Siedlung da wohnen doch nur noch Pollacken. Bisse bei de Pollacken groß geworden?* **Pollackenauto/-karre** altes, schrottreifes Auto oder Auto der Firma Seat *Mit sonne Pollackenkarre trauße dich hierher?* Die Bezeichnung ist nach RhWb VI 1014 im ganzen Rheinland gebräuchlich.

Das Wort ist keineswegs eine neuere Bildung aus dem Ruhrgebiet, sondern z. B. schon im 15. Jahrhundert in Köln als poellach belegt.

Pöller, Poller Pfahl, Pfosten *Jetz bin ich schon wieder mit dem Auto gegen den blöden Pöller gefahren. Überall machen die jetz Pöller hin, nirgendwo kannze hier parken.* Das Wort *Poller* ist mittlerweile als verkehrstechnisches Fachwort in die Standardsprache eingegangen; ursprünglich entstammt es der Schiffersprache und meint einen Pfahl zur Befestigung von Festmacherleinen (RhWb VI 1020). Es geht zurück auf das niederländische Wort Polder für Pfahl.

Pöngel, Püngel, Ponjel Bündel aus Stoffteilen *Mach die dreckigen Klamotten zu nem Püngel und bring et innen Keller.* Auch im übertragenen Sinn *Pack dein Pöngel und hau ab* ›Habseligkeiten‹. **Jepüngel** Gesamtheit der Klamotten *Der hat immer sein janzes Jepüngel dabei, wenn der in den Urlaub fährt.* **püngeln, pöngeln, herumpüngeln** herummachen (wie mit einem Püngel), schwer tragen *Wat die dat Ullig wieder jepöngelt hat* ›mehrere Lagen übereinander anziehen‹. *Als dat Kleine so geweint hat, da hab ichs ma innen Arm genommen und gepöngelt* ›ein Kind liebkosen‹. Das Wort ist im zentralen Rheinland, im Bergischen Land und am Niederrhein verbreitet (RhWb VI 1200). Es hat nichts mit dem standarddeutschen Bündel zu tun, sondern hat eine eigenständige, niederdeutsche Geschichte: niederdeutsch pung, niederländisch und friesisch pong, altsächsisch pung usw.

Pont, Ponte Fähre *Ich fahr mitte Ponte aufe andere Seite. Die Pont gibbet schon lange nich mehr.* Die *Ponte* ist in allen rheinischen Mundarten gebräuchlich (RhWb VI 1026).

poppen koitieren *Poppen kann jeder, aber hinterher für de Kinder aufkommen, da hördet dann auf.* Diese eher derbe Bezeichnung ist in RhWb VI 1219 für das zentrale Rheinland und den Niederrhein belegt (zu *puppen* ›mit Puppen spielen‹).

porkeln, pörkeln, porken, prokeln, porren herumstochern, fummeln *Der porkelt so lange in dem Loch, bis die Wand ganz kaputt is. Da* *musse en bisschen im Ofen pörkeln, dann kommt dat Feuer wieder.* **rumporkeln** *Hör doch endlich auf, beim Essen in den Zähnen rumzuporkeln.* **Geporkel** Herumgestochere, Gefummel *Durch dat ganze Geporkel machse alles nur noch schlimmer.* **Porkeleisen** Schüreisen *Dat Porkeleisen is ganz krumm geworden.* Die verschiedenen Varianten des Wortes *porkeln* sind am Niederrhein, im Ruhrgebiet und im Bergischen Land bis hinunter an die Sieg gebräuchlich (RhWb VI 1028 und 1030).

Porz, Poz, Port Tür, Tor *Mach doch die Porz zu!* **Pörzchen** kleines Nebentor, Gartentor *Ich geh hinten zum Pörzchen raus.* **Gartenporz** Gartentor. In den Mundarten des Rheinlands bezeichnet die *Porz/Port* eigentlich ein größeres Tor (RhWb VI 783), in der Umgangssprache ist damit heute jedoch meist eine gewöhnliche Tür gemeint (aus lateinisch porta ›Tor‹).

Pöschken, Posch Feuer, Lagerfeuer *Gestern ham wer auf dem Spielplatz en Pöschken gemacht. Aus dem Holz können wir gut en Posch machen.* **pöschern, poschen** Feuer machen, zündeln *Wenne auf den nich aufpasst, dann is der überall am pöschern.* Das Wort hat nur einen sehr kleinen Geltungsraum am unteren Niederrhein (RhWb VI 1225), ist dort aber auch im Regiolekt zu hören.

Posten Pfosten (beim Fußball) *Hasse gesehn? Posten. Wenn der Posten nich wär, würdet schon 3 : 0 stehen.* Die zentral- und niederrheinische Variante (RhWb VI 789) zu standarddeutsch Pfosten hört man noch oft auf den Plätzen der unteren rheinischen Fußball-Ligen.

Pott Topf *Willse den Pott ausschrappen?* • *Wat war denn im Pott?* ›der Skat beim Kartenspiel‹ • *War dat Ullig schon auf em Pott? Du muss dat Kleen noch auf den Pott setzen* ›Nachttopf für Kinder‹. *Ich muss noch eben auf en Pott, dann komm ich* ›Toilette‹. • *Wir ham den Pott gewonnen* ›Pokal‹. • *Dat is aber en vergammelter Pott, der da im Hafen liegt* ›altes Schiff, Rheinkahn‹. • *Der kommt mit dem Hausbau nich zu Potte* ›fertig werden, etwas nicht können‹. • *Nu komm doch endlich in die Pötte, wir warten ja schon ewig!* ›etwas beginnen, starten‹ • *Dat is doch Pott wie Deckel, ob se den Fahrraddiebstahl anzeigs oder nich, dat bringt eh nix* ›einerlei, ohne Bedeutung‹. • *Der deut-*

sche Meister kommt aus em Pott ›Ruhrgebiet‹. Der *Pott* findet sich in vielen Zusammensetzungen, sowohl als Grund- als auch als Bestimmungswort: **Pinkelpott, Pisspott** Nachttopf, **Pisspottschwenker** Schimpfwort (ursprünglich wohl aus der Soldatensprache als abwertende Bezeichnung für den Sanitäter, heute allgemeines Schimpfwort), **Pottsau** derbes Schimpfwort *Du alte Pottsau, halt blos die Finger bei dir!* **Blumenpott, Milchpott, Kaffeepott, Kohlenpott** und **Ruhrpott** Ruhrgebiet, **Pottlappen** Topflappen, **Pottweck** besonderes Weißbrot, **pottschwarz, pottrabenschwarz** sehr schwarz *Dahinten wird et aber pottrabenschwarz, dat gibt en ganz schönes Gewitter.* **pötten, pöttern** einen trinken, saufen *Gestern ham wer uns ordentlich einen gepöttet. Der kann vielleicht pöttern. Der hat ganz schön einen gepöttet, wie der aussieht.* In der nördlichen Eifel kennt man **Pöttchen Doof** für einen ›Dummkopf‹. Im rheinischen Dialekt fehlt das Wort „Topf" völlig, hier ist nur *Pott* gebräuchlich bis auf die Fälle, in denen das südliche *Düppen* verwendet wird (RhWb VI 1050). Auch in der regionalen Umgangssprache ist der *Pott* immer noch weit verbreitet, vor allem in Redewendungen und Zusammensetzungen. Überraschenderweise ist die Etymologie dieses rheinischen Allerweltswortes noch nicht gesichert. Vorgeschlagen wurden die Ableitungen aus einem – angeblichen – vulgärlateinischen pottus ›Trinkgefäß‹, aus altfranzösischem hanap ›Becher‹ und norwegischem paut ›hölzerner Becher‹. Auch die Abstammung aus dem Etruskischen oder Griechischen wird erwogen.

prakesieren nachdenken, überlegen *Un da war ich am prakesieren un prakesieren, aber et is mir nich eingefallen. Wat bisse am prakesieren? Wenn ich lange prakesiere, krieg ich die Gangschaltung schon wieder geregelt* ›tüfteln‹. Das Wort ist im Dialekt des zentralen Rheinlands und des unteren Niederrheins bekannt (RhWb VI 1065), in der regionalen Umgangssprache dieser Region ist es heute nur noch bei älteren SprecherInnen zu hören. Es ist wohl über das französische pratiquer ›etwas bewerkstelligen‹ in die Mundart gelangt, wobei die ursprüngliche Bedeutung verloren gegangen ist.

Prängel Knüppel, derber Stock *Da hab ich mir en ordentlichen Prängel genommen und dann auf inne Schlacht. Den dicken Prängel krich ich nich durchgebrochen.* Nach RhWb VI 1070 im gesamten Rheinland nördlich der Mosel und am Niederrhein verbreitet. Das Wort geht zurück auf niederdeutsch Prange ›Pfahl‹.

Prathannes, auch **Pratsack/Protsack** Schwätzer, Angeber *Der Pratsack erzählt wieder einen vom Pferd.* Während das Verb *proten/praten* ›sich unterhalten, prahlen‹ nur im mundartlichen Zusammenhang am Niederrhein (RhWb VI 1073) zu hören ist, findet sich der *Protsack* auch im dortigen Regiolekt.

pröffen stopfen, pressen *Du muss den Pullover nich so in den Rucksack pröffen. Pröff dir doch nich noch ne Wurst rein. Ich kann nix mehr essen, ich bin schon am pröffen.* Nach RhWb VI 796 am Niederrhein und im Bergischen Land verbreitet, entspricht das Wort dem standarddeutschen pfropfen.

Pröll, Prüll, Pröllen alter Kram, Plunder, Lumpen *Schmeiß den Pröll doch einfach weg, wat willse noch damit? Die alten Pröllen ziehse doch nich mehr an.* • *Dem geschlachteten Schwein hingen die Pröllen raus* ›Eingeweide bei Tieren‹. Auch **Pröllzeug** RhWb VI 1140: verbreitet im zentralen Rheinland und am Niederrhein. Entspricht niederdeutschem prull und niederländischen prul mit gleichem Bedeutungsrahmen.

prömmeln brummen, schmollen *Wat bisse schon wieder am prömmeln.* **prömmelig** brummig, schlecht gelaunt, unzufrieden *Mein Gott, wat is der wieder prömmelig heute.* Ein typisch niederrheinisches Wort (RhWb VI 1142), das in der Umgangssprache nur noch am nördlichen Niederrhein zu hören ist.

propper sauber, reinlich *Da drin ist es aber richtig propper. Dat is en propper Mädchen* ›hübsch‹. RhWb VI 1126: im ganzen Rheinland in dieser Bedeutung bekannt.

proppevoll gestopft voll *Dat war wieder proppevoll im Bus.* **Pröppken** schüchterner, unbedeutender Mensch (eigentlich ›kleiner Stopfen‹) *Der sitzt da wie Pröppken.* Auch als **Pröppken Doll** *Die sieht aus wie Pröppken Doll. Proppen* ist die zentral- und niederrheinische Aussprache von Pfropfen (RhWb VI 795).

prötschen, prutschen, pruutschen, prötscheln, brötscheln, brut-
scheln, brotscheln braten *Wat brutschelt denn da Leckeres in der*
Pfanne? Wenne dat Wasser angegossen has, kannze den Braten ruhig ne
Stunde brötscheln lassen. Ne Bolognesesauce muss stundenlang auf dem
Herd brötscheln, sonst wird se nix ›langsam kochen oder braten‹.
Wat bisse denn da am prötschen inner Pfanne? Ich komm gleich nach,
ich bin mir nur grade schnell wat am prötscheln ›ambitionslos kochen
oder braten‹. **zusammenbrötscheln** etwas lieblos zusammenko-
chen *Wat has du denn da wieder zusammengebrötschelt, dat is ja unge-*
nießbar. • *So wie de dat zusammengebrutschelt has, kann dat nich hal-*
ten ›pfuschen, dilettantisch basteln‹. **Gebrutschel, Gebrötschels**
lieblos Zusammengekochtes *Dat is vielleicht en Gebrutschel, wer soll*
dat denn essen? Das Verb *brutscheln* ist in vielen Lautvarianten
(RhWb I 1059, VI 1075, 1090, 1132 und 1151) im zentralen Rheinland und am Niederrhein heimisch. Ob eine Verbindung zu brut-
zeln besteht, ist zwar ungewiss, aber nicht unwahrscheinlich.

Prött, Prütt, Prutt Kaffeesatz *Da is nur noch Prött inne Kanne.* Oft
auch in der Zusammensetzung **Kaffeeprött.** **pröttig** verstimmt,
ungehalten *Wat bisse denn eigentlich so pröttig heute, et hat dir doch*
keiner wat getan (zur in der Mundart gebräuchlichen Nebenbedeutung von *Prött* als ›nörgelnder, mürrischer Mensch‹). Das
Wort, nach RhWb VI 1152 im zentralen Rheinland und am Niederrhein zu finden, ist niederdeutschen Ursprungs, vergleiche
niederländisch prut oder friesisch prot, und hat hier die Bedeutung ›dicker Brei‹.

Pröttel, Pröddel Plunder, alter Kram *Schmeiß den alten Pröttel doch*
endlich weg. Mit sonem alten Pröttel fahr ich nich innen Urlaub ›alte
Nuckelpinne, vergammeltes Fahrzeug‹. **Gepröddel** *Wer hat denn*
dat Gepröddel hier fabriziert? ›Durcheinander‹ Das Wort findet auch
in der neueren Bildung **Pröttelmarkt** Verwendung *Dat alte Ding*
kannze noch aufem Pröttelmarkt verkaufen ›Flohmarkt‹. *Pröttel* ist
vorwiegend im zentralen Rheinland und im Bergischen Land belegt (RhWb VI 1153) und auch nur dort in der Umgangssprache
gebräuchlich. Die Herkunft ist ungewiss.

pruddeln, bruddeln unsauber arbeiten, pfuschen *Wie die beim*
Stricken gepruddelt hat, da wird nie en Pullover draus. In RhWb I 1032

für das zentrale Rheinland und sporadisch am Niederrhein belegt; aus dem Niederdeutschen.

prutschen etwas zusammenpfuschen, schlecht und recht basteln *Wat bisse da schon wieder am prutschen.* Meist in der Zusammensetzung **zusammenprutschen** *Der hat sich da wieder wat zusammengeprutscht, dat funktioniert nie im Leben.* Es handelt sich hier nach RhWb I 1059 um eine gelegentlich auftretende regionale Sonderbedeutung des Verbs brutscheln ›kochen, braten‹. Allerdings kennt das Münsterländische die eigenständigen Verben *prützen/ prutzen/pröttken* für ›tüfteln, basteln‹ (Piirainen 694).

prutzig trotzig, schmollend *Dat Kind is immer schnell prutzig.* Das Adjektiv ist auf die nördliche Eifel beschränkt (RhWb I 1061 und VI 1155).

pück, pöck gut, brauchbar, genießbar; im rheinischen Regiolekt wird ausschließlich die Negation verwendet *Ich glaub, die Suppe is nich mehr ganz pück. Ess dat Ei jaa nich mehr, dat is nich mehr pück.* Auch auf Menschen bezogen: *Ich glaub, der is nich ganz pück, bei dem musse aufpassen* ›zuverlässig, vertrauenswürdig‹. RhWb VI 1157: verbreitet vom Niederrhein bis nach Düsseldorf; das Wort ist verwandt mit dem niederdeutschen pük ›ausgesucht, erlesen‹; abgeleitet aus picken, also eigentlich „herausgepickt", früher eine Gütebezeichnung bei Hansekaufleuten, die sich noch heute in dem Wort piekfein findet.

Puckel Buckel, Rücken *Die Frau hat ja en richtigen Puckel. Mach nich sonn Puckel, stell dich gerade hin. Wat der alles auf dem Puckel hat. Komm her, ich nehm dich auf en Puckel, da kannze besser sehen* ›auf die Schultern nehmen‹. Auch **Puckliger**: *Dat is sonn ganz Puckligen, bei dem musse aufpassen* ›Mensch mit fiesem Charakter‹. **Buckeleboom, Puckelbaum** Purzelbaum *Der hat vor Freud en Buckeleboom jemacht* (kleinräumige Variante im Süden des zentralen Rheinlands). **puckeln** schwer tragen *Wat der alles puckeln kann! Wat der arme Kerl alles zu puckeln hat* ›schwer am Schicksal zu tragen haben‹. **aufpuckeln** aufladen *Da hasse dir aber zu viel aufgepuckelt.* Die mundartliche Variante des standardsprachlichen Buckel ist in der Umgangssprache des gesamten Rheinlands gebräuchlich

(RhWb I 1080). Die Wortgeschichte geht über das mittelhochdeutsche buckel ›erhabener Metallbeschlag in der Mitte des Schildes‹ zurück auf lateinisch buccula ›Bäcklein, aufgeblasene Backe‹.

Puffer, Pöfferkes, Pöfferches, Püffelkes Hefepfannkuchen, Ölkrabbel (Fastnachtsgebäck) *Eigentlich könnt ich ja ma wieder Pöfferkes backen.* **Kartoffelpuffer** ›Reibekuchen, Kartoffelplätzchen aus Kartoffelbrei‹ Die Bezeichnung **Pöfferkes** für den Karnevalskrapfen ist am unteren Niederrhein und im zentralen Rheinland gebräuchlich (RhWb VI 1167).

Puhmann Gebildbrot zu St. Martin *In der Schule haben se zu St. Martin Puhmänner verteilt.•* *Sei doch kein Puhmann* ›Angsthase‹. *Der Puhmann hat schon wieder Scheiß gebaut* ›Blödmann‹. Der *Puhmann* ist nach RhWb VI 1156 im Bergischen Land und im Ruhrgebiet belegt; im Regiolekt ist er heute nur noch im Bergischen Land bekannt.

Pulle, Pülleken Flasche, Fläschchen *Gib ma ne Pulle Bier rüber. Hasse die Pulle schon wieder leer. Dat Kind kriegt noch die Pulle. En klein Pülleken kanze doch noch, wa. Der is volle Pulle um die Ecke gerast gekommen und ab inne Wallachei* ›mit hoher Geschwindigkeit‹. *Der hat den Ghettoblaster volle Pulle aufgedreht* ›mit voller Lautstärke‹. *Der hat da volle Pulle draufgehauen* ›mit voller Kraft‹. Selbstverständlich auch in Zusammensetzungen wie **Bierpulle,** **Schnapspulle** oder **Literpulle** *Der hat ne ganze Literpulle ausgesoffen, sonn Durst hatte der.* **Pulla** *Ich muss dem Klein noch die Pulla geben* ›Fläschchen für Säuglinge‹. **pullern** saufen *Gehen wer einen pullern.•* *Ich muss ma eben pullern gehen* ›urinieren‹. Das Verb ist im Alltag nur selten zu hören, im Gegensatz zum Substantiv *Pulle,* das im zentralen Rheinland und am Niederrhein häufig vorkommt (RhWb VI 1179). Das Wort ist über das Niederdeutsche aus dem lateinischen ampulla entlehnt.

püntern basteln, nutzlos, laienhaft herumwerkeln, durch nutzloses Arbeiten Geld und Zeit verschwenden *Na, bisse schon wieder am Motor am püntern? Der kann nix als püntern* ›pfuschen‹. **herumpüntern** *Der is immer nur am herumpüntern.* **Pünterer** schlechter Handwerker, Pfuscher *Mit sonem Pünterer inne Kolonne hasse* *nix als Ärger.* Das Wort ist auf den engeren Bereich des Bergischen Landes (RhWb IV 1209) beschränkt und auch nur dort im Regiolekt zu hören.

Pup, Pups, Puper, Pupp Darmwind, Furz; auch in den Wendungen: *Ich kann nich mehr Pup sagen* ›völlig satt sein‹. *Der macht keinen Pupser mehr* ›fertig oder tot sein‹. **Gepupe** Angeberei *Der mit seinem ewigen Gepupe.* **pupsatt, puppsatt** *Ich bin so pupsatt, ich kann keinen Nachtisch mehr.* **pupen** furzen, auch angeben **herumpupen, rumpupen** *Hör bloß auf, hier so rumzupupen, sonst wirste gleich wat erleben* ›angeben, sich aufblasen‹. Den Bedeutungszusammenhang ›angeben, Angeberei‹ kennt das RhWb VI 1210, das das Wort für das gesamte Rheinland verzeichnet, noch nicht; er scheint neueren Ursprungs zu sein.

puseln, pusseln sich mit Kleinigkeiten aufhalten, unnütz, wenig zielgerichtet herumarbeiten *Der kann stundenlang da an seiner Modellbahn pusseln.* • *Wat puselse so lang an dem Brötchen da, schmeckt dat nich?* ›langsam, mit wenig Appetit essen‹ **herumpusseln** langsam, unnütz arbeiten *Der pusselt ewig an seinem Aufsatz herum, ohne dat er fertig wird.* **Pusel, Puselchen** unscheinbare, im Haus wirkende Frau *Hasde die nich jesehen? So en Puselchen is dat. Die is bestimmt nachts noch am putzen. Dat is en richtiger Pusel, is dat!* • *Och, dat süße Puselchen* ›niedliches Mädchen, Kosewort‹. Vergleichbar mit niederländisch peuzelen ›knabbern‹ und niederdeutsch pöseln, ist das Wort in den Mundarten zwischen Aachen und Kleve bekannt (RhWb VI1 229).

Put sowohl als Kosewort als auch als abschätzige Bezeichnung für ein Kind gebräuchlich *Kuck ma, die kleinen Pute in dem Sandkasten, sind die süß. Die freche Pute ham den ganzen Morgen Schellemännekes gemacht.* Nach RhWb VI 1234 im gesamten Rheinland verbreitet. Zu lateinisch putus ›kleiner Knabe‹ (vergleiche italienisch putto ›Knäblein, Engelchen‹).

pütschen küssen *Ich könnt euch pütschen vor Freud.* In RhWb VI 1236 nur für ein eng begrenztes Gebiet im Westen des Rheinlands um Aachen belegt, auch nur dort heute noch in der Umgangssprache gebräuchlich.

Pütt Kohlengrube, Bergwerk, Schachtanlage, Schacht *Der is aufem Pütt* ›arbeitet im Bergwerk‹. *Mein Mann muss morgen wieder zum Pütt. Im Pütt haddet en Unfall gegeben.* **Püttmann** Bergmann *Dat is doch keine Arbeit fürn alten Püttmann wie mich.* Pütt ist die niederrheinische Variante des im ganzen Rheinland verbreiteten *Pütz* ›Brunnen, Ziehbrunnen mit tiefem Schacht‹ (RhWb VI 1247). Das Wort ist in vielen Sprachen heimisch (niederländisch put, italienisch pozzo oder französisch puits) und geht zurück auf lateinisch puteus ›Brunnen‹. Die Bedeutung ›Bergwerk‹ ist auf den Niederrhein und das Ruhrgebiet beschränkt.

Pütter, Pütterken Kinderhand *Dat arme Blag hat eiskalte Pütterkes.* Die gesamtrheinische *Pot* für Pfote als Bezeichnung für die Hand (RhWb VI 791) hat sich im Regiolekt des Niederrheins und des Ruhrgebiets in der Diminutivform und in der Bezeichnung *Linkspot* erhalten.

Quallmann, Quellmann in der Schale gekochte Kartoffel, Pellkartoffel *Quellmänner mit Specksoße, dat mach ich lieber als sonn feinet Essen.* Quellmänner kocht man im zentralen Rheinland (RhWb VI 1280); abgeleitet aus dem im Regiolekt nicht mehr gebräuchlichen Verb *quellen* ›Kartoffeln in der Schale kochen‹.

quängeln unzufrieden betteln, nörgeln, weinerlich verlangen *Dat Kind is schon den ganzen Tag am quängeln. Quängel nich rum, wenne von der Schule nach Hause kommst* ›herumtrödeln (selten)‹. **Quängelei** Bettelei, Nörgelei *Hör jetz endlich mit der Quängelei auf.* **Quängel/Quängler** ewig Bettelnder, auch: verwöhntes Kind *Du kannst aber ein richtiger Quängel sein, wenn du nicht das bekommst, was du willst.* **quängelig** *Wenn dat Kind krank is, is et immer quängelich.* Das Wort ist im ganzen Rheinland belegt (RhWb VI1 285) und hat im Dialekt auch die Bedeutung ›etwas hineinzwängen‹. Diese Bedeutungsvariante erklärt die Ableitung des Wortes aus dem mittelhochdeutschen twengen ›drücken, zwängen‹ (siehe auch niederländisches dwingen).

Quant Junge *Kuck der klene Quant da auf dem Fünfmeterbrett.* In RhWb VI 188 für die Eifel und das Rheinland belegt; wahrscheinlich aus niederdeutsch kwant ›Schelm, Schalk‹ entstanden.

Quanten Füße (nur im Plural) *Wehe, du legst deine stinkigen Quanten noch mal auf den Stuhl. Der hat vielleicht Quanten* ›sehr große Füße‹. • *Nimm deine Quanten weg* ›plumpe Hände‹. **Schweißquanten** oder noch schlimmer **Sülzquanten** sind natürlich Schweißfüße. Das RhWb VI 1289 verzeichnet das Wort für das ganze Rheinland. Seine Herkunft ist strittig, sowohl eine Ableitung aus dem lateinischen quantum ›bestimmte Menge‹ als auch aus dem niederländischen want ›Handschuh‹ (das wiederum aus romanischen Formen wie z.B. italienisch guanto) wurde vorgeschlagen.

quartschen, quatschen weinen, jammern *Als se nich ins Kino durften, fingen se wer weiß wie an ze quartschen.* **Quatsch** Jammern, Heulen **quatschich** gerne weinend (bei Kindern), klagend *Dat Kleine is schon den ganzen Tag so quatschich, dem steckt bestimmt wat innen Knochen.* Verstreut im gesamten Rheinland nachgewiesen (RhWb VI 1298 und 1307).

quatern quatschen, reden, belangloses Zeug reden *Et gibt nix, wo der nich wat zu quatern hätte.* **Quaterkopp** Quatschkopf. Das im Ruhrdeutschen noch zu hörende Wort ist im RhWb VI 1306 für das Bergische Land, das Ruhrgebiet und den südlichen Niederrhein belegt. Es ist wohl niederdeutschen Ursprungs (vergleiche westfälisches *quaatern*, Piirainen 703).

quibbelich, quebbelich zappelig *Dat is vielleicht en quibbeliges Blag.* • *Bah, der Pudding is aber quibbelig, den kann man kaum essen* ›sehr süß, unangenehm süß‹. Das Wort ist für den Niederrhein und sporadisch für das zentrale Rheinland belegt. Die Bedeutung ›eklig süß‹ findet sich nur in der Umgangssprache des unteren Niederrheins (Knüfermann 53).

Quisel frömmelnde, bigotte Frau *Die Quisel hat nix besseres zu tun, als am Tag dreimal inne Kirche zu rennen.* **quiselich** quirlig, wendig *Die is so quiselig, dat die sich nich einmal auf den Stuhl setzt un ma ruhig sitzen bleibt.* Das gesamtrheinische Wort (RhWb VI 1350) ist eine Entlehnung aus niederländisch kwezel ›Betschwester‹.

R

rabbeln, rappeln klappern, lärmen, rasseln *Wat rabbelt denn da so in der Dose? Pass bloß auf, gleicht rappelts im Karton* ›passiert etwas‹. *Rappel ma an der Tür, vielleicht geht se auf* ›rütteln‹. **rappelig** wackelig, nicht fest *Dat is aber ne rappelige Kiste hier* ›altes Auto‹. • *Da wird man ja rappelig bei der Warterei* ›nervös, zappelig‹. **rappelvoll** sehr voll, überfüllt *Die Kneipe is rappelvoll, da kommen wer nich mehr rein.* **rappeldicht** völlig betrunken *Der Kerl war rappeldicht.* **Rappel** Spleen, Verrücktheit, plötzliche Laune *Bei dem Krach kriegse ja den Rappel. Hasse en Rappel oder wat? Auf eimal hat der en Rappel gekricht und wild um sich geschlagen.* Rappeln ist sowohl in allen rheinischen Dialekten (RhWb VII 90) als auch in den Regiolekten überall gebräuchlich. Es wird spekuliert, ob die erweiterte Bedeutung ›nicht ganz bei Verstand sein‹ von lateinisch raptus ›Riss, Raub‹ beeinflusst ist.

raderdoll völlig verückt *Der macht mich raderdoll mit seinem Gesabbel. Die Mädchen waren raderdoll in dem Konzert von dieser Boygroup da.* Obwohl im Regiolekt des zentralen Rheinlands oft zu hören, ist das Wort in RhWb VII 23 (zu Stichwort *Rad*; wohl nicht zu *rattendoll*) nur einmal belegt; aber auch Wrede 2/338.

Rämmel, Remmel auch **Karämmel** großes Exemplar *Da hab ich mir sonn richtigen Rämmel genommen und hab ordentlich draufgehauen* ›dicker Stock‹. *Wat hasse denn da wieder von Karämmel abgeschnitten. Sonn dicken Rämmel kann ich nich essen* ›dicke Brotschnitte‹.

Das Wort ist nach RhWb VII 58 gesamtrheinisch, wobei die ›dicke Brotschnitte‹ in der Umgangssprache die am weitesten verbreitete Bedeutung ist. Ob es wirklich zu Rammler ›männlicher Hase‹ zu stellen ist (Wrede 2/338), bleibt umstritten.

ratschen sich eine Hautverletzung zuziehen *Au, da hab ich mich am Finger geratscht. Jedes mal ratsch ich mich anne Hand, wenn ich die Schraube rausdrehe.* • *Ich bin mit dem Auspuff voll über den Boden geratscht* ›kratzend rutschen‹. **Ratsch** Kratzer, Risswunde am Körper *Aua, jetz hab ich en Ratsch anne Hand. Der hat mit einem Ratsch die Zeitung durchgerissen* ›Riss‹. • *Du hass ja en Ratsch am (im) Kappes* ›nicht recht bei Trost sein‹. Das Schallwort ist im ganzen Rheinland belegt (RhWb VII 137) und hier auch überall im Regiolekt zu hören.

ratschen tratschen, klatschen *Die beiden sind da bestimmt schon drei Stunden am ratschen.* **beratschen** besprechen, beratschlagen *Das müssen wir ers ma beratschen, eh wir da was machen.* Das Wort ist außer am Niederrhein im ganzen Rheinland sowohl im Dialekt (RhWb VII 139) als auch in der Umgangssprache belegt.

rattig kribbelig, nervös *Ich werd ganz rattig von der Warterei.* Zwar ist das Wort in RhWb VII 144 nur einmal belegt (für Brüggen), es ist jedoch auch im Regiolekt von Bonn und am Niederrhein bekannt.

ratzen schlafen (meist von lautem Schnarchen begleitet) *Der hat von dem Krach überhaupt nix mitgekriegt, so war der am ratzen* (RhWb VII 146; nur für Saarbrücken belegt). Das Wort leitet sich ab von *Ratze* (nicht Murmeltier, wie bei Küpper 652 vermutet), einer seit dem Althochdeutschen (ratza) auch in den rheinischen Mundarten erhalten gebliebenen Parallelentwicklung zur Ratte.

ratz-fatz mal eben, ganz schnell, ganz und gar *Ich mach ma eben ratz-fatz en Salat. Dat ging ratz- fatz, und schon war alles aufgegessen. Ratz* ist für das ganze Rheinland belegt (RhWb VII 144), das in der Umgangssprache heute häufiger zu hörende *ratz-fatz* scheint eine neuere Schöpfung zu sein. Vergleichbare Wörter in der allgemeinen Umgangssprache sind ratzekahl oder ratzeputz.

Raue Beerdigungskaffee *Aufe Raue muss kräftig gelacht werden, sons bringt dat nix.* Verblüffenderweise wird das Wort, das schon RhWb VII 368 (für das zentrale Rheinland, den Niederrhein und das Bergische Land belegt) und anderen Wörterbüchern als völlig veraltet gilt, heute im Ruhrgebiet wieder im Regiolekt benutzt (Kanies 162, Fellsches 140). Die *Raue* oder *Reu* geht auf ein altes germanisches Wort mit der Bedeutung ›Leichnam‹ zurück.

ribbeln etwas zwischen den Händen reiben *Wänne die Hände ribbels, dann kannze da so kleine Würmer sehen.* **Ribbelken** Würmchen aus Schmutz *Wenne darüber gehs, hasse überall so kleine Ribbelkes.* Bis auf den Niederrhein im ganzen Rheinland verbreitet (RhWb VII 382).

riffeln, ribbeln meist als **ausriffeln** und **ausribbeln** Fäden ziehen *Pass auf, sons ribbelse den ganzen Pulover auf.* **abriffeln** *Ich riffel den Pullover ab, den zieht ja doch keiner mehr an.* Ein gesamtrheinisches Wort nach RhWb VII 424.

Riss in der Wendung **im Riss lassen** im Stich lassen (nicht auf Menschen bezogen) *Da gehste aber zurück, du kannst doch deine Badehose nich einfach im Riss lassen.* Diese spezielle Bedeutung von *Riss* ist nur in Köln zu hören (RhWb VII 460, Wrede 2/353).

Röggelchen größeres Brötchen aus Roggenmehl *En Halven Haan is in Köln en Röggelchen mit Holländer.* Das Wort ist nicht nur in Köln, sondern im zentralen Rheinland bekannt (RhWb VII 481) und auch dort in der Umgangssprache heimisch.

rollschen, rollzen, röllzen sich wälzen, hin und her rollen *Der rollscht immer beim Schlafen* ›sich heftig bewegen im Schlaf‹. **herumrollschen** *Habt ihr wieder im Bett herumgerollscht und alles durcheinander gemacht?* ›herumtollen, sich balgen‹. Nach RhWb VII 494 ist *rollschen* linksrheinisch zwischen Aachen, Köln und Geldern verbreitet; das Wort ist eine Ableitung zu rollen.

rubbedikatz, rubbeldikatz, rubbedidupp ganz schnell, ohne zu zögern *Dat ging rubbedikatz, und dat Fass war leer.* Diese und ähnliche Wörter finden sich in allen rheinischen Mundarten (RhWb VII 547).

Rüffchen, Rüffjen leichtes Mädchen, berüchtigte Frau *Dat is en richtiges Rüffjen geworden.* Das zu *Ruf/Rüfe* ›Wundkruste‹ gehörige Wort ist nur im zentralen Rheinland um Köln gebräuchlich (RhWb VII 576).

Rummel Gerümpel, Plunder, aber auch wertneutral: Kram *Pack den Rummel doch endlich ma weg. Musse immer den ganzen Rummel bei mir inne Küche liegen lassen?* • *Die machen vielleicht en Rummel wegen dem blöden Staatsbesuch* ›Aufhebens, Aufstand‹. **rummelig** lebhaft, rüselig *Ich muss hier weg, hier is mir dat zu rummelig.* In dieser Bedeutung ist das Wort im zentralen Rheinland und am Niederrhein verbreitet (RhWb VII 602).

Rüsel, Gerüsel Durcheinander, Betrieb, Trubel *Ganz schöner Rüsel hier heute aufe Kirmes. In som Rüsel krieg ich Platzangst. In so einem Gerüsel könnt ich nich leben.* **rüselig** belebt, unruhig *Dat war vielleicht en rüseliger Ort, wo wir Urlaub gemacht haben, nix mit Stille und Ruhe. Der Jung is aber heute wieder rüselig.* **rüseln, herumrüseln** durcheinander schwirren, herummachen *Die rüseln da am Strand herum wie die Ameisen.* Obwohl nicht im RhWb belegt (aber in Horster 439, Dicks 563 und Schönberner 292), ist das Wort am Niederrhein auch im Regiolekt hoch frequent.

rüsseln (kurzes, weiches s) schütteln, rütteln *Da musste kräftig am Ofen rüsseln, datte die Asche raus krichs. Der hat den vielleicht am Kragen gepackt und gerüsselt!* Bis auf den Niederrhein im gesamten Rheinland verbreitet (RhWb VII 632).

Rütterchen, -ken nur in der Zusammensetzung **Speckrütterchen** ausgelassene Speckwürfel *Auf Feldsalat musse Speckrütterkes drauftun, dann is der ers richtig. Rütterchen* kennt man im Westen des zentralen Rheinlands, am Niederrhein und an der Ruhr (RhWb VII 374 und VIII 293).

S

sabbeln unnützes Zeug reden *Sabbel nich! Die sin den ganzen Tag am sabbeln.* **besabbeln** bereden *Dat müssen wer ers ma in Ruhe besabbeln.* **Sabbel** Mund *Halt dein Sabbel!* **Gesabbel** Gerede *Mir geht dat Gesabbel von dem auf den Zeiger.* Jemanden, der viel und gern redet, nennt man **Sabbelfutt**, **Sabbelkopp**, **Sabbelschnute** oder **Sabbelschnüss**. Wenn jemand **sabbert**, dann läuft ihm der Speichel aus dem Mund *Der Oppa sabbert immer beim Essen.* **besabbern** sich beim Essen beschmutzen *Pass auf, du has dich da besabbert.* **Sabber** Speichel *Dem läuft der Sabber aus dem Mund.* Beide Varianten sind im gesamten Rheinland gebräuchlich (RhWb VII 660).

satt genug *Der hat Geld satt und genug. Wir haben satt zu essen eingekauft. Da gab et Bier satt.* • *Der is echt satt* ›betrunken‹. Diese Bedeutungen von *satt* kennt man im ganzen Rheinland (RhWb VII 754).

schääl, scheel schief, misstrauisch *Wat kuckse mich so schääl an? Kuckse etwa schääl? Der is scheel im Kopp* ›verblödet, dumm‹. In Köln und Bonn bezeichnet man mit **Schääl Sick** die rechtsrheinischen Stadtteile. Das gesamtrheinische Wort (RhWb VII 986) ist in den rheinischen Umgangssprachen sehr präsent.

Schabau (gewöhnlicher) Schnaps, Korn, Fusel *Da geh ich nich mehr hin, von dem Schabau krieg ich sofort en dicken Kopp. Hau mir bloß mit dem Schabau ab.* **Schabaubruder** Schnapsdrossel, Säufer *Am Bahnhof sitzen die ganzen Schabaubrüder.* Bis auf wenige Ausnahmen (Selfkant, nördlicher Niederrhein) im gesamten Rheinland gebräuchlich (RhWb VII 820). Die Herkunft des Wortes ist nicht ganz geklärt: meist wird die Verballhornung von aqua sabaudica ›Savoyisch Wasser‹ (aus der Apothekersprache) oder vinum sabaudum ›Savoyer Wein‹ angenommen; möglich ist auch die Herkunft aus dem Rotwelschen (der Schnaps schabt, d.h. kratzt im Hals).

schäbbig hässlich, scheußlich, schlecht *Wat is dat heut von schäbbich Wetter. Bah, hat dat schäbbig geschmeckt.Wat sieht die schäbbich aus. Ich hätt nich gedacht, dat dat sonn schäbbigen Kerl is* ›hinterhältig‹. Das zu *Schabb* ›Räude‹ (die man schaben muss) gehörige Adjektiv ist bis auf den Niederrhein im gesamten Rheinland gebräuchlich (RhWb VII 820).

Schäng Kurzform zu Johannes (unter Einwirkung von französisch Jean), auch im übertragenen Sinn *Den Schäng da kann ich nit leiden.* Den *Schäng* kennt man im zentralen und südlichen Rheinland (RhWb VII 910).

schangeln Kinderspiel, bei dem Münzen mit den Fingern geschoben werden. Das Wort ist belegt für den Regiolekt von Bonn; in RhWb VII 912 nachgewiesen als *schankeln* für das südliche Rheinland und das Ruhrgebiet.

Schänzchen, Schänzjen eigentlich kleines Reisigbündel, in der Umgangssprache jedoch nur noch in den Wendungen **sich zum Schänzchen lachen** schief lachen *Wat der an dem Abend für Klöpse brachte, da ham wer uns wirklich zum Schänzjen gelacht.* **zum Schänzchen arbeiten** tot und dusselig arbeiten *Die andern sitzen nur blöd rum, da seh ich nich ein, dat ich mich zum Schänzjen arbeite.* **zum Schänzchen essen** bis zum Gehtnichtmehr essen. Diese Wendungen kennt man im zentralen und südlichen Rheinland (RhWb VII 914).

Schapp Schrank, Schrankfach *Mach den Schapp zu!* (sagt man auch zu jemandem, der mit weit offenem Mund gähnt). **Schäppchen** Schubfach, Schubladen *Ich pack den ganzen Rumms in dat Schäppchen.* Die Variante *Schapp* kennt man am Niederrhein und im Ruhrgebiet (RhWb VII 855; sonst überall *Schaff* oder *Schaf*).

Schäse, Schese altes Fahrzeug, aber auch verächtlich für ein altes Pferd oder gar für eine alte Frau *Wat has du denn vonne alte Schäse* ›Auto‹. In RhWb VII 941 für das ganze Rheinland belegt; ursprünglich die Bezeichnung für eine leichte Kutsche, später nur in abwertendem Sinn gebraucht; von französisch chaise ›Kutsche‹.

Schellemännekes, Schellekes machen Kinderunfug mit Türklingeln *Du brauchs nich zur Tür gehen, dat waren nur wieder Blagen, die Schellemännekes gemacht haben.* Im RhWb VII 1031 ist das Wort nur für ein kleines Gebiet im zentralen Rheinland belegt, im Regiolekt ist es mittlerweile aber viel weiter verbreitet, auch dort, wo die Türklingel in der Mundart *Bell* heißt, wie am nördlichen Niederrhein und im westlichen Rheinland.

schenant schüchtern, zimperlich *Sei doch nich so schenant und nimm dir noch wat von dem Braten. Dat is mir zu schenant, da kann ich nich drüber sprechen* ›peinlich‹. Das Wort *schenant*, das natürlich auf französisch gênant zurückgeht, ist nach RhWb VII 1041 in den Mundarten des gesamten Rheinlands verbreitet. Von dort in die Umgangssprache gelangt, wird es hier jedoch nur noch von älteren Sprechern verwendet.

Schepp, Schäpp, Scheppe Schöpfe, kleiner Stieltopf *Mach ma die Milch in dem Schepp heiß.* **Scheppchen, Schöppchen** *Zum Eierkochen reicht dat Scheppchen.* Das RhWb VII 1049 kennt das Mundartwort für die ›Wasserschöpfe‹ aus dem gesamten rheinischen Sprachgebiet. Aus der Umgangssprache scheint es jedoch langsam zu verschwinden. Dies gilt umso mehr für das dazugehörige Verb **scheppen, schöppen** ›schöpfen‹, das nur noch selten und wenn, dann als **ausscheppen, aufschöppen** oder **abscheppen** zu hören ist: *Nimm ma den Eimer und tu dat Wasser da ausscheppen* ›ausschöpfen‹. *Ich muss noch dat Fett von der Soße abscheppen* ›abschöpfen‹. *Mein Gott, wat hasse mir denn da fürn Berg Pürree aufgeschöppt* ›aufhäufen‹. **Schöpplöffel** großer Schöpflöffel, Schöpfkelle *Tu noch den Schöpplöffel inne Suppe.* Siehe auch **Lauschepper, Lauschöpper.** *Scheppen* kennt man schon aus dem altsächsischen skeppian und dem mittelniederländischen sceppen (vergleiche deshalb auch niederländisch scheppen ›schöpfen‹).

schepp schief, krumm, meist nur noch in der Wendung **sich schepp lachen** *Da lachse dich schepp in dem Film.* Das Wort ist nach RhWb VII 1045 nur in den Mundarten des südlichen Rheinlands verbreitet und ersetzt dort das Adjektiv schief. Die Wendung *sich schepp lachen* geht heute in der Umgangssprache allerdings weit über diesen Geltungsbereich hinaus.

schibbelich Das Adjektiv ist in seiner eigentlichen Bedeutung ›rund, leicht rollend‹ in der Umgangssprache unbekannt, es hat sich nur in der Wendung **sich schibbelich lachen** erhalten: *Komm ich erzähl dir wat, da lachse dich schibbelich.* Es gehört zu dem im ganzen Rheinland (RhWb VII 1080) verbreiteten Verb *schibbeln*, mit dem man das Rollen eines runden Gegenstands bezeichnet: *Spielse mit Schibbeln?* ›Kinderspiel, bei dem Münzen oder Murmeln mit dem Finger geschoben werden‹. Diese Bedeutung erklärt sich, wenn man weiß, dass *Schibbel* die rheinische Variante des standarddeutschen Wortes Scheibe ist. Da man im Rheinland das hier ganz besonders beliebte Hobby Kegeln mit *Kegel schibbeln* bezeichnet, erklärt sich auch der umgangssprachliche Ausdruck **Kegel schieben**, der nichts anderes ist als eine falsche „Verhochdeutschung" (also fälschlich zu „schieben" gestellt) der mundartlichen Variante. Die bekannte Redewendung eine ruhige Kugel schieben wiederum hat damit gar nichts zu tun, ihre Herleitung ist eine ganz andere Geschichte.

schier pur, rein *Schieres Fleisch kann ich nich essen* ›Fleisch ohne Beilagen‹. *Dat Fleisch is ja schieres Fett, dat is ne Unverschämtheit in sonnem teuren Lokal. Schieres Gemüse* ›nicht mit Kartoffeln vermischt‹ *Die Soße war schiere Sahne* ›reine Sahne, ohne Zutaten‹. Das RhWb VII 1100 verzeichnet das Adjektiv für das gesamte Rheinland, es ist im Regiolekt weit verbreitet. Das Wort geht zurück auf mittelniederdeutsches schir (vergleiche auch englisch sheer und gotisches skeirs) ›klar, deutlich‹.

Schiss, Schess Hier interessieren weniger der *Schiss* an sich ›Kot, Stuhlgang‹ mit den dazugehörigen Unappetitlichkeiten wie **Bierschiss, Dünnschiss, Fliegenschiss** usw. als die übertragenen Bedeutungen wie z. B. ›Angst‹. *Der hat nur Schiss inne Bux, sonst nix. Wenne Schiss has, brauch se gar nich ers mitkommen.* **Schisser** Angsthase *Mit sonem Schisser inne Verteidigung kannze ja nich gewinnen.* Im Ruhrgebiet kann der *Schisser* oder das **Schisserken** durchaus als Kosewort Verwendung finden: *Dat Schisserken is aber auch zu niedlich* ›Schätzchen‹. Die niederrheinische Variante **Schitt/Schitte** kann auch als gemäßigter Fluch verwendet werden: *Schitte, jetz hab ich mir den Fuß verstaucht. Dat is doch Schitte, mit sonnem scheiß Werkzeug zu arbeiten.* **Geschiss** Geschrei, Aufhebens *Mach doch* *nich sonn Geschiss um die kleine Beule in dem Kotflügel. Der macht Geschiss um nix.* **Anschiss** Strafpredigt, Anpfiff *Nach dem Anschiss vom Trainer inne Kabine ham die in der zweiten Hälfte en Zahn zugelegt.* **Schisslamäng** Unglück, Pech *Da kann der arme Kerl nix für, dat der sonn Schisslamäng am Hals hat.* **schissig** ängstlich *Nu sei doch nich so schissig und mach mit.* **verschissen** (das Vertrauen) verspielt *Bei mir hasse endgültig verschissen, da brauch se gar nich mehr ankommen.* Das zu Scheiße gehörige *Schiss* ist im ganzen Rheinland verbreitet (RhWb VII 1155) und überall in der Umgangssprache gebräuchlich.

schlabbern sich beim Essen beschmutzen *Hasse schon wieder beim Essen geschlabbert? • Den zu fragen, kannze dir schlabbern, der kommt doch nich mit* ›auslassen, sich etwas schenken können‹. *Dat Mittagessen haben wir meist geschlabbert. • Dem schlabbern die Klamotten nur so ume Beine, so dünn is der* ›schlottern‹. **sich beschlabbern** sich beim Essen beschmutzen. **verschlabbern** verschütten *Hol ma zwei Liter Milch, aber verschlabber nich wieder die Hälfte.* **wegschlabbern** *Den tollen Wein haben wir sofort weggeschlabbert* ›ausgetrunken‹. *Wat der so am Tag wegschlabbert, kannze dir nich vorstellen.* **Schlabberlätzken** Halslätzchen für Kinder *Wenn du weiter schlabbers, krieg se noch en Schlabberlätsken um.* **Schlabberbrühe** fades Getränk *Sonne eklige Schlabberbrühe hab ich noch nie als Bier gekriegt.* **Schlabberschnüss** jemand, der beim Essen oder Sprechen seibert **schlabberig/schlabbrig** nichtssagend, fade, dünn *Sonne schlabbrige Brühe mach ich nich.* Nach RhWb VII 1159 und 1380 (Stichwort: *schlubbern*) ist die Wortfamilie um *schlabbern* gesamtrheinisch und vielleicht auch im Rheinland entstanden.

Schlach (im Norden des Rheinlands mit kurzem Vokal) eine Kelle voll *Tu mir ma en ordentlichen Schlach Suppe. • Der hat en Schlach bei de Frauen* ›attraktiv für das andere Geschlecht sein‹. *• Nu hau doch ma en Schlach rein* ›tüchtig arbeiten‹. *Nix, ich tu keinen Schlach mehr, bevor ich nich die Knete hab. • Der kann keinen Schlach singen* ›überhaupt nicht‹. Diese Sonderbedeutungen von Schlag findet man im gesamten Rheinland (RhWb VII 1211).

schlackern sich lose hängend hin- und herbewegen *Dat Rad schlackert. Da kannze nur mitte Ohren schlackern, wenne dat siehs. Wat* *schlackerse so mitte Arme beim Rennen?* **schlackrig** locker *Die Schraube sitzt da ganz schlackrig drin.* In RhWb VII 1227 nur ganz sporadisch belegt, nach Wahrig 5/561 jedoch westmitteldeutschen Ursprungs.

Schlacks großer, schlanker Typ *Du bis ja en richtiger Schlacks geworden* ›stark gewachsen‹. *Der lange Schlacks stößt sich bald den Kopp anne Türkante.* In RhWb VII 1172 nur für das südliche Rheinland belegt, im Regiolekt aber überall zu hören (nicht zu *schlackern*, sondern zu *Schlackel* aus mittelniederdeutsch slaken ›schlapp‹).

schlampampeln sich an etwas gütlich tun, schlemmen *An Weihnachten, da ham wer so richtig schlampampelt* **Schlampampe** Matsche, Brei. In RhWb VII für das südliche und zentrale Rheinland belegt, hier eher mit abwertender Konnotation.

schlapp schlaff, kraftlos, ermüdet *Ich bin total schlapp nach der langen Nacht. Ich fühl mich ganz schlapp, ich glaub, ich krieg Grippe. Nu ma nich so schlapp, los, los!* Das Adjektiv kann auch auf Dinge oder Tätigkeiten bezogen sein *Dat war aber en schlappes Spiel* ›schlecht, arm an Höhepunkten‹. *Dat is aber en schlapper Kaffee* ›dünn, wenig Geschmack‹. *Mit sonner schlappen Ausrede kommse nich durch* ›phantasielos, wenig glaubhaft‹. *Dat Netz hängt aber schlapp durch* ›nicht gespannt‹. **schlappmachen** aufgeben, erschöpft sein *Dat der so früh schlapp macht, hät ich nich gedacht.* **Schlappekicker** nennt man im Rheinland und im Ruhrgebiet Fußballspieler, die nicht in Form sind. **Schlappjee** ›schwacher, weichlicher Mann‹, **Schlappschwanz**, **Schlapphut**, **Schlappohr**, **schlappen** schlurfend, müde gehen *Der schlappt durch de Jejend, als wenne gleich im Stehen einschläft.* **Schlappen** flache, hinten offene Schuhe, Pantoffeln *Ich würd am liebsten den ganzen Tag in Schlappen rumlaufen. Schlapp* ist im ganzen Erhebungsgebiet gebräuchlich (RhWb VII 1245). Das Wort geht auf das niederdeutsche slapp ›schlaff‹ zurück, vergleiche auch niederländisch slap mit gleicher Bedeutung.

Schlawickel jemanden am Schlawickel haben *Den hab ich am Schlawickel, jetz muss er bluten.* In RhWb VII 1276 für den nördlichen Niederrhein belegt (aus „Schlawittchen" und „Wickel").

Schlick, Schlicks, Schlecks Schluckauf *Hasse en Schlicks? Bei Schlicks musse die Luft anhalten. Ich hab Schlecks, da denkt jemand an mich.* **schlicksen** aufstoßen *Bisse am schlicksen?* Nach RhWb VII 1328 im gesamten Rheinland südlich von Düsseldorf belegt, in der Umgangssprache heute auch am unteren Niederrhein zu hören.

Schlickefänger Schlauberger, hinterlistiger Kerl *Der alte Schlickefänger hat doch glatt versucht, mich zu betuppen. Dem Schlickefänger gehen se alle auf den Leim* ›Charmeur‹. Der auch von Jürgen von Manger alias Tegtmeier bekannt gemachte *Schlickefänger* ist nach RhWb VII 1290 im Bergischen Land, im Ruhrgebiet und am unteren Niederrhein verbreitet. Er ist wohl zu mundartlich *schlieken* ›schleichen‹ zu stellen, obwohl die Erläuterung von Fellsches 150 ›Buhne im Rhein, die den Schlick festhält‹ sicher origineller ist.

schlie, schleh stumpf *Von dem sauren Pfirsich hab ich ganz schliehe Zähne gekricht.* Das Adjektiv, das nach RhWb VII 1281 im gesamten Erhebungsgebiet belegt ist, hat in den Mundarten verschiedene Bedeutungen (betrübt, stumpf bei Gegenständen, feucht, müde usw.); in der Umgangssprache ist jedoch nur noch das auf die Zähne bezogene, seltsame stumpfe Gefühl gemeint, wenn von *schleh* die Rede ist. Das Wort ist schon im Gotischen und Althochdeutschen belegt; siehe auch niederländisch slee ›stumpf‹.

schlindern Eisbahn schlagen, ohne Schlittschuhe auf dem Eis gleiten (als Kindervergnügen) *Komm, wir gehen schlindern. Heute Morgen war et so glatt, da konnste aufe Straße schlindern.* **Schlinderbahn** Eisbahn *Die Straße war die reinste Schlinderbahn. Wir hatten ne zwölf Meter lange Schlinderbahn gemacht.* Nach RhWb VII 1346 ist das Wort nur am Niederrhein, im Ruhrgebiet und im Bergischen Land verbreitet, und genau in diesem Gebiet wird es auch heute noch im Regiolekt verwendet. Es gehört wohl zu schlendern, einem sehr alten Wort, in dem noch die indogermanische Wurzel sli zu erkennen ist.

schlittern, schliddern Eisbahn schlagen, ohne Schlittschuhe auf dem Eis gleiten *Der See is zugefroren, wir können schlittern gehen. Der is da ganz schön um die Ecke geschliddert* ›rutschen‹. *Geschlittert* wird nach RhWb VII 1361 im gesamten Rheinland, selbst dort, wo auch *geschlindert* wird.

Schlöpp, Schlopp, Schluppe Schoß, Schürzenbändel *Komma bei Oma aufe Schlöpp! Der hängt immer noch bei Mutter an de Schlöpp* ›unselbständig sein‹. *Die hat aber lange Schlöpp* ›Zöpfe‹. *Mach da noch ma en Schlöppchen drum* ›Schleife‹. Laut RhWb VII 1368 als allgemeine Bezeichnung für ›Schlinge, Schlaufe‹ im ganzen Rheinland verbreitet; aus mittelhochdeutsch slupf und mittelniederdeutsch slope ›Schlinge‹; in der Umgangssprache allerdings nur noch in den eingeschränkten Bedeutungen wie oben bekannt.

schlörpen, schlürpen geräuschvoll schlürfen, laut essen und trinken *Mensch Opa, schlörp nich so beim Essen! Der schlürpt die Spagetti als wenn dat Suppe wär.* Nach RhWb VII 1412 im ganzen Rheinland verbreitet, siehe mittelniederdeutsch und niederländisch slurpen/slorpen.

schlörren, schlurren, schluuren unordentlich gehen, mit den Füßen über den Boden schleifen *Schlör doch nich immer so mitte neuen Schuhe übern Boden, sons hasse se gleich wieder kaputt.* **Schlurri, Schlurres** nachlässiger Kerl *Mit sonem Schlurri komme mir nich nach Hause.* Nach RhWb VII 1410 am Niederrhein und im zentralen Rheinland bekannt; zu westfälisch slören und niederländisch sleuren ›schleppen, ziehen‹.

Schluffen Pantoffeln *Ich hab mir bei Aldi so warme Schluffen wie früher gekauft, die warn da ganz billig. Willse etwa mitte Schluffen aufe Straße gehen? Der kam auf Schluffen gerannt. Zieh dir lieber alte Schluffen an, wenne in den Garten gehs* ›alte Schuhe‹. Heute auch für Autoreifen gebräuchlich *Wat has du denn für breite Schluffen aufer Karre.* **Schluff, Schluffes** unordentlicher, trotteliger Mensch *Du alter Schluff, wie sieht dat denn hier aus.* **schluffen** schleifend, schleppend gehen *Mit dem is nix mehr los, den siehs de nur noch durch die Gegend schluffen. Du schluffs wie sonn alter Opa.* In RhWb VII 1389 für das ganze Erhebungsgebiet belegt; wohl zu schlüpfen zu stellen; vergleiche auch niederländisch slof ›Pantoffel‹.

Schlunz, **Schlönz** abschätzige Bezeichnung für jemanden, der dreckig oder nachlässig gekleidet ist *Du Schlunz, steck dat Hemd ma richtig in die Hose. Du siehs aus wie en Schlönz.* **Schlunze** Schlampe *Wat, von der Schlunze lässte dich anmachen?* Die harmlosere Variante ist das **Schlönzken**, das zwar schmutzig, aber dennoch sympathisch ist. **Geschlönz** Innereien, Abfall *Dem armen Viech hing dat Geschlönz bis aufem Boden.* Auch als Adjektiv **schlunzig**, **schlönzig** *Wat siehste wieder schlunzig aus.* Als Verb **schlunzen**, **schlönzen** oder **rumschlunzen** bedeutet es ›nachlässig arbeiten‹ *Der hat bei der Reparatur aber ganz schön geschlunzt.*• *Der Osel hat schon wieder die Schule geschlönzt* ›geschwänzt‹. **verschlunzen** verschleißen, etwas kaputt machen, verlegen *Hasse dat neue Bleistiftmäppchen auch schon wieder verschlunzt?* Nach RhWb VII 1400 ist das Wort im ganzen Rheinland wie auch im Niederdeutschen als slons und in Westfalen als slunts in der Bedeutung ›alter, schmutziger Lappen‹ oder ›schmutziger Mensch‹ verbreitet; vergleiche auch niederländisch slons ›Schlampe‹ und slonzen ›schludern‹.

schluppen trinken *Die hockten den ganzen Abend zusammen und waren ganz schön am schluppen.* Das Wort ist süd- und zentralrheinisch (RhWb VII 1407).

schluren, **schlören**, **schlüren** vernachlässigen *Die lassen alles schluren zu Hause, dat sieht da vielleicht aus.Wenne dat Training so schluren lässt wie bisher, brauchse dich nich zu wundern, wenne nich inne Mannschaft kommst.* Das Wort gehört zur umfangreichen mundartlichen Wortfamilie *schlarben* (RhWb VII 1253), *schlärpen* (RhWb VII 1252), *schlorbern* (RhWb VII 1370) und *schluren* (RhWb VII 1410), zu der auch *schlörpen* und *schlurren* gehören, die sowohl das Schlürfen als auch das Schmutzigsein und Vernachlässigen bezeichnen.

Schmachtlappen dünner, magerer Mensch, Hungerleider *Mein Gott, wat bis du fürn Schmachtlappen, du krichs no nimma die Kiste Bier hoch* ›Schwächling‹. Auch im RhWb VII 1419 eine weit verbreitete Bezeichnung für einen Hungerleider; abgeleitet ist das Wort natürlich von Schmacht aus mittelhochdeutschem smaht ›Hunger‹.

Schmackes Wucht, Kraft; nur noch in der Wendung **etwas mit Schmackes tun** *Den Nagel musse mit Schmackes reinhaun. Ich bin mit Schmackes den Berg heruntergefahren* ›mit hoher Geschwindigkeit‹. Die alte Bedeutung (RhWb VII 1422) ›Hiebe, Prügel‹ ist nur noch selten in der Umgangssprache des zentralen Rheinlands und des Niederrheins zu hören: *Dem hab ich aber Schmackes gegeben.* Das Wort ist wohl zu niederdeutsch und niederländisch smacken ›prügeln, schlagen, hinwerfen‹ zu stellen.

Schmand Rahm der Milch *Ba, von dem Schmand aufe Milch krieg ich dat Kotzen.* Gemeint ist der Rahm, der sich früher, als die Milch noch nicht fettreduziert war, im Hals der Milchflasche oder in der Milchtasse absetzte, nicht der Sauerrahm, der heute unter dieser Bezeichnung verkauft wird. Das Wort wird auch im übertragenen Sinn für klebrigen – schmandähnlichen – Schmutz verwendet *Wat hass du denn da von Schmand anne Hose.* Im Süden des Rheinlands kann *Schmand* auch den pelzigen Schimmelbelag auf verdorbenen Lebensmitteln bezeichnen. Zuerst im Niederdeutschen belegt, ist das Wort schon früh im Rheinland übernommen worden. Es geht wohl auf eine germanische Wurzel *sman- zurück, die allgemein für etwas Weiches steht (vergleiche englisch smooth ›weich‹).

Schmierlapp, Schmärlapp Dreckfink *Ey du Schmierlapp, komm aus der Pfütze raus.* ● *Der Schmärlapp hat dat Kleen betatscht* ›widerlicher, unmoralischer Typ‹. *Der Schmierlapp hat uns beschissen* ›betrügerischer Geschäftsmann‹. Laut RhWb VII 1485 gibt es *Schmärlapps* ohne Ausnahme im gesamten Rheinland.

Schmodder Schlamm, aller flüssiger Dreck oder Abfall *Guck ma, wat da von Schmodder unten im Öl is. Dat is ja nur noch Schmodder. Die ham den ganzen Schmodder ausse Kläranlage auf et Feld gekippt. Scheiße, jetz hab ich den ganzen Schmodder aufe Hose.* Das in der rheinischen Umgangssprache oft zu hörende Wort ist im RhWb VII 1510 und 1520 nur sporadisch für das Rheinland belegt.

schmoken rauchen *Der is schon wieder am schmoken, die ganze Bude stinkt.* Die niederdeutsche Variante des standarddeutschen schmauchen kennt man im Rheinland nördlich von Düsseldorf

(RhWb VII 1501) und verwendet sie auch hier noch häufig im Regiolekt.

Schmölzje, Schmölzjen Gruppe von Menschen, Sippschaft *Am zweiten Weihnachtstag rückten die mit ihrem janzen Schmölzjen an.* **Schmölz, Schmolz** Zeug, Kram *Jetz muss ich den janzen Schmolz auch noch wegräumen.* Das zentralrheinische Wort (RhWb VII 1503) ist aus dem Partizip (geschmolzen) von schmelzen entstanden.

schnabbeln, schnäbbeln plappern, dumm daherreden *Schnabbel nich! Hör auf zu schnäbbeln!* **Geschnabbel** Gerede, Plapperei *Ich kann dat Geschnabbel den ganzen Tag von der nich mehr hören.* Eine **Schnabbelschnute, Schnäbbelfutt** oder **Schnabbeltrine** ist meist eine Schwätzerin. Das Wort kennt man nach RhWb VII 1523 im südlichen Rheinland nicht.

schnack, schnacks gerade heraus, direkt, waagerecht *Der sagt dat schnacks heraus. Da müsst ihr schnack geradeaus gehen.* Schnack ist nahezu im gesamten Rheinland (RhWb VII 1527 außer am nördlichen Niederrhein) gebräuchlich; obwohl schon im 13. Jahrhundert für Köln belegt (Wrede 3/49), ist die Herkunft ungewiss.

Schnatz nur in der negativen Bedeutung: rein gar nichts *Du kriss kein Schnatz mehr von mir. Jetz is Schluss, ich kümmer mich keinen Schnatz mehr darum. Da hat er kein Schnatz von gesacht.* Vom Niederrhein bis zum Eifelrand allgemein gebräuchlich (RhWb VII 1557).

schnibbeln, schnippeln allgemein für schneiden, meist präfigiert **herumschnibbeln** *Der hat an dem Kürbis rumgeschnibbelt.* **abschnibbeln** *Mann, wat hasse da vonne Scheibe Brot abgeschnibbelt.* **wegschnibbeln** *Wenne da noch wat wegschnibbels, dann passt et.* Interessanterweise wird das Wort im Regiolekt heute auch noch dort verwendet, wo „schneiden" im übertragenen Sinn gebraucht wird: *Der hat die Kurve geschnibbelt* ›mit dem Auto die Kurve schneiden‹. *Dat war wohl nix mit der Zehn schnibbeln. Man soll nie schnibbeln* ›die Zehn schneiden, d.h. beim Skat versuchen, eine Zehn mit dem As zu fangen‹. Auch beim Tischtennis kann man einen Ball *schnibbeln Pass auf, der schnibbelt die Angabe* ›den Ball anschneiden, ihm einen Drall geben‹. Das Substantiv **Schnibbel**, **Schnippel** kann in der Umgangssprache neben einen Schnipsel auch den Penis bezeichnen *Wat wills du denn überhaupt mit deinem kleinen Schnibbel.* Die **Schnibbelsbohne** ist eine grüne Schnittbohne, die oft eingelegt ist und zur **Schnibbelsbohnensuppe**, einem deftigen Eintopf, verarbeitet werden kann. Das Wort ist nach RhWb VII 1624 gesamtrheinisch.

Schnorres, Schnurres Schnurrbart *Der Schnorres steht dem nich.* Die Bezeichnung ist im zentralen Rheinland und am Niederrhein gebräuchlich (RhWb VII 1644).

schnörzen heischen, Gaben sammeln *Ich muss noch wat einkaufen, morgen kommen die Kinder wieder anne Türe schnörzen.* Das zu schnorren gehörige Mundartverb ist im Süden des zentralen Rheinlands verbreitet (RhWb VII 1650).

Schnotter, Schnodder, Schnudder, Schnuddel Schlamm, Nasenschleim *Bah, der zieht den Schnodder so laut hoch.* **Schnotterbellen**, **Schnödderbell** auslaufender Nasenschleim *Putz dem Ullig doch ma die Nase, dem hängen ja die Schnotterbellen schon raus* (zusammengesetzt mit dem mundartlichen *Bell/Bellen* ›Glocke‹). **Schnodderbremse** Schnurrbart *So einen mit ner Schnodderbremse will ich nich.* **schnodderig** frech, unwirsch *Der hat aber en schnoddrigen Ton drauf.* Das bis auf den Süden gesamtrheinische Wort (RhWb VII 1665) ist niederdeutschen Ursprungs und verwandt mit englisch und niederländisch snot ›Rotz‹.

Schnüff Lust, Laune *Irgendwie hab ich auf Eis kein Schnüff heute. Ich hab kein Schnüff auf Kino. Der hat für nix Schnüff.* Nach RhWb VII 1667 ist das Wort in dieser Bedeutung nur für den Niederrhein belegt. Die eigentlichen Bedeutungen ›Prise Tabak‹ und ›Schnupfen‹ sind heute in der Umgangssprache nicht mehr bekannt.

schnuppen heimlich naschen *Die Tant hatte immer wat zu schnuppen zu Hause. Der is nur am schnuppen.* **verschnuppt** süchtig nach Süßem *Euer Jung is aber arch verschnuppt.* • *Wenn ich nich aufpass, sind die Pänz bald genauso verschnuppt wie ihr* ›verwöhnt‹.

Schnupp/Schnuppzeug Leckerei, Süßigkeit *Eierlikör is der reinste Schnupp für mich. Wenn ich wat Leckeres zu Mittach hab, brauch ich kein Schnupp. Der hat immer irgendwo Schnuppzeug versteckt. Zum Kaffee brauch ich Schnupp.* **Schnuppa** *Wir gehen jetz Schnuppa kaufen* ›kindersprachlich für Süßigkeiten‹. Das wohl zu schnaufen, schnüffeln zu stellende Verb *schnuppen* ist mit der obigen Bedeutung nahezu im ganzen Rheinland verbreitet (RhWb VII 1672). Die Hauptbedeutung ›schnuppern, riechen‹ ist in der Umgangssprache nicht mehr bekannt.

Schnüsel, Schnösel unreifer, respektloser Bursche *Un sowat muss ich mir von sonem Schnüsel sagen lassen. Hasse den jungen Schnösel mit dem dicken Auto gesehen?* Nach RhWb VII 1683 ist der *Schnüsel* eine bekannte Erscheinung im zentralen Rheinland, am Niederrhein und im Bergischen Land. Seine Herkunft ist unsicher, vielleicht verwandt mit *Schnodder* („einer, der sich nicht die Nase geputzt hat" (Wahrig 5/622)) oder Schnabel.

Schnüss Mund *Halt die Schnüss! Mitter Schnüss isser groß. Der hat vielleicht ne Schnüss am Kopp* ›große Klappe‹. *Wat machse denn nu schon wieder vonne Schnüss* ›den Mund verziehen‹. *Der kann die Schnüss nich halten.* Das mit Schnute und Schnauze verwandte Wort ist nach RhWb VII 1684 vom zentralen Rheinland bis hinunter in den Hunsrück verbreitet.

schnutzen, schnützen naschen *Die Kinder sin nur am schnutzen. Ich bring noch wat zu schnützen mit.* **Schnützzeuch** Süßigkeiten. Diese überaschende Bedeutung des zu schneuzen gehörenden Verbs findet man im Süden des zentralen Rheinlands (RhWb VII 1615).

Schochen Füße, Beine (nur im Plural verwendet) *Solange du deine Schochen unter meinen Tisch stellst, solange bis du abends zum Essen hier. Hat die aber lange Schochen.* Nach RhWb VII 1695 ist das Wort vom unteren Niederrhein bis zur Ahr und im Bergischen Land verbreitet. In der Umgangssprache dieses Raumes ist es heute aber immer seltener zu hören.

schockeln, schöckeln schütteln, schaukeln *Die Flasche mit dem Himbeersaft musse schockeln. Schockel dat Kind nich so.* **Schockelei**

Rüttelei, Schaukelei *Dat is vielleicht ne elende Schockelei in dem Zug! Bei der Schockelei muss ich kotzen.* **Geschockel** Geruckel, Schaukelei *Bei som Geschockel kann man do nich lesen.* **Schockelpferd/ Schöckelpferd** Schaukelpferd. Das im ganzen Rheinland gebräuchliche Wort (RhWb VII 1699) ist die landschaftliche Variante des standardsprachlichen schaukeln.

Scholli, nur in der Wendung **mein lieber Scholli**: *Mein lieber Scholli, dat wär aber um ein Haar daneben gegangen.* In RhWb VII 1709 ist das Wort gesamtrheinisch als Rufname für Tiere belegt, in dieser Bedeutung jedoch nicht mehr in den Regiolekten (aus französisch joli ›hübsch, schön‹).

schöppen, schüppen schaufeln *Morgen früh musse bestimmt Schnee schüppen. Die haben mir ihren ganzen Gartenabfall über den Zaun geschöppt.* **ausschöppen** leerschaufeln, ausschachten *Ich hab dat Loch ganz allein ausgeschöppt.* **Schüppe, Schöppe** Schaufel *Mit der alten Schüppe krieg ich den Haufen nie weg. Noch en paa Schüppen, un dann bin ich fertig* ›Schaufelinhalt‹. *Da musse aber noch en paar Schüppen drauflegen!* ›engagierter werden‹. *Den ham se aber ordentlich aufe Schüppe genommen* ›verkohlen‹. **Schüppchen, Schöppchen, Schüppken** Kinderschaufel *Vergess die Schöppchen für die Blagen nich, wenne anen Strand gehs!* • *Nu zieh doch nich schon wieder sonn Schüppken* ›missmutiges Gesicht‹. **Kohlenschüppe** Kohlenschaufel **Schüppen, Schöppen** Spielkartenfarbe Pik *Schöppen is Trumpf.* **Schöppenbuur** Pikbauer (**Schöppenzehn** usw.) Die rheinische Variante der niederdeutschen *Schippe* (vergleiche auch niederländisch schep ›Schaufel‹) ist im gesamten Erhebungsgebiet verbreitet (RhWb VII 1900). Das Wort wird in der Umgangssprache fast ausschließlich gebraucht.

Schoss Schublade *Wo hasse denn schon wieder die Gummis hingekramt. Wieso, die liegen doch hier im Schoss.* **Rummelsschoss** für allerlei Krimskrams, immer unaufgeräumt *Lasset doch mit dem Aufräumen, dat Rummelsschoss sieht nach zwei Tagen doch widder genauso aus.* **Schössken** altes Auto *Kannze dir nix besseres leisten als sonn altes Schössken?* Das Verbreitungsgebiet von *Schoss* (in Abgrenzung von *Trecke* und *Lade* im Norden und *Auszug* oder *Schublade* im Süden) erstreckt sich in der rheinischen Sprachlandschaft zwischen Nordeifel und südlichem Niederrhein. Es ist abgeleitet aus schießen (so wird noch heute Brot in den Backofen eingeschossen).

schrappen, schrabben Gemüse abschaben *Möhren musse schrappen un nich schälen. Hasse dir den Bart mitten Küchenmesser abgeschrappt? Schrapp, schrapp, schrapp!* ›mit der Gebärde des Schrappens begleiteter Ausruf der Schadenfreude‹. *Der is mit seinem Auspuff haarscharf über den Boden geschrappt* ›etwas streifen‹. *Da hab ich noch ma Glück gehabt, da bin ich haarscharf dran vorbeigeschrappt, dat ich nich hängen geblieben bin. Du muss die Butter nich so schrappen, der Krieg is vorbei* ›hauchdünn schmieren‹. • *Der is am schrappen, wo der nur kann* ›geizig sparen‹. *Vor lauter Schrappen kommt der nich zum Geld ausgeben* ›durch Arbeit zusammenscharren, raffen‹. **zusammenschrappen** dasselbe *Der hat sich schon en Vermögen zusammengeschrappt.* **abschrappen** etwas durch Schaben beseitigen *Ich hab mir am Kotflügel den Lack abgeschrappt. Der Topf is ja schon en bisschen abgeschrappt, aber sons noch ganz gut.* **ausschrappen** Gefäße auskratzen *Die Omma hat immer heimlich die Pötte inne Küche ausgeschrappt.* **aufschrappen** Haut aufreißen *Da hasse dir aber böse dat Knie aufgeschrappt.* **schrappig, schrabbig** geizig *Der is vielleicht schrappig, von dem krichse nie wat. Sonn schrappiger Hund aber auch.* **Schrapper** Gerät zum Abkratzen *Mit sonem Schrapper kann ich mich doch nich rasieren.* **Schrappiger, Schrapphals** Geizhals *Mit sonem Schrappigen würd ich nix zusammen kaufen.* Die große Wortfamilie um *schrappen* ist im ganzen Rheinland (RhWB VII 1178) gebräuchlich. Es ist ein niederdeutsches Wort, das sich auch im englischen *to scrape* und im niederländischen *schrapen* mit gleichem Bedeutungshorizont findet.

Schrappnell Schreckschraube, zänkische, ältere Frau; eigentlich gehört die *Schrappnell* wohl nicht in diese Wortsammlung, da sie überregional verbreitet ist und auf ein militärisches Fachwort zurückgeht; allerdings gibt es auch die – unwahrscheinlichere – Ableitung aus *schrapp und Nell*, wobei das Grundwort als mundartliche Variante von Cornelia gedeutet wird (RhWb VII 1780).

schrateln laut sprechen, kreischen, keifen *Kaum spielen die Kinder auf der Wiese Fußball, da fängt die von nebenan schon wieder an zu* *schrateln.* **Schratel** viel redende Frau *Lass mich bloß in Ruh mit der ollen Schratel.* Ein lautmalendes Wort, das nach RhWb VII 1783 im zentralen Rheinland verbreitet ist.

schreuen, schrühen brennen, anbrennen *Wat is denn da in der Küche am schreuen? Der is immer wat am schreuen im Garten.* **verschreuen** verbrennen *Ich hab mir die neue Hose verschreut.* **anschreuen** anbrennen *Pass auf, datte dir die Klamotten nich anschreus.* Das auf niederdeutschen Ursprung zurückzuführende Wort ist am Niederrhein und im Ruhrgebiet gebräuchlich (RhWb VII 1822).

schrinnen, schrinden, schringen, schrennen schmerzhaft brennen bei Schürfwunden *Ich hab mich beim Pöhlen aufs Maul gelegt, jetz schrinnt dat Knie wie verrückt. Pass auf, dat da kein Dreck reinkommt, sons schrinnt dat noch mehr.* **Schrinne, Schrunde** Hautriss *Von der Kälte hab ich Schrunden an den Fingern, dat tut fies weh.* Das schon aus dem althochdeutschen *scrintan* ›schrinden, Risse bekommen‹ bekannte *schrinnen* ist hauptsächlich am Niederrhein, im Bergischen Land und sporadisch im zentralen Rheinland verbreitet (RhWb VII 1809; das Substantiv *Schrunde* ist allerdings im gesamten Rheinland – dort, wo *Schrinne* nicht gilt – gebräuchlich).

Schröddel, Schröttel, Schrottel Abfall *Lass den Schröttel doch liegen, dat feg ich gleich weg. Den ganzen Schröddel kannze behalten.* **Schröddelsuppe** Suppe aus Kartoffeln und Lauch, Armeleutesuppe *Freitags gab et bei uns immer Schröddelsuppe.* Nach RhWb VII 1820 verbreitet im Bergischen Land und südlich von Köln.

schroh hässlich, unansehnlich *Du siehs heute aber schroh aus.* Das für alle rheinischen Mundarten typische Wort (RhWb VII 1762) hat viele Bedeutungen. Als Synonym für hässlich ist es im westlichen Rheinland auch in der Umgangssprache gebräuchlich.

schröppen jemanden übervorteilen *Bei dem Handel werd ich den ordentlich schröppen, dat hat der verdient. Die ham wer gestern beim Fußball geschröppt, frach nich nach Sonnenschein* ›schlagen beim Sport oder Spiel‹. *Den ham se gestern beim Skat vielleicht geschröppt* ›ausnehmen‹. Die mundartliche Sonderbedeutung von *schröppen* (zu schröpfen) ist im gesamten Rheinland auch in der Umgangssprache verbreitet (RhWb VII 1814).

Schrubber, Schrübber Scheuerbürste mit besenlangem Stiel *Dann nimm dir gefälligst Aufnehmer und Schrubber und mach deinen Dreck selbst weg.* In der Region um Bonn werden als *Schrubber* auch besonders zickige Frauen beschimpft. **schrubben, schruppen** wienern, säubern *Ich muss nur noch den Boden schrubben, dann bin ich fertig.* • *Die kriegen morgen einen geschruppt, pass ma auf* ›schlagen beim Sport‹. • *Die werden wir ma ordentlich schruppen* ›verprügeln‹. **Schruppe, Schröppe, Schrüppe** Prügel *Nache Schule kriegen wir euch, da krichter Schröppe. Schruppen* und seine Ableitungen sind gesamtrheinisch (RhWb VII 1829).

Schrunz etwas oder jemand Zurückgebliebenes, kleiner Mensch *Wat wills du kleiner Schrunz denn. Dat is aber en Schrunz von Baum da in eurem Vorgarten.* **schrunzig** klein, zurückgeblieben *Wat von schrunziges Kerlchen.* Bekannt in Teilen des zentralen Rheinlands und am unteren Niederrhein (RhWb VII 1828).

schubbeln, schubben, schubbern großflächig jucken, sich an etwas reiben *Schubbel mich ma auf dem Rücken, dat juckt so. Der Hund schubbt sich, der hat bestimmt Flöhe. Et is so feuchtkalt, dat et mich richtig schubbert* ›frösteln‹. **schubberich** fröstelnd, nasskalt *Bah, is dat en schubberiges Wetter heute. Mir is ganz schubberich vor Kälte.* Das aus dem Niederdeutschen stammende und wohl zu schieben gehörende Wort ist im gesamten Rheinland verbreitet (RhWb VII 1836).

Schubkarr Schiebekarre, Handkarre *Mach die Schubkarr nit so voll, sons kommse nit den Weg hoch. Sollen wir Schubkarre fahren spielen?* ›Kinderspiel, bei dem ein Kind auf zwei Armen läuft und an den Beinen getragen wird‹. Das mundartliche *schauben/schuben* ›schieben‹ (zu niederdeutsch schuwen) ist im zentralen Rheinland, im Bergischen Land und am Niederrhein verbreitet, die *Schubkarre* hat aber heute in der Umgangssprache ein weitaus größeres Verbreitungsgebiet.

schuddern schaudern, schütteln *Es schuddert mich noch immer,*

wenn ich daran denke. Der schuddert sich vor Kälte. Die nieder-
deutsch-rheinische Variante von schaudern ist im gesamten Erhebungsgebiet (RhWb VII 1348) verbreitet (vergleiche auch englisch
to shudder ›schaudern‹).

Schuffel Gerät zum Abstoßen des Unkrauts und zum Auflockern
des Bodens **schuffeln** mit der Schuffel arbeiten *Ich geh noch wat in
den Garten schuffeln. Schuffel* ist die niederdeutsche und rheinische
Variante (niederländisch schoffel) zu standarddeutsch Schaufel
(RhWb VII 1850).

schuppen treten, jemandem einen Tritt geben *Der hat mir gestern
im Spiel ordentlich gegen dat Knie geschuppt.* Das Wort, das niederdeutschem schuppen entspricht (vergleiche auch niederländisch
schoppen ›treten‹ und schop ›Tritt‹), hat in allen rheinischen
Mundarten (RhWb VII 1908) viele Bedeutungen; im umgangssprachlichen Alltag hört man nur noch sporadisch die obige Verwendung.

schürgen, schörjen schieben *Find ich ne Frechheit, wie der mit den
Gartenabfällen immer innen Wald schürcht.* Das Wort ist in allen rheinischen Mundarten gebräuchlich (RhWb VII 1917).

Schussel (sowohl stimmhaftes als auch stimmloses s) fahriger, ge-
dankenloser Mensch *Dat is vielleicht en Schussel, der vergisst noch et
Pinkeln.* **schusselig** tölpelhaft, fahrig *So wat Schusseliges wie dich
hab ich auch noch nich gesehen.* **verschusseln** verlieren, verkramen
*Hasse die neuen Socken auch schon wieder verschusselt? Der verschus-
selt noch sein Kopp.* Das im ganzen Rheinland verbreitete Wort
(RhWb VII 1934) wird heute zu schießen gestellt (anders Wrede
3/78: zu mittelhochdeutsch schiuzelich ›scheußlich‹).

schwaden unsinniges Zeug schwatzen, schwadronieren *Schwat
nich!* **Schwaderlapp, Schwaderlappen, Schwatlapp** Schwätzer
*Der Schwatlapp hat mir wieder den ganzen Morgen einen vom Pferd er-
zählt.* Nicht flächendeckend, aber überall im Rheinland ist *schwaden* nach RhWb VII 1980 und 2013 belegt. Die Herleitung ist noch
nicht geklärt (zu mittelhochdeutsch swateren ›schwätzen‹,
schwarten ›Rinde ablösen‹ oder flämisch zwaddern?).

schwalen, schwallen langsam, langweilig reden *Lass den doch schwalen, da hör ich gar nich zu. Schwall hier nich so rum!* Nach RhWb VII 2050 im Bergischen Land und am Niederrhein belegt; allerdings im Regiolekt auch in der Region von Bonn zu hören.

Schwatte, Schwatter Schwarze/er; das Mundartadjektiv **schwatt** ›schwarz‹ findet sich in der Umgangssprache fast nur noch als Substantiv *Die ham ja nur noch Schwatte in der Mannschaft. Der hat ne Schwatte geheiratet.* Es wird dabei sowohl neutral als auch im abwertenden Sinn gebraucht. Es ist nördlich der Benrather Linie zu hören (RhWb VII 2015).

Schwelles dicker Kopf *Hatter den Schwelles durch die Gitterstäbe gesteckt, und jetz kommt er da nich mehr raus.* Das Wort ist sporadisch im zentralen Rheinland belegt (RhWb VII 1052), heute in der Umgangssprache aber weiter verbreitet.

schwiemelig schwindelig *Mir is ganz schwiemelig, ich muss mich setzen.* Nur noch selten ist das Verb **schwiemeln** zu hören *Et schwiemelt mir.* Dagegen ist das Adverb **verschwiemelt** weit verbreitet *Mein Gott, wat siehs du verschwiemelt aus heute morgen, hasse gestern gesoffen?* ›verkatert‹. Nach RhWb VII 2071 ist das Wort sporadisch im südlichen Rheinland, häufiger aber im nördlichen Rheinland verbreitet. Es stammt aus dem Niederdeutschen; vergleiche auch das niederländische *zwijmelen* ›ohnmächtig werden‹.

schwummerich, schwummelig schwindelig *Mir is ganz schwummerich vor Augen.* In RhWb VII 2092 sporadisch für das zentrale Rheinland, den Niederrhein und das Bergische Land belegt, in der Umgangssprache weit verbreitet.

seibern ungewollt Speichel fließen lassen *Dat Ullig is ständig am seibern, dat kricht bestimmt Zähne.* **vollseibern** *Der is den da schon wieder am vollseibern* ›blödes Zeug reden, jemanden belabern‹. **Seiber** Blödsinn *Wer will den Seiber denn noch hören?* **Geseiber** überflüssiges Gerede *Dessen Geseiber geht mir auf den Sack.* Das Wort ist bis auf den Süden im ganzen Rheinland verbreitet (RhWb VIII 30) und in den Regiolekten hoch frequent.

Senge Prügel, Schläge *Da hat der vielleicht Senge gekricht zu Hause.*
Komm du nach Hause, dann setzt et Senge. Nur in den Mundarten
des südlichen Rheinlands wird das Wort nicht verwendet (RhWb
VIII 80).

sicken, secken, seichen urinieren *Ich muss schon wieder sicken.* •
Ey Mann, wat bis du denn schon wieder am sicken ›wütend, missmutig sein‹. **sickig** ärgerlich, wütend, beleidigt *Der war ganz schön
sickig, als er die happige Rechnung sah. Nu sei ma nich sickig und spiel
mit.* **Seiche, Seich** Urin, Pisse, meist im übertragenen Sinn gebraucht: *Die Seiche kannze nich trinken* ›ungenießbare Brühe‹. **Geseiche** Geschwätz, Gerede *Nu hör doch mit deinem Geseiche auf!*
(Nicht zu verwechseln mit **Geseire**, das aus dem jüdischdeutschen gesera ›erregtes Geschwätz‹ über das Rotwelsche in die
Umgangssprache gelangt ist.) Die Variante *sicken* und ihre Ableitungen sind nur im zentralen Rheinland, im Bergischen Land und
am Niederrhein gebräuchlich; im südlichen Rheinland gilt *seichen*
(RhWb VIII 32); *Geseiche* und *Seiche* sind jedoch überall zu hören.
Das Wort ist verwandt mit seihen und geht auf lateinisches siare
›harnen‹ zurück (vergleiche auch niederländisch zeiken).

siffen, siefen, siepeln, sippeln regnen *Dat is den ganzen Tach am siffen draußen.* • *Pass auf, da is irgendwas am siffen in der Tüte* ›nässen,
tropfen‹. Das Substantiv **Siff** bezeichnet entsprechend einen nassen
Dreck oder Schleim: *Wat is denn dat fürn Siff da auf dem Boden. Mist,
jetz hab ich den ganzen Siff aufe Hose.* Das mundartliche *seifen* und seine lautlichen Varianten *sefen,* und *siffen* (am unteren Niederrhein
und im Bergischen Land *siepeln* und *sippeln*) sind im zentralen
Rheinland zu hören (RhWb VIII 45). Das Wort ist im gesamten niederdeutschen und niederländischen Sprachraum verbreitet (vergleiche z. B. niederländisch sijpeln ›sickern‹) und auch dort entstanden. Es ist nicht zu verwechseln mit dem allgemeinumgangs-
sprachlichen *Siff* (*Er hat Siff am Hals* ›Pech, Krankheit‹), das eine Ableitung aus Syphilis ist und nicht in diese Wortsammlung gehört.

sillen seibern, speicheln *Dat is richtig unappetitlich, wie der wieder
am sillen is.* Nach RhWb VIII 145 nur im südlichen Rheinland gebräuchlich.

Sirz Mineralwasser *Heute ma kein Alkohol, nur Sirz.* Das aus dem Verb *sirzen* ›spritzen‹ abgeleitete Wort ist nur am nördlichen Niederrhein bekannt (RhWb VIII 167).

Söller Dachboden, Speicher *Die Koffer stehen das Jahr über auf dem Söller. Die haben ihren Söller ausgebaut.* Das Wort ist in Teilen der Eifel, im zentralen Rheinland (fast ausschließlich linksrheinisch) und am Niederrhein verbreitet (RhWb VIII 194) und auch nur hier noch im sprachlichen Alltag zu hören. Damit ist dieses Gebiet eine Reliktzone, denn ursprünglich war der *Söller* viel weiter verbreitet. Das Wort ist entlehnt aus dem lateinischen solarium ›der Sonne ausgesetzter Ort, flaches Dach‹ und als Soller im 14. Jahrhundert urkundlich im Rheinland belegt. Die umgelautete Variante *Söller* setzte sich erst mit Luthers Bibelübersetzung durch. Warum das in vielen europäischen Sprachen verbreitete Wort (vergleiche englisch sollar, italienisch solaio ›Zimmerdecke, Stockwerk‹ oder altfranzösisch solier) fast vollständig aus dem Sprachgebrauch verschwunden ist, ist noch unklar.

Soot Gosse, Pfütze *Der sieht aus wie aus der Soot gezogen.* Mit *Sod* wird in den zentralrheinischen Mundarten im Allgemeinen eine Abwasserrinne oder ein Wassergraben bezeichnet (RhWb VIII 181). Es ist ein altes Wort, das man in der Standardsprache noch in Sodbrennen wiederfindet.

spack eng, enganliegend, knapp *Die Hose sitzt aber wat spack* ›ist eigentlich zu eng‹. *Dat sitzt spack drin* ›bombenfest sitzen‹. Nach RhWb VIII 237 ist das Wort im gesamten Rheinland verbreitet. Es leitet sich vielleicht aus dem mittelhochdeutschen und mittelniederdeutschen Wort spack ›dürr‹ ab.

Spass Spaß *Der hat Spass anne Freud. Da krichse noch Spass mit, dat kann ich dir sagen! Dat is kein Spass mehr!* ›kein Vergnügen‹. **Spässken**, **Spässje** Streich, Unfug, Scherz *Die ham sich en Spässken mit dem gemacht. Mach deine Spässkes woanders, hier kommen die nich so gut.* Den kurzen Laut in *Spass* findet man im zentralen Rheinland, im Bergischen Land und am Niederrhein (RhWb VIII 269).

spiddelig dürr, dünn *Der kann so viel essen, wie er will, der bleibt* *spiddelig.* **Spiddel, Spiddeliger** dürrer Mensch *Wat en Spiddel!* Das Wort ist nach RhWb VIII 326 sporadisch im zentralen Rheinland und im Bergischen Land belegt; in den Regiolekten scheint es aber heute weiter verbreitet zu sein.

spinksen hinüberäugen, lauern *Wat bisse die ganze Zeit durch die Gardine am spinksen. Ich will hier niemanden spinksen sehen!* ›bei Klassenarbeiten abschreiben‹. *Der is die ganze Zeit darauf am spinksen, dat er wat abstauben kann. Spinksen gilt nich* ›beim Versteckspielen vorzeitig gucken‹. Ein zentralrheinisches Wort, das auch sporadisch am Niederrhein zu finden ist (RhWb VIII 351).

Spinneflick, Spennefleck, Spinnewipp, Spinnewippken dürrer, kleiner, schmächtiger oder kränklicher Mensch *Sonn Spennefleck, wie will der dat denn schaffen? Dat Kleen is ja man nur en Spinnewipp.* Nach RhWb VIII 352 gibt es *Spinnewipps* und *-flicks* überall im Rheinland. Warum dürre Menschen hier so heißen, ist noch nicht geklärt.

spirrig, spirrelig dünn, mager, unterernährt, im Wachstum zurückgeblieben, auch bei Pflanzen und Tieren *Der sieht aber spirrig aus, der kann ja nich gesund sein. Sonn spirrigen Weihnachtsbaum hätt ich nich gekauft.* Auch als Substantiv **Spirrige(r)** gebraucht: *Wat is dat denn von Spirrigen?* Nach RhWb VIII 344 ist diese Bedeutung am Niederrhein und im zentralen Rheinland verbreitet; das Wort geht zurück auf den Spier und/oder die Spiere als Bezeichnung für einen dünnen Halm.

Spöökes, Spööks Unsinn, Posse, Streich *Nimm dat doch nich so ernst, wir ham doch nur Spöökes gemacht.* In RhWb VIII 459 nur am Niederrhein belegt, ist die mundartliche Variante zu Spuk (eigentlich *Spukes*, ein im Rheinland verbreitetes Schreckgespenst) heute in vielen Regiolekten verbreitet.

Spörkel etwas Dünnes, Zurückgebliebenes, Verkrüppeltes; gilt gleichermaßen für Menschen, Tiere und Pflanzen *Dat is aber en Spörkel von Appelbaum, den er da im Garten habt. Sonn Spörkel kannze nich inne Mannschaft nehmen, wie soll der sich denn aum Platz durchsetzen?* Auch als Adjektiv **spörkelig** und als substantiviertes Adjektiv **Spörkelige/r** gebräuchlich *Der Köter is zu spörkelig, aus*

dem wird nie wat. Dat is sonn ganz Spörkeligen, weisse! Im RhWb VIII
470 nur einmal in dieser Bedeutung für Elberfeld belegt, ist das
Wort am südlichen Niederrhein und im Ruhrgebiet heute in der
Umgangssprache gebräuchlich. Ob das Wort auf die mundartliche Bezeichnung des Faulbaums *Spürkel/Sperkel* zurückgeht, oder,
wie Küpper 780/784 vorschlägt, auf die zirkussprachliche Bezeichnung Sperk für einen Zwerg, ist unklar.

staats prächtig, piekfein gekleidet *Die hat sich aber staats gemacht.*
Dat is aber en staatser Kerl. Wenn man richtig sonntäglich gekleidet
ist, dann ist man **stiefstaats**. Die im Standarddeutschen nicht
mögliche Ableitung aus Staat (man denke an die Bedeutung in
„Sonntagsstaat") ist im ganzen Rheinland gebräuchlich (RhWb
VIII 478).

stalpen stelzen, ungeschickt gehen *Musse unbedingt mitten durch*
dat neue Erdbeerfeld stalpen? Der stalpt wieder durch den dicksten
Dreck. Mit den neuen Schuhen is die vielleicht am stalpen, dat sieht echt
verboten aus. Das Wort ist nach RhWb VIII 507 am Niederrhein bis
hinunter nach Düsseldorf verbreitet. Das Wort ist mit dem bergischen *stalken* ›weit schreiten‹ (RhWb VIII 501) verwandt, das wiederum zum englischen to stalk ›sich anpirschen, staksen‹ zu stellen ist, das in der letzten Zeit durch die sogenannten Stalker ›fa-
natische Verfolger von Prominenten‹ zu Berühmtheit gekommen
ist.

stickum, steckum leise, heimlich, hinten herum *Dat hat der sich*
ganz stickum inne Tasche gesteckt. Die sitzen so stickum inne Ecke, die
haben bestimmt wat ausgeheckt. Wat bisse so stickum, gehdet dir nich
gut? Auch als Substantiv **Stickumme/r** gebräuchlich, wobei hier
der negative Bedeutungsanteil überwiegt *Dat is sonn ganz*
Stickummen, bei dem musse dich in acht nehmen ›Leisetreter, Heimlichtuer‹. Nach RhWb VIII 678 ist das Wort im ganzen Rheinland
verbreitet; das jüdischdeutsche stieke ist aus dem hebräischen
schotîqâh ›stillschweigen‹ über das Rotwelsche in die Mundarten
und dann in die Umgangssprache gelangt.

Stielmus Gemüse aus Rübstiel (den abgestreiften Blättern der
Mairübe) *Bei uns aum Markt krieg ich überhaupt kein Stielmus mehr.*

Das auch in Norddeutschland bekannte Gemüse wird im gesamten Rheinland gegessen (RhWb VII 683).

Stiftekopp Bürstenhaarschnitt *Wat has du dir denn von Stiftekopp schneiden lassen.•Ich hab dich gestern mit sonn Stiftekopp inne Kneipe gesehen* ›Mensch mit Bürstenhaarschnitt‹. Nach RhWb VIII 689 ist die Bezeichnung überall im Rheinland bekannt.

Stippel unbeholfener Mensch (in der Regel männlichen Geschlechts) *Der Stippel kriegt auch alles kaputt. Lass ihn doch, dat is doch nur sonn harmloser Stippel.* **stippelig** unbeholfen, altersschwach *Dein Opa geht aber schon ganz schön stippelig.* In RhWb VIII 614 und 709 für das Bergische Land, den unteren Niederrhein und sporadisch im zentralen Rheinland belegt; zu mundartlich *Steipe* aus mittelhochdeutsch stipe ›Stützholz‹.

Stinkadores jemand/etwas, der/das stinkt *Ey du Stinkadores, willse tatsächlich mit deinen dreckigen Klamotten reinkommen? Der Harzer Käse is aber en richtiger Stinkadores.* RhWb VIII 704: in Bezug auf Sachen (z. B. schlechter Tabak oder Stinkkäse) im ganzen Rheinland, auf Menschen bezogen jedoch nur selten belegt; im Regiolekt jedoch fast nur noch in der zweiten Bedeutungsvariante gebräuchlich; nach Wrede 3/131 angelehnt an spanisch fumadores.

stisselig, stiselig stur *Nu sei doch nich so stisselig und red wieder mit dem.* **Stissel, Stisel** *Dat is vielleicht en Stissel* ›sturer Bock‹. **Stiseligkeit** *Dat machter aus reiner Stiseligkeit jetz nich* ›Sturheit‹. Diese Bedeutung der wohl auf den Stiesel zurückgehenden Wortfamilie findet man nur am nördlichen Niederrhein (Horster 495 und Schönberner 350).

stochen heizen *Wir müssen bald anfangen, die Heizung zu stochen. Seid ihr schon am stochen?* Wie auch heizen im übertragenen Sinn die Bedeutung ›rasen, schnell fahren‹ haben kann, so wird auch *stochen* in diesem Sinn gebraucht *Der kam vielleicht um die Ecke gestocht. Nu stoch doch nich so bei dem vielen Verkehr!* Das Wort ist nach RhWb VIII 718 im gesamten Rheinland verbreitet; es ist die ältere Variante von stochern und geht auf das mittelniederdeutsche stoken ›schüren‹ zurück.

Stoffel ungefälliger, geiziger Mann *Ey du Stoffel, nu lass ma wat springen!* **stoffelig** geizig, ungefällig *Nu stell dich nich so stoffelig an.* **Stoffeligkeit** Ungefälligkeit *Dat hat der aus reiner Stoffeligkeit nich gemacht.* Diese einem unbekannten Christoph zugeschriebenen negativen Eigenschaften sind im gesamten Rheinland bekannt (RhWb VIII 732).

Stöffer, Stäuver Handfeger, Kehrbesen *Wo is denn schon wieder der Stöffer hingekommen?* Das von Staub abgeleitete Wort (Stäuber) ist im zentralen Rheinland, im Bergischen Land und am Niederrhein bekannt (RhWb VIII 539).

stoppen stopfen *Hasse den ganzen Müll in den Eimer gestoppt gekricht? Stopp dir dat Hemd doch ma inne Hose, wie sieht dat denn aus. Wir müssen dem mal sein vorlautes Maul stoppen.* **hineinstoppen** *Der stoppt alles in sich hinein, wat er zu fassen kricht. Letzte Woche hat einer wat in meinen Auspuff gestoppt, da ging nix mehr.* **zustoppen** *Du musst auch den Abfluss zustoppen, wenn du an der Leitung arbeitest.* **Stoppen** Stopfen, Pfropfen, Verschluss *Da musst du aber einen Stoppen drauf machen, sonst wird das schlecht.* • *Du hass wohl en Stoppen ab, wa?* ›verrückt sein‹. **Stöppken, Stäppke** *Guck ma dat kleine Stöppken da, dat is aber süß* ›kleines Kind‹. Die unverschobene Variante des standarddeutschen Stopfen ist im gesamten Rheinland zu finden (RhWb VIII 743).

strack, stracks gerade *Immer stracks gradeaus, dan kommse genau da hin.* • *Der is ja völlig strack, wat hat der denn gesoffen?* ›betrunken‹. *Strack* ist mit unterschiedlichen Bedeutungen im gesamten Rheinland dicht belegt (RhWb VIII 770), allerdings fehlt im RhWb die Bedeutung ›betrunken‹, die heute auch überregional in der Umgangssprache verbreitet ist.

Strang nur in der Wendung *Strang haben* Angst, Respekt haben *Die ham ganz schön Strang für ihrem Lehrer. Hasse da Strang für?* Diese seltsame Bedeutungsvariante des standarddeutschen Strang ›Strick, Seil‹ ist überall im Rheinland verbreitet (RhWb VIII 785) und noch oft in der Umgangssprache zu hören.

stratzen eilen, rasch gehen, abhauen *Stratz ma nache Bude un hol* *ma en paa Pullen Bier* (Sprick 106, Kanies 200). **stratzig** kräftig, gesund, vor Kraft strotzend *Sonn stratzigen Typ, der kann vor Kraft nich gehen.* In dieser Bedeutung nur im Ruhrgebiet bekannt und nicht im RhWb nachgewiesen. Küpper 807 stellt das Wort zu *stratzen* ›spritzen, schnell fahren‹, siehe RhWb VIII 794.

Strickspön Streichhölzer (meist nur im Plural) *Wo hasse die Strickspön hingelegt, ich brauch ma Feuer.* Statt der älteren Variante, die fast nur Sprecher mit dialektalem Hintergrund verwenden, hört man heute weitaus öfter die Form **Strickos** *Gib mir ma die Strickos rüber, ich will eine rauchen.* Nach RhWb VIII 817 am Niederrhein, im zentralen Rheinland und Bergischen Land verbreitet; die Variante *Strickos* – im RhWb allerdings nur einmal belegt – ist heute am Niederrhein und im Ruhrgebiet allgemein bekannt. Der Streichspan ist das mundartliche Synonym zum standarddeutschen Streich- oder Zündholz.

stritzevoll sturzbetrunken *Der Typ war stritzevoll und kam kaum auf dat Fahrrad.* Im RhWb VIII 849 sporadisch belegt für das Bergische Land und das zentrale Rheinland.

Stropp, Ströpp Schleife, Seil zum Anbinden, Aufhänger *Am besten ziehsde den Stropp da durch die Öse und machs en an dem Nagel fest. Da is kein Ströpp aner Jacke.* • *Der kleine Stropp macht noch inne Hose* ›kleines Kind, kleiner Junge‹. Meist in der Verkleinerungsform **Ströppken** gebraucht *Sonn klein Ströppken und will schon bei de Erwachsenen am Tisch sitzen.* Oft zu hören ist auch die Zusammensetzung **Gummistropp** oder **Gummistroppen** Gummiband *Mach da ma sonn Gummistroppen drum, dann hält dat auch.* **ströppen, abströppen** etwas abstreifen von einem Stiel *Ich muss noch die Petersilienblätter abströppen* (daher auch **Ströppmus** als mundartliche Variante für *Stielmus*). Obwohl der Wortsinn eigentlich das Gegenteil meint, bedeutet **anströppen** im Ruhrgebiet ›sich anziehen‹ (Sprick 15). Das Wort, das im ganzen Rheinland verbreitet ist (RhWb VIII 863), ist wohl niederdeutschen Ursprungs; so kennt schon das Mittelniederdeutsche einen gedrehten Strick als strop(pes); und wahrscheinlich besteht eine enge etymologische Beziehung zur Strippe.

Strubbelkopp zerzaustes, unordentliches Haar *Un sonn Strubbelkopp hasse dir extra beim Frisör machen lassen?* **strubbelig** zerzaust, unordentlich *Vom Fahrradfahren hab ich ganz strubbelige Haare.* Die mundartliche Variante zu sträuben ist nach RhWb VIII 870 im gesamten Rheinland gebräuchlich.

strullen, strullern harnen *Wenn die Typen ausse Kneipe kommen, strullen die immer bei uns anen Zaun. Halt ma an, ich muss ma strullen. Hasse schomma aufen Elektrozaun gestrullt?* **Strulli** Bettnässer RhWb VIII 877: in dieser Bedeutung belegt für Aachen und Remscheid, sonst allgemein im südlichen Rheinland für ›hervorsprudeln‹; in der rheinischen Umgangssprache jedoch nur noch in der ersten Bedeutung gebräuchlich; aus dem mittelniederdeutschen strullen ›seichen‹.

strunksen, strunzen angeben, aufschneiden *Der is ma wieder am strunksen, da kannze nich hinhören.* Auch das Substantiv **Strunkser**, **Strunzer** ›Angeber‹ ist weit verbreitet. Der **Strunksbüggel** ist die im zentralen Rheinland gebräuchlichste Bezeichnung für einen Aufschneider. Das RhWb VIII 884 verzeichnet für das ganze Rheinland viele Bedeutungen, u. a. ›stibitzen‹, ›hervorsprudeln‹, ›gemütlich plaudern‹ oder ›harnen‹; in der Umgangssprache denkt jeder Rheinländer jedoch nur an ›prahlen‹, wenn von *strunzen* die Rede ist. Das Wort geht zurück auf mittelniederdeutsches strunsen ›prahlen‹.

Strüssje im Kölner Karneval geworfene kleine Blumensträuße *Die ham im Zuch aber nich so viel Strüssjer jeschmissen dies Jahr. Strüssje, Strüssje!* ›Aufforderung der Besucher eines Karnevalszuges an die Wagenbesatzungen zum Werfen von Sträußchen‹. Die zentralrheinische Lautung von Sträußchen (RhWb VIII 802) ist heute im Regiolekt nur noch im Zusammenhang mit dem Karneval in und um Köln zu hören. Im Ruhrgebiet versteht man unter einem **Strüssken** ein lebenslustiges Mädchen *Dat is en richtiges Strüssken, jeden Tach en anderen Kerl.*

Stulle Butterbrot *Ich hab die Stullen zu Hause vergessen. Wer hat dir denn die Stullen geschmiert, sonne Karämmel kannze ja gar nich essen. Hier hasse noch ne Stulle für aufe Hand* ›für unterwegs‹. Oft sind auch die Zusammensetzungen **Käsestulle, Leberwurststulle** oder **Rübenkrautstulle** zu hören. Im RHWb VIII 921 ist das Wort nur sporadisch im zentralen Rheinland belegt, es ist jedoch in der rheinischen Umgangssprache heute überall zu Hause. Es geht wohl zurück auf das niederländische Wort stul, das ›Klumpen‹, ›Butterstück‹, ›Brocken‹ oder ›Lappen‹ bedeuten kann. Obwohl es heute meist für eine typisch berlinische Wortschöpfung gehalten wird, ist es wohl erst durch niederländische Kolonisten in die Mark Brandenburg exportiert worden.

Stumpen Zigarrenstummel, Zigarre *Der Opa hat wieder seine Stumpen geraucht, den Geruch krichse nich ausse Wohnung.* • *Dat is ja ma bloß en Stumpen* ›kleinwüchsiger Mensch‹. **Stömpchen, Stümpchen** kleines Kind *Dat kleine Stümpchen mit seinem Ausschlag kann einem leid tun.* Nach RhWb VIII 933 ist das Wort im ganzen Rheinland verbreitet, es leitet sich ab aus der mundartlichen Lautung *stump* für stumpf.

Stupp (die/der *Stupp*) Treppenabsatz, Stufe, Bürgersteig *Komm, wir setzen uns aufe Stupp.* Laut RhWb VIII 939 belegt am Niederrhein zwischen Krefeld und Kleve.

Stuten süßes Weißbrot *Denk dran, datte noch en Stuten mitbrings.* Auch als **Rosinenstuten** oder **Korinthenstuten** verbreitet. Zu St. Martin gibt es im Ruhrgebiet und Teilen des Bergischen Landes den **Stutenkerl**, ein im ganzen Rheinland unter verschiedenen Benennungen verbreitetes Gebildbrot. Der *Stuten* selbst ist nach RhWb VIII 960 im ganzen Rheinland verbreitet; das Wort geht zurück auf das mittelniederdeutsche stut ›dicker Teil des Oberschenkels‹, nach dessen Form das Brot offenbar benannt wurde.

subbeln viel Alkohol trinken *Der subbelt jeden Tach ganz schön wat weg.* **subbelig** schmutzig, bekleckert *Bah, wat siehs du wieder subbelig aus.* Nach RhWb VIII 970 am Niederrhein und im Bergischen Land gebräuchlich.

süppen, süppeln, suppeln, süffeln saufen, trinken *Bei der Hitze kommt man aus dem süppen nich mehr raus. Der süppt!* ›Alkoholiker sein‹. *Komm, da süppeln wir uns gemütlich einen. Der süffelt genüßlich* *seinen Wein.* Die mundartlichen Varianten zu standarddeutsch saufen sind in allen Regiolekten des Rheinlands zu hören (RhWb VII 798; die unverschobene Form *süppen* findet sich nördlich der Benrather Linie und im gesamten Bergischen Land).

suppen nässen *Die Wunde hat durch den Verband gesuppt. Die Wunde is noch am suppen* ›noch nicht verheilt‹. In RhWb IX 828 im Stichwort *zoppen* nur für Moers belegt, jedoch im Regiolekt am Niederrhein weit verbreitet. Vielleicht ist *suppen* auch eine moderne – verhochdeutschte – Aussprache von *sippen*, der Variante von seifen ›tröpfeln, sickern‹, wie sie nördlich der Benrather Linie gesprochen wird (siehe *siffen*).

T

Tacken ein Stück, Stückchen *Zieh dat Seil ma noch en kleinen Tacken strammer, dann häldet* ›kleines bißchen‹. *Kannze nich ma en Tacken schneller machen?* ›beeilen‹. *Komm, schieb die Tacken rüber, den Grand hasse verloren* ›10-Pfennig-Stück‹. In diesen Bedeutungen nicht in RhWb IX 686 (Stichwort Zacke) verzeichnet; zu vergleichen sind jedoch die umgangssprachlichen Wendungen *einen Zacken zulegen* oder *einen Zacken schneller machen.* Die Bedeutung ›Groschen‹ kennt man nur im Ruhrgebiet (Sprick 108, Kanies 206, Fellsches 171).

talpen ungeschickt, schwerfällig gehen (meist durch etwas Feuchtes, Dreckiges laufen) *Bisse wieder durch den dicksten Matsch getalpt?* **Talpes** plumper, schwerfälliger Mensch *Ey du Talpes, pass doch auf, wo de hintritts!* Nach RhWb VIII 1046 im zentralen Rheinland und am unteren Niederrhein verbreitet.

tapern, langtapern, rumtapern ziellos gehen, schlendern, schleichen *Weil wir uns verlaufen hatten, mussten wir stundenlang die Straße lang tapern. Wat tapert der da so blind inne Gegend rum? Ich hab keine Lust, hier stundenlang rumzutapern, bis dat ich dat Buch ge-*

funden hab. Das in der Umgangssprache des Niederrheins, Ruhr-gebiets und Teilen des zentralen Rheinlands häufig verwendete Wort ist wohl nicht zu *tappen* zu stellen (RhWb VIII 1061), auch wenn es wie dieses offensichtlich auf mittelhochdeutsch tape ›Pfote‹ zurückgeht. Wahrscheinlich ist *tapern* norddeutschen Ur-sprungs.

Täsch Tasche, nur in der Wendung: *Leck mich en de Täsch!* oder *Leck mich de Täsch!* Ausdruck der Abweisung, aber zunehmend auch des Erstaunens: *Ja, jetz leck mech doch ene Täsch, wo kommt der denn auf einmal her? Ach, leck mech doch de Täsch, mit dir bin ich fer-tig.* Nach RhWb VIII 1071 in dieser Bedeutung nur für Kleve be-legt; nach Küpper 824 und Röhrich 1601 gilt die Wendung als Eu-phemismus für „Leck mich am Arsch".

Tippken, Tippkes Küken *Kuck ma die kleinen Tippkes da. Die Enten haben ja Tippkes* ›Nachwuchs‹. Laut RhWb VIII 1196 nur bekannt am Niederrhein; abgeleitet vom Lockruf für Hühner *Tipp, Tipp.*

titschen anstoßen *Ich bin mit dem Staubsauger gegen den Schrank getitscht. Sollen wir Eier titschen?* ›gekochte Eier mit den Enden an-einander stoßen‹. *Wenn der dat hört, dann titscht der im Dreieck* ›ärgerlich werden‹. *Du krichs gleich einen getitscht* ›schlagen‹. **auf-titschen** *Den Flummi musse richtig auftitschen lassen. Der haddet geschafft, den Stein achtmal auf em Wasser auftitschen zu lassen.* **an-titschen** *Oh, jetz hab ich dat Auto angetitscht* ›eine kleine Beule hin-einfahren‹. Nach RhWb VIII 1210 im gesamten Rheinland verbrei-tet, leitet sich *titschen* wie auch *tatschen* von mittelhochdeutsch tet-schen ›sich mit klatschendem Geräusch im Wasser bewegen‹ ab.

tötern trinken, Alkohol trinken, saufen *Wir ham ganz schön einen getötert gestern, wa?* Das zu mundartlich *Täut* ›Kanne‹ (standard-deutsch Tüte entsprechend) zu stellende Wort ist im gesamten Rheinland gebräuchlich (RhWb VIII 1116).

töttern Alkohol trinken; im Regiolekt des Bergischen Landes und Teilen des zentralen Rheinlands (RhWb VIII 1262) nur noch als **betöttert** gebräuchlich *Wir warn ganz schön betöttert gestern. Töttern* ist wohl nicht verwandt mit *tötern.*

töttern klönen, sich nett unterhalten *Komm, wir treffen uns ma, un dann wird nett getöttert. Die tun auch nix als töttern den ganzen Tag* ›tratschen, schwätzen‹. Im RhWb VIII 1262 nur für Mettmann belegt, ist das Wort im Regiolekt des Bergischen Landes heute weiter verbreitet.

transenieren, tranzionieren ärgern, quälen, plagen *Musse den armen Kerl denn immer so transenieren, der kann doch gar nix dafür. Der tranzioniert die janze Famillje.* Das seltsame Wort ist im gesamten Rheinland nördlich der Ahr verbreitet. Es ist sicher nicht zu drangsalieren zu stellen (wie RhWb VIII 1292), das erst im 19. Jahrhundert in die Umgangssprache gelangte, da es schon als mittelniederländisches transeneren und altkölnisches getransienyrt (1474, Wrede 3/165) belegt ist.

Trecker Traktor, Zugmaschine *Wir mussten stundenlang hinter sonem Trecker herfahren, den man nich überholen konnte.* Die Verbreitung des *Treckers* geht heute weit über den Geltungsbereich des dialektalen *trecken* ›ziehen‹ (RhWb VIII 1319: das gesamte Rheinland bis zur Nordeifel) hinaus, von dem er sich ableitet. Das Verb selbst hört man im Regiolekt noch vereinzelt am Niederrhein und im Ruhrgebiet in **antrecken** anziehen *Nu treck dich an und beeil dich* oder substantiviert in **Treck** Trieb, Zug *Der hat überhaupt kein Treck nach Hause.*

triezen ärgern, jemanden quälen *Die is ihren Mann immer nur am triezen.* **Triezerei** *Hör doch mit der Triezerei auf, dat bringt doch nix.* Das Wort ist für das ganze Rheinland belegt (RhWb I 1502). Auch im Dialekt ist heute nur noch die übertragene Bedeutung des Wortes bekannt, das ursprünglich einmal im Sinne von ›aufwinden, an Seilen aufziehen‹ gebraucht wurde (mittelniederdeutsch tritse ›Winde‹; vergleiche auch niederländisch trijsen ›hieven‹). Die übertragene Bedeutung geht angeblich auf den seemännischen Brauch zurück, einen Übeltäter mit einem Seil unter die Rahe zu *trissen*/hieven (Wahrig 6/294).

Tröte, Tröt Blasinstrument *Ich hab sonne ganz laute Tröte gekauft, da kann ich auf em Fußballplatz richtig Krach machen.* **Trötemann** Trompeter **tröten** herausposaunen *Die trötet die Geschichte schon in der ganzen Gegend herum.* In den rheinischen Mundarten ist das Wort keineswegs scherzhaft gemeint (RhWb VIII 1400), im Regiolekt dagegen versteht man unter einer *Tröte* in der Regel eine Kindertrompete oder ein Lärminstrument.

trötschig, trötschelig tranfunzelig, langsam, schwerfällig *Der is dermaßen trötschig, dem musse alles dreimal erklären. Die trötschelige Kuh hat wieder dat Gas angelassen.* Das Adjektiv ist nicht im RhWb verzeichnet, es ist jedoch sicher eine Ableitung von *trötschen* ›langsam gehen, arbeiten‹ (RhWb VIII 1403 und 1421).

Truffel Maurerkelle *Die Truffel muss gut inne Hand liegen, sonst fluppt dat nich.* Der im ganzen Rheinland gebräuchliche Fachausdruck (RhWb VIII 1313) ist in vielen Sprachen verbreitet (französisch truelle und niederländisch troffel) und geht zurück auf lateinisch trulla.

Trulla eine eher abwertende Bezeichnung für eine Frau *Die doofe Trulla da macht sich an meinen Freund ran. Komm, wir machen uns vom Hocker, die blöde Trulla is schon wieder im Anmarsch. Die Trulla von der Bahn hat aber gesagt, ich könnt mit dem Fahrschein auch mit dem Zug fahren.* Ursprünglich wohl eine gesamtrheinische Abkürzung für Gertrud (RhWb VIII 1411), ist die *Trulla* heute eine vom Namen losgelöste Bezeichnung für eine Frau.

Trumm, Tromm etwas Dickes, Großes, kann sowohl Menschen, Tiere als auch Sachen bezeichnen *Dat is aber en Trumm von Frau. Der Hund is aber en Mords Trumm, den kannze kaum halten.* Die mundartliche Variante der Trommel ist im Rheinland weit verbreitet (RhWb VIII 1387). In der Umgangssprache findet sich jedoch nur noch die obige Bedeutung.

Trutschka, Trutsch, Trusch, Truschel Bezeichnung für ein bäurisches, eher plumpes und gutmütiges Mädchen *Mit der Trutschka willze echt ausgehen? Dat is sonne richtige Trutsch.* Im ganzen Rheinland gibt es die eher abfälligen Bezeichnungen *Trutsch* und *Trutschka* (letztere nur im Ruhrgebiet), wie RhWb VIII 1419 und 1421 belegen.

tschüss, tschö, tschüskes, tschökes die Standardgrußformeln in der rheinischen Umgangssprache, die je nach Gelegenheit auch erweitert werden können: **tschö mit ö** oder **tschö wa!** Das RhWb VIII 1422 kennt *tschö* erst als neue Erscheinung in den Städten des zentralen Rheinlands. Die heutigen Formen sind entstanden aus den alten mundartlichen Grußformeln *adsche, adjes, adjüs, adjö* oder *adschüs(kes)*, die auf die aus der Hochsprache entlehnte Grußformel ade zurückgehen.

Tuck, Tucks Unordnung, Verwirrung, nur in den Wendungen *Die Schuhriemen sind ganz schön in Tuck (gekommen). Die Schose hasse aber ganz schön in Tuck gebracht* ›eine Angelegenheit in Verwirrung bringen‹. Nach RhWb VIII 1428 ist diese besondere Bedeutung des mundartlichen *Tuck* nur im Bergischen Land nördlich der Benrather Linie verbreitet. Ob es eine Ableitung zu *tucken* ›stoßen‹ ist, scheint fraglich.

Tucke abwertend für eine unausstehliche Frau *Dat is doch ne blöde Tucke, die hat schon wieder alles herumgetratscht. Die blöde Tucke hat mir en Korb gegeben.* Nach RhWb VIII 1427 nur wenige Male im zentralen Rheinland belegt, heute jedoch eine weit verbreitete Frauenbezeichnung (und auch als Bezeichnung für einen schwulen Mann gebraucht); zu *tuck*, dem im zentralen Rheinland verbreiteten Lockruf für Hühner.

tucken jemandem einen kurzen harten Schlag versetzen, einen Kopfstoß geben *Der hat mir einen getuckt.* **Tuck** Stoß *Gib dem ma noch en kleinen Tuck, dann geht der Auspuff los. In der Volksschule, wo ich war, hasse noch vom Lehrer en Tuck gekriegt* ›Kopfnuss‹. *Tu ma noch en Tuck Milch innen Kaffee* ›kleine Menge‹. Das nach RhWb VIII 1427 bis auf den hohen Norden im ganzen Rheinland verbreitete Verb ist in den Regiolekten immer seltener zu hören, das Substantiv erfreut sich dagegen noch großer Beliebtheit.

Tummelemutz Purzelbaum *En Tummelemutz is keine Rolle vorwärts.* In RhWb VIII 1442 belegt für das Bergische Land und den Niederrhein; zu **tummeln** als mundartliche Variante des Wortes taumeln, das man im Regiolekt noch in der Bedeutung ›sich sputen, beeilen‹ kennt: *Nu habt ihr alle euer Geld, und nu tummelt euch.*

Tünnes, Tün ungeschickter, gutmütiger Mensch *Du bis vielleicht en Tünnes. Wat is dat den von Tünnes?* Im zentralen Rheinland und am unteren Niederrhein ist die Kurzform für Anton (RhWb VIII 1463) auch im Regiolekt in seiner übertragenen Bedeutung bekannt.

tuppen hauen, schlagen *Ich tupp dir gleich einen!* • *Mit den Jungs geh ich nich mehr schwimmen, die tuppen einen immer* ›jemanden untertauchen‹. • *Ich hab da nur leicht dran jetuppt, un schon is et hin* ›mit den Fingerspitzen leicht berühren‹. **Tuppen** *Komm, wir spielen Tuppen* ›Kartenspiel, bei dem mit den Fingern auf den Tisch *getuppt* ›geklopft‹ wird‹. • *Da sind so bunte Tuppen drauf* ›Tupfen‹. **Tuppes** Dummkopf, Kerl, Tölpel (in Bonn auch als Kosewort möglich) *Der arme Tuppes hat schon wieder keine Frau abgekriegt.* **tupptich** verrückt *Bis du tupptich* ›spinnst du?‹ Die Wortfamilie um *tuppen* ist im südlichen und zentralen Rheinland (RhWb VIII 1465) verbreitet; zu standarddeutsch tupfen und tippen.

Tütt Kosename für ein kleines Kind *Uns Tütt hat schon wieder Husten.* In RhWb VIII 1504 für den Niederrhein und sporadisch für das zentrale Rheinland belegt; es handelt sich hierbei um die Übertragung des Kosenamens und Lockrufs für Hühner auf kleine Kinder.

tutteln, tuttern, totteln stottern *Wenn der aufgeregt is, dann is der so am tutteln, den kannse nich verstehn.* **Tutteler** Stotterer *Der Junge hat so undeutlich gesprochen, den nannten wer nur den Tutteler.* Laut RhWb VIII 1506 ist *tutteln* gesamtrheinisch.

U

Uffeln, Öffelschen in Fett ausgebackene Teigküchlein, auch mit Rosinen *Aus dem restlichen Hefeteig können wir gut noch Uffeln für* *dat Abendessen machen*; RhWb VI 354, belegt für den Niederrhein und den nördlichen Teil des Bergischen Landes; das Wort, das sich auch im niederländischen ouwel findet, ist die mundartliche Entsprechung zur lateinischen oblata.

Ullich, Ullige, Ulligen kleines Kind *Dat Ullich hat die Bux voll. Die Ullige kann ja schon laufen. Auf den Ulligen musse echt aufpassen, kaum datte wekkuckst, is der schon aufe Straße.* Das Adjektiv **ullig** ›klein, mickrig‹ ist im Regiolekt nicht mehr oft zu hören *Sonn ulliger Hund, der kann einem ja leid tun.* Die *Ulligen* gibt es am Niederrhein, im Ruhrgebiet und ganz vereinzelt im zentralen Rheinland (RhWb IX 41).

um sein erschöpft sein *Der is doch um, den muss der Trainer auswechseln. Die Milch is um* ›nicht mehr gut, verdorben‹. *Der Garten is um* ›umgegraben‹. *Dat Messer is um* ›stumpf‹. *Um* als Adverb ist in diesen Verwendungen, wenn auch nicht gleichmäßig verteilt, im gesamten Rheinland zu hören (RhWb IX 41).

Üpperkes, Öpperkes Geschichten *Mach bloß keine Üpperkes. Erzähl doch keine Öpperkes* ›Schauermärchen‹. Nach RhWb VI 402 geht das nur im Plural zu findende Wort auf die Oper zurück. In den Mundarten des Bergischen Landes, des unteren Niederrheins und des Ruhrgebietes kann die Bezeichnung für ein Singspiel auch einen dummen Streich, eine Tollheit oder einen komischen Vorgang bezeichnen.

Usel, Osel, Ursel kleines Kind (weiblichen und mänlichen Geschlechts), Nesthäkchen *Der bleibt immer der Osel. Pass ma auf den kleinen Ursel auf da, der rennt gleich aufe Straße.* • *Dat is aber auch en Osel mit dem. Die müssen ganz schön Usel leiden* ›Elend, Not‹. *Hasse den Osel?* ›an einer (leichten) Krankheit leiden‹. **Uselskram** *Dat is ja der reinste Uselskram bei denen* ›Elend‹. **uselig, oselig, üselig** zurückgeblieben, klein *Wat hasse denn da von useligen Weihnachtsbaum angeschleppt?* • *Bah, dat is so richtig uselig draußen. Heut ham wer aber useliges Wetter* ›unfreundlich, regnerisch‹. **oseln** kränkeln, kümmern *Der Rhodedendron bei euch im Garten, der oselt aber auch nur vor sich hin.* Das Wort ist von der Zentraleifel bis zum nördlichen Niederrhein im gesamten Rheinland verbreitet (RhWb IX

82). Es wird von althochdeutsch usilvar ›aschfarben‹ und mittelhochdeutsch usel ›Asche‹ abgeleitet (Wrede 3/189, Küpper 870),
wobei auf die aschfahle Gesichtsfarbe eines Kranken angespielt
wird. Diese Deutung erscheint allerdings recht spekulativ.

uzen, urzen nicht aufessen wollen, Reste übrig lassen *Bisse schon
wieder am urzen? Hasse dir wohl zu viel aufgeschäppt!* **Ötzen, Urzen,
Otten** Reste, meist Essensreste auf einem Teller oder Flüssigkeits-
reste in einer Flasche *Du muss auch immer Ötzen auf em Teller lassen.* Das **Urzenbier** ›Bierrest in Gläsern oder Flaschen‹ ist in den
Regiolekten nur selten zu finden. *Urzen* und seine Lautvarianten
gibt es in allen deutschsprachigen Dialekten, so auch im gesamten Rheinland (RhWb IX 77); auch im Englischen findet man orts
(Speisereste), im Schwedischen oräte oder im Limburgischen örte.

uzen jemanden foppen, ärgern *Die Blagen sind den armen Kerl
schon wieder am uzen.* Bis auf den äußersten Norden ist das Wort
gesamtrheinisch (RhWb IX 88).

Veedel Bezeichnung für ein Stadtviertel *Bei uns im Veedel haben se
in den letzten Jahren viel abjerissen.* **Veedelszuch** Karnevalszug in
Köln *Mir ham mit unserer Jruppe beim Veedelszuch am Sonntag den
dritten Preis jeholt.* Die mundartliche Bezeichnung für das Stadtviertel (RhWb IX 117) ist nur in und um Köln in den Regiolekt
übernommen worden.

verbaseln etwas versauen, durch Schusseligkeit fehlschlagen lassen *Wer hat denn dat schon wieder verbaselt hier?* **verbaselt, basselig,
baselig** schusselig, zerstreut, verdutzt *Der is heut wieder so basselig,
der kricht alles kaputt. Der war so verbaselt, der konnt gar nix mehr sagen.* Das im ganzen Rheinland zu hörende *baselig* hat in der

Mundart (RhWb I 491) unterschiedlichste Bedeutungen: aufgeregt, verängstigt, unbeholfen, verwirrt, ungeschickt. Es ist zurückzuführen auf das niederdeutsche verbasen ›verwirren, be-
stürzen‹ (vergleiche auch das niederländische verbazen mit
gleicher Bedeutung).

verbrocken etwas anstellen *Dat wir jetz hier sitzen und der Zuch is
weg, dat has du jetz verbrockt.* Etwas *verbrockt* wird vornehmlich
im zentralen (RhWb I 1001), sporadisch auch im übrigen Rheinland.

verdöllt, verdellich verdammt, verteufelt *Nu lass mich endlich in
Frieden, verdöllt. Verdellich, da hat einer mein Ratt geklaut.* Zu hören
im zentralen Rheinland und am Niederrhein (RhWB I 1390).

verdorrich, verdorri verdammt *Verdorrich noch mal, jetz hör endlich
auf zu quengeln.* Nicht in RhWb, aber für den Niederrhein belegt
in Horster 152 und Dicks 197.

verkamesölen, verkamesolen, kamesölen verprügeln *Der Typ
von nebenan is jeden Tag seinen Sohn am verkamesölen.* • *Die kann
ganz schön wat verkamesölen* ›viel essen, etwas verputzen‹. Das
Wort ist mit Ausnahme des nördlichen Niederrheins gesamtrheinisch (RhWb IV 111).

verkasematucken, verkasematuckeln, verkassematucken auch
verposematuckeln etwas verputzen, viel essen, Alkohol trinken
*Der kann ne ganze Kiste Bier verkasematuckeln. Sach bloß, du hass den
ganzen Kuchen schon verkassematuckelt?* • *Du krichs gleich eine ver-
kasematuckelt, wenne deine Fottfinger nich bei dir hälst* ›verprügeln,
jemanden schlagen‹. Nicht in RhWb, dagegen belegt in Horster
155, Sprick 114, Siewert 115, Piirainen 992. Nach Küpper 878 west-
deutschen Ursprungs.

verkimmeln, verkümmeln verlieren *Na, bisse schon wieder am verkimmeln? Un wenn die fuffzehn Mann auf en Platz stellen, verkimmeln
tun die doch.* • *Mensch, da hat ich doch ruckzuck die ganze Wurst ver-
kimmelt* ›verputzt, aufgegessen‹. RhWb IV 469 und 1718: verbreitet und gebräuchlich im ganzen Rheinland.

verkinschen kindisch werden, verrückt werden *Der Alte is ja schon am verkinschen.* Im RhWb als „verkindischen" (IV 491) für das zentrale Rheinland und den Niederrhein nachgewiesen.

verknusen etwas leiden können, etwas mögen; nur negativ verwendet *Den kann ich nich verknusen. Dat kann ich patuu nich verknusen, wenn einer mittem Rad übern Bürgersteig fährt.* Nach RhWb IV 896 ist *verknausen* im ganzen Rheinland in dieser Bedeutung verbreitet; zu *Knause* ›Beule, Anschwellung usw.‹; deshalb wohl nicht, wie Röhrich vermutet (3/1672), von Berlin aus in die allgemeine Umgangssprache eingedrungen.

verkrönkeln, verkrünkeln zerknittern *Wenne nich aufpasst im Auto, dann is dein Kleid nachher ganz verkrönkelt.* Ein hauptsächlich im Zentralrheinischen zu hörendes Wort (RhWb IV 1605).

vermäcken wichtig tun, sich etwas einbilden *Du brauchs dich gar nich so vermäcken, bloß weile Abitur has.* Nach RhWb V 684 ist diese Sonderbedeutung von *vermachen* nur für den Niederrhein belegt.

verpieseln verhauen, verprügeln *Die ham wer ordentlich verpieselt.* • *Der hat sich verpieselt* ›abhauen, sich verziehen‹. Belegt für das zentrale Rheinland (RhWb VI 880); abgeleitet von *Pisel*, dem als Schlagwaffe gefürchteten Ochsenziemer.

verplätten eine Abreibung verpassen, jemanden schlagen *Der hat da vielleicht einen verplättet gekricht, da wird der lange wat von haben. Dem ham wer einen verplättet, frag nich nach Ostern.* • *Du kannst doch nich deinen besten Freund so verplätten* ›jemanden auflaufen lassen‹. Belegt im Zentralrheinischen (RhWb VI 957), aber heute allgemein in der Umgangssprache gebraucht.

verquast verdreht, unsinnig *Der redet nur noch sonn verquastes Zeug, seit der auf dem Esoteriktrip is. Die hat völlig verquaste Ansichten.* Das Adjektiv ist das einzige umgangssprachliche Relikt einer großen Wortfamilie mit vielen Bedeutungen (RhWb VI 1301), die am Niederrhein und im Bergischen Land belegt ist. Das Verb quasen ist niederdeutschen Ursprungs und bedeutet ›quetschen, stoßen‹.

verschängelieren, verschängulieren, auch **schängelieren** etwas entstellen, verschlimmbessern, verunstalten *Jetz hat die so an meinen Haaren rumgeschnibbelt, die hat die total verschängeliert.* Das zu Schande/schänden zu stellende Verb ist im zentralen Rheinland, im Ruhrgebiet und am Niederrhein verbreitet (RhWb VII 906).

verschlippern (eine Krankheit) verschleppen *Wenn ich die Grippe nich verschlippert hätte un mal zum Arzt gegangen wär, könnt ich längst schon wieder arbeiten.* Dieses zögerliche Verhalten ist belegt für das zentrale Rheinland (RhWb VII 1355).

vertobacken, vertubacken etwas verputzen, viel essen und trinken *Der kann vielleicht wat vertobacken, wenn der Hunger hat.* Das Wort ist nach RhWb VIII 1018 in der Bedeutung ›jemanden verprügeln‹ (so auch Wahrig 6/522) vereinzelt im gesamten Rheinland belegt. Die auf die Völlerei bezogene Bedeutung ist jedoch nur für Bad Kreuznach verzeichnet. Heute ist allerdings nur noch diese im Regiolekt bekannt. Das Wort geht wohl auf die altertümliche Lautung von Tabak zurück.

Verzäll Prahlerei, Geschwätz *Der macht hier vielleicht en Verzäll. Nu mach hier nich sonn langen Verzäll.* **Vertellkes, Vertellerkes, Verzällche** Erzählungen, Geschichten (meist Plural) *Du mit deine ewigen Vertellkes von früher.* Das Wort ist gesamtrheinisch (RhWb IX 694).

voran (mit Betonung auf dem ersten, sehr kurz gesprochenen Vokal) weiter, sehr, schnell; nur in den Wendungen *Nu mach aber ma voran!* ›sich beeilen, endlich mit einer Arbeit fertig werden‹ und *Dat geht ja hier überhaupt nich voran!* ›keine Fortschritte machen‹ Nicht in RhWb, aber in Fellsches 183 und Horster 172 belegt. Die Wendungen sind auf den rechten und linken Niederrhein beschränkt.

wamschen, wammsen, verwamschen verprügeln, prügeln *Die ham den armen Kerl jewamscht, dat war nich mehr feierlich.* Das vom mundartlichen *Wammes* ›Wams, Jacke‹ abgeleitete Verb kennt man im gesamten Rheinland (RhWb IX 233).

wat was, etwas *Wat is? Is wat? Wat willse? Willse wat? Wat fürn Scheiß! Wat bis du denn für einen? Also, alles wat recht is! Ich komm heut wat später. Gib ma wat von dem Kartoffelsalat. Wat, davon hasse noch nit gehört? Wat en Verückten! Weiße, watte bis? En Arschloch! Watte nich sachs! Dann is die hasse-wat-kannze abgehauen* ›sehr schnell‹. *Bisse bescheuert, oder wat? Hömma, wat vonne tolle Platte.* **ach wat** Ausdruck der Ablehnung *Ach wat, dat stimmt nie im Leben, du spinnst doch. Ach wat, erzähl doch nich!* Das Pronomen *wat* ist wie *dat* eines der Kennwörter des Rheinischen (RhWb IX 272; wobei *wat* als unbestimmtes Fürwort etwas nicht so weit in den Süden reicht, weil hier die mundartlichen Formen *ebbe*s und *jet* gelten (die Grenze von dat/wat versus das/was verläuft etwas nördlich von Saarbrücken über Ottweiler, Kirn bis nach St. Goar)).

Weck Stuten, Weißbrot *Ich mag am liebsten effe Weck* ›einfaches Weißbrot‹. **Krenteweck** *Un ich am liebsten Krenteweck* ›Rosinenweißbrot‹. **Weckmann** *Et gibt jetz schon Weckmänner zu kaufen, wo doch eigentlich noch Oktober is* ›Gebildbrot zum Martinstag‹. Das Grundwort ist (RhWb IX 327) im ganzen Rheinland verbreitet. Während das Simplex in der rheinischen Umgangssprache langsam verschwindet, bleibt die Zusammensetzung **Weckmann** weiter gebräuchlich. Die ursprüngliche Bedeutung von *Weck* als etwas Keilförmigem ist nicht mehr bekannt (schon althochdeutsch *weggi* und altsächsisch *weggi* mit dieser Bedeutung), weil auch die ursprünglich so benannte keilförmige Gebäckform durch die bekannten Brötchen und Brote verdrängt wurde.

wibbeln hin und her rutschen, zappeln *Nu bleib doch ma still sitzen und wibbel nich immer auf dem Stuhl herum.* • *Dat wibbelt da vor Ungeziefer* ›wimmeln‹. **wibbelig** unruhig, zappelig *Dat is vielleicht en wibbeliges Blag.* **Wibbel, Wibbelsterz** unruhiges Kind, Zappelphilipp *Der Wibbel kippt gleich mit dem Stuhl um.* Der **Wippstert** ist im Regiolekt nur noch bei älteren Sprechern zu hören. *Kuck ma, ne Wippstert* ›Bachstelze‹. Das alte (mittelhochdeutsch wibel ›Kornkäfer‹), auf indogermanische Wurzeln zurückgehende Wort ist im gesamten Rheinland verbreitet (RhWb IX 469).

Wiemeln, Wiemelchen Johannisbeere *Die weißen Wiemelchen mag ich am liebsten.* Das Wort ist in einem schmalen Streifen zwischen Düsseldorf und Geldern (RhWb IX 527) verbreitet und auch dort noch in der Umgangssprache zu hören.

Wippchen, oft in der Wendung **Wippchen machen** Flausen im Kopf haben, über die Stränge schlagen *Mach mir bloß keine Wippchen hier! Der hat nur Wippcher im Kopp.* Im RhWb IX 566 für das gesamte Rheinland belegt.

Wöpchen, Wöpschen dünnes, leichtes, auch fadenscheiniges Kleid *Dat die bei dem kalten Wetter in sonem dünnen Wöpschen herumläuft.* In RhWb IX 311 nachgewiesen für das südliche Rheinland (zu althochdeutsch und mittelhochdeutsch wât ›Kleidung‹).

wullachen, wullacken arbeiten, hart arbeiten *Der hat sein ganzes Leben nur gewullacht, und wat is herausgekommen? Nix!* • *Der kennt nur wullachen* ›grobe Arbeit verrichten im Gegensatz zu feineren Arbeiten‹. Seltener ist das Substantiv **Wullache** schwere Arbeit *Sonne Wullache will ich nich no ma erleben.* Das RhWb IX 642 stellt *wullachen* zum Verb wühlen: *wühl-lacken* (belegt in Essen, Moers und Mettmann). Andere Erklärungen gehen von einer künstlichen Polonisierung des Verbs wühlen durch Anhängen der vermeintlich slawischen Endung -ak aus (wie in Pollack z. B.; Küpper 928) oder vermuten rotwelschen Ursprung (Siewert 118 und Mengel 39: hier allerdings mit niederdeutschem Hintergrund).

Wutz Sau, Schwein, im Regiolekt noch im übertragenen Sinn für eine unzüchtige Person gebraucht *Die alte Wutz hat schon wieder* *sonne blutjunge Freundin.* Das RhWb IX 678 weist die *Wutz* für das südliche und zentrale Rheinland nach.

Z

Zammel Fetzen, Franse, etwas Überstehendes *Gib mir do ma ne Schere, dat ich den Zammel hier abschneiden kann.* Nach RhWb IX 704 sind *Zammel* nur im Hunsrück und in der Eifel verbreitet, allerdings kennen sie Ruhrdeutschsprecher auch (Sprick 118).

zanzeln, zunzeln ausfransen, zupfen *Musse da immer an der Tischdecke zanzeln?* **Gezanzel** Franse, herunterhängende Fetzen *Schneid doch ers ma dat ganze Gezanzel von dem Fleisch ab, bevor de dat bräts.* **zanzelig** zerrupft, fransig *Wat is dat denn für ne zanzelige Tischdecke?* Das Wort scheint eine jüngere Fortbildung von *Zammel* (RhWb IX 704) zu sein.

zappenduster, zappendüster stockdunkel *Et is zappenduster draußen.* • *Wenn der die Prüfung nich schafft, dann sieht et aber zappenduster für ihn aus* ›aussichtlos‹. *Zappenduster* ist heute in der allgemeinen Umgangssprache verbreitet. Dennoch sehen Dialektsprecher darin ein Mundartwort (Wrede 3/303, Dicks 662, RhWb IX 712), weil die Lautung dialektal geprägt ist. Die Herleitung ist jedoch noch nicht geklärt; entweder zu Zapfenstreich (nach dem die Quartiere der Soldaten verdunkelt wurden) oder zu jüdischdeutsch zophon ›Dunkelheit‹.

Zappes Zapfer in einer Kneipe *Ham die en neuen Zappes in der Kneipe?* Wird der *Zappes* noch in RhWb IX 714 für den zentralripuarischen Raum um Köln reklamiert (siehe auch Wrede 3/303), so ist er heute auch im Ruhrgebiet bekannt (Kanies 228).

zauen sich beeilen, eilen *Nu zau dich!* Obwohl im ganzen Rhein-

211

land einmal verbreitet gewesen (RhWb IX 721) und heute eigentlich schon veraltet, ist dieses sehr alte, schon im Althochdeutschen und Altsächsischen belegte Wort in Köln und Umgebung im Regiolekt noch zu hören.

Zichte Zigarette *Ich hab meine Zichten liegen lassen.* Nur einmal belegt in Fellsches 188, am unteren Niederrhein und im Ruhrgebiet im Regiolekt aber weiter verbreitet. Die dialektale Herkunft ist allerdings unsicher (vielleicht zu ziehen: RhWb IX 782 *Tseech* ›Pfeife‹).

zubbeln, zuppeln zupfen, zerren *Hör auf, daran zu zubbeln. Sisse, jetz hasse an dem Faden gezubbelt und den Pullover halb aufgeribbelt.* **abzuppeln** abzupfen *Jetzt hat dat Kleen sich wieder dat Pflaster abgezubbelt.* **zubbelig** zerzaust, ausgefranst *Wat has du denn vor zubbelige Haare?* Das von *Zubbel/Zibbel* ›Fetzen, Lumpen‹ abgeleitete Verb *zubbeln* ist im zentralen Rheinland und am unteren Niederrhein belegt (RhWb IX 843).

zuckeln, zöckeln, zockeln gemächlich gehen oder fahren *Ich werd noch wahnsinnig, wenn wir weiter so langsam durch die Gegend zuckeln.* **anzockeln** gemächlich herankommen *Nach zwei Stunden kam der ganz langsam angezockelt.* **Zuckelei** langsame Fahrt *Bei der Zuckelei kommen wir nie an.* Über das *Zuckeln* ärgert man sich im ganzen Rheinland (RhWb IX 820).

zuppelig, zubbelig schlampig, unordentlich am Kleidersaum *Mit dem Kleid kanns de nit ins Konzert gehen, so zuppelig, wie dat aussieht.* In RhWb IX 875 belegt für das südliche Rheinland.

zuppen, zoppen, zappen eintauchen, tunken, stippen *Spekelatius musse im Kaffe zoppen. Un Weckmann innen Kakau.* • *Ich geh nich mehr ins Wasser, die Jungs ham mich schon wieder gezoppt* ›jemanden untertauchen‹. Eine im zentralen Rheinland bekannte Nebenbedeutung von *zuppen* ist ›schlagen, prügeln‹; sie findet ihren Reflex im Regiolekt in der Wendung: *Da hab ich einen gezuppt gekriegt* ›einen elektrischen Schlag bekommen‹. **Zöppken, Zoppmetz** Küchenmesser (entstanden aus *Zoppenmesser*, mit dem man die Zutaten für eine *Zoppe* ›Tunke‹ schnibbelt) *Dat Zöppken schneidet nich mehr.* Nach RhWb IX 827 im ganzen Rheinland bekannt.

zutzeln, **zutscheln** saugen, trinken *Gib dem Ullig ma den Schnulla zum Zutzeln. Der zutzelt da jetz schon zwei Stunden an seiner Cola. Komm, wir gehen noch en Bier zutscheln.* Im RhWb IX 879 ist das Wort nur sporadisch – aber über das ganze Rheinland verteilt – belegt.

Register

In diesem Register sind alle Wörter erfasst, die nicht als Stichwort, sondern nur als Ableitung innerhalb eines Wortartikels erscheinen. Hinzu kommen die verschiedenen Aussprachevarianten.

A

Aalscheppe, siehe Aalskull
abholen, siehe holen
abklabastern, siehe klabastern
abknapsen, siehe knappsen
abkrücken, siehe krücken
abkungeln, siehe kungeln
ablatschen, siehe latschen
abnippeln, siehe abnibbeln
abpiddeln, siehe piddeln
abpinnen, siehe pinnen
abpitschen, siehe pitschen
abplacken, siehe placken
abscheppen, siehe Schepp
abschnibbeln, siehe schnibbeln
abströppen, siehe Stropp
abzuppeln, siehe zubbeln
äff, siehe eff
äffkes, siehe ebkes
akkerat, siehe akkurat
Amberasch, siehe Amarasch
andötschen, siehe dötschen
anklätschen, siehe Klätsch
ankokeln, siehe kokeln
ankötteln, siehe Köttel
anlappen, siehe läppern
anlatschen, siehe latschen
anschreuen, siehe schreuen
anströppen, siehe Stropp

antitschen, siehe titschen
Appelkähne, siehe Appel
Appelkitsche, siehe Appel
Appelkompott, siehe Appel
Appelmus, siehe Appel
Appelsine, siehe Appel
Appeltaat, siehe Appel
Arbeitsbux, siehe Bux
aufbuddeln, siehe buddeln
aufdröseln, siehe dröseln
aufpäppeln, siehe päppeln
aufpatten, siehe patt
aufpiddeln, siehe piddeln
aufpuckeln, siehe puckeln
aufschöppen, siehe schöppen
aufschrappen, siehe schrappen
auftitschen, siehe titschen
auskoddern, siehe kodderich
ausscheppen, siehe Schepp
ausschöppen, siehe schöppen
ausschrappen, siehe schrappen

B

Babbel, siehe babbeln
Babbelchen, siehe Babbelken
Babbelschnüss, siehe babbeln
Backmann, siehe Brackmann
Badebux, siehe Bux
Ballebäuschen, siehe Ballebäusken

215

Bangbux, siehe bang
bangemachen, siehe bang
baselig, siehe verbaseln
Bauchflatscher, siehe Flatsch
Bäuerchen, siehe Bäuerken
bedröppelt, siehe dröppeln
Behai, siehe Buhai
bekakeln, siehe kakeln
bekallen, siehe kallen
bekloppt, siehe kloppen
bekriegen, sich, siehe kriegen
Belämmerte(r), siehe belämmert
Bellbotz, siehe Bux
beratschen, siehe ratschen
besabbeln, siehe sabbeln
betutteln, siehe betütteln
betüttern, siehe betütteln
Bierpulle, siehe Pulle
Blach, siehe Blag
Blagenvolk, siehe Blag
Blagenzeug, siehe Blag
Blatz, siehe Platz
Blatzbotteramgesicht, siehe Platz
Blaukopp, siehe Kopp
Blötsche, siehe Blötsch
Blötschkopp, siehe Blötsch
Blötschauge, siehe Blötsch
Blotschen, siehe Blotsche
Blumenpott, siehe Pott
blööken, siehe bölken
böcksen, siehe Böcks
Bohai, siehe Buhai
Bollebäuschen, siehe Bolle-
   bäusken
Bollerhose, siehe bollern
Bollerhusten, siehe bollern
bollerig, siehe bollern
Bollerkopp, siehe bollern
Bollerwagen, siehe bollern
böllern, siehe bollern
bommeln, siehe Bommel
Bömmel, siehe Bommel

Bömmelmütze, siehe Bommel
Bosselei, siehe bosseln
Bossler, siehe bosseln
Botteram, siehe Bütterken
Botz, siehe Bux
Botzendresser, siehe Bux
Box, siehe Bux
Brast, siehe Brass
brastig, siehe Brass
Brasselei, siehe Brassel
brasseln, siehe Brassel
Brasseler, siehe Brassel
Brassel(e)manes, siehe Brassel
Bratschkopp, siehe Bratsch
Bratze, siehe bratzen
Bröck, siehe Brock
Bröckchen, siehe Brock
Bröckskes, siehe Brock
Brökelmann, siehe Brökel
Brotknäppchen, siehe Knäppchen
brötscheln, siehe prötschen
bruddeln, siehe pruddeln
brutscheln, siehe prötschen
Buckeleboom, siehe Puckel
Bücks, siehe Böcks
Bückser, siehe Böcks
bücksen, siehe Böcks
Büdchen, siehe Bud
Büdeken, siehe Bud
Buddelei, siehe buddeln
Büll, siehe Büggel
Bullemann, siehe Bullewatz
butt, siehe bott
Büttenrede, siehe Bütt
Bütterchen, siehe Bütterken
Büttichen, siehe Bütterken
Butter, siehe Bütterken
Bützje, siehe Butz
bützen, siehe Butz
Butz, siehe Bux
Buxenpiepen, siehe Bux und
   Piepe

D

Dachkalle, siehe Kalle
Dämlack, siehe Dämel
Dätsch, siehe dätschig
dätschen, siehe dätschig
Dätschkopp, siehe dätschig
Dez, siehe Däz
Deu, siehe deuen
Dickopp, siehe Kopp
Dierken, siehe Dier
Dilldopp, siehe Dopp
doll, siehe Doll
dolldrehen, siehe Doll
Dönchen, siehe Döneken
Doofkopp, siehe Kopp
Dööskopp, siehe Kopp
Döppers, siehe döppen
Döppken, siehe Döppen
Döppken Doof, siehe Döppen
Döskopp, siehe dösen
Dötsch, siehe dötschen
Dötschauge, siehe dötschen
Dötzchen, siehe Dotz
dötzen, siehe Dotz
Dress, siehe Driss
dröch, siehe dröge
Dröppelminna, siehe dröppeln
drüch, siehe dröge
drüge, siehe dröge
Duckmäuser, siehe ducken
dubbeln, siehe Dubbel
Düppen, siehe Döppen
Dürpel, siehe Dörpel
durchbrasseln, siehe Brassel
dus(s)eln, siehe Dussel
Dusselkopp, siehe Dussel
dusselig, siehe Dussel
Duusel, siehe Dussel
Düüvel, siehe Deibel

E

effen, siehe eff
effkes, siehe ebkes
eindusseln, siehe Dussel
einkriegen, sich, siehe kriegen
Eierkitsche, siehe Kitsche
einholen, siehe holen
Einkaufsbüggel, siehe Büggel
einmümmeln, siehe mummeln
Eismauken, siehe Mauken
entlangtapern, siehe tapern
ettche, siehe ette
etteken, siehe ette

F

feckeln, siehe feckern
Feger, siehe fegen
Ferkeskopp, siehe Ferkes Willem
festpinnen, siehe pinnen
Fickfackerei, siehe Fickfack
Fiesplümm, siehe fies
fisseln, siehe fieseln
Fisternölleken, siehe Fisternöll
fisternöllen, siehe Fisternöll
Fitsch, siehe fitschen
Fitschelbohne, siehe fitschen
Fitzel, siehe Fitzken
Fitz, siehe Fitzken
Fitzebohnen, siehe Fitzken
fitzen, siehe Fitzken
Flametsch, siehe Flatsch
Flappe, siehe flappen
Flappmann, siehe flappen
Flappohren, siehe flappen
Flatschen, siehe Flatsch
flatschen, siehe Flatsch
Fletsch, siehe Flatsch
Fletschauge, siehe Flatsch
Fletsche, siehe Flitsche
fletschen, siehe Flatsch

herumpuupen, siehe puupen
herumrüseln, siehe Rüsel
herumschnibbeln, siehe schnibbeln
hickehackevoll, siehe Hacke
Hickepick, siehe Hicks
Hickeschlick, siehe Hicks
Hippeland, siehe Hippe
Hippelandexpress, siehe Hippe
Hippeländer, siehe Hippe
Hippengestell, siehe Hippe
Hühnerbollen, siehe Bollen
Hundsfott, siehe Fott
Hibbel, siehe hibbelig
Hibbelsfott, siehe Fott
hineinstoppen, siehe stoppen
hinhurkeln, siehe hurkeln
Hock, sieh Hücksken
Hoddelstein, siehe Hoddel
Höcksken, siehe Hücksken
Holzkopp, siehe Kopp
Hübbelschen, siehe Hubbel
Hucke, siehe Hücksken
Hückel, siehe Huckel
Huddelei, siehe Huddel
huddeln, siehe Huddel
Huddelskram, siehe Huddel
Hümmelken, siehe Hümpken
hüppeln, siehe hüppen
hoppen, siehe hüppen
höppen, siehe hüppen
Hosenpiepen, siehe Piepe
Hüppekästchen, siehe hüppen
hüppsen, siehe hüppen

I

I-Dotz, siehe I-Dötzken
ipschig, siehe impig
ipsig, siehe impig

J

Jang, siehe Gäng
Jänge, siehe Gäng
jauksen, siehe gauksen
Jebubbel(s), siehe bubbeln
Jeckeditz, siehe Ditz
Jedöns, siehe Gedöns
Jefusel, siehe Fusel
jeifele, siehe gibbeln
Jemölsch, siehe Mölsch
Jepüngel, siehe Pöngel
jiefele, siehe gibbeln
jiffeln, siehe gibbeln
jöbbeln, siehe göbeln
Jrielächer, siehe Grielächer
jriemeln, siehe griemeln
jriselig, siehe griselig
Jück, siehe juckeln
Jückelei, siehe juckeln
jückeln, siehe juckeln
junksen, siehe gauksen
Jüppken, siehe Jöppken

K

kabbeln, siehe käbbeln
Käbbelei, siehe käbbeln
Kabüffchen, siehe Kabuff
Kaffeepott, siehe Pott
Kaffeeprött, siehe Prött
Kafumm, siehe Fumm
kafupptig, siehe kapaftich
Kall, siehe kallen
kamällen, siehe Kamelle
Kamuffel, siehe müffen
Kaninchenköttel, siehe Köttel
Kappeskopp, siehe Kappes
Kappesbauer, siehe Kappes
Karämmel, siehe Rämmel
Kartoffelpuffer, siehe Puffer
Käsemauken, siehe Mauken

Mauseköttel, siehe Köttel
Meckerfutt, siehe Fott
Mehlpapp, siehe Papp
Micker, siehe mickerig
Mickermänneken, siehe mickerig
Milchpott, siehe Pott
Mimmkes, siehe Mämme
Mistkulle, siehe Kulle
mitholen, siehe holen
Möbbel, siehe Möppel
möffeln, siehe müffen
möffig, siehe müffeln
Möhnefett, siehe Möhn
mölschen, siehe Mölsch
Moppel, siehe Möppel
möppelig, siehe Möppel
Möpperei, siehe moppern
Mords Trumm, siehe Trumm
Muckibude, siehe Muckis
mucksig, siehe mucksen
Muddel, siehe Modder
Muffel, siehe müffen
Muffelkopp, siehe müffen
müffeln, siehe müffen
Muffensausen, siehe Muffe
müffig, siehe müffen
Muffkopp, siehe müffen
Mutt, siehe Modder
Mutzemandel, siehe Mutze

N

nich, siehe nix
Nickel, siehe nickelich
nitt, siehe nix
Nopp, siehe Nöppel
Nöppken, siehe Nöppel
nüseln, siehe Nösel
Nöll, siehe Nülle

O

Öffelchen, siehe Uffeln
Ölkräbbelkes, siehe Kräbbelken
Ömmesmann, siehe Ömmes
ötte(s), siehe ette
Olle, siehe oll
Olsche, siehe oll
Ommablatt, siehe Omma
Öpperkes, siehe Üpperkes
Osel, siehe Usel
oselig, siehe Usel
oseln, siehe Usel
Ösken, siehe Usel
Otten, siehe uzen
Ötzen, siehe uzen

P

paff, siehe baff
Pannaskopp, siehe Pannas
Pannemann, siehe panne
Pannemann und Söhne, siehe
  panne
Pänz, siehe Panz
Pappauge, siehe Papp
päppeln, siehe Papp
pappen, siehe Papp
Pappkopp, siehe Papp
pappsatt, siehe Papp
Pättken, siehe Patt
Pättkestour, siehe Patt
Pellkopp, siehe pellen
Pellmänner, siehe pellen
Petze, siehe petzen
Pfefferminzplätzchen, siehe Platz
Pferdeappel, siehe Appel
Pichelbruder, siehe picheln
pickvoll, siehe pickepackevoll
Piddelsarbeit, siehe piddeln
Piddelskram, siehe piddeln
Pien, siehe Pinn

urzen, siehe uzen
Urzenbier, siehe uzen
uselig, siehe Usel
Uselkram, siehe Usel

V

verblötschen, siehe Blötsch
verdötscht, siehe dötschen
verdröseln, siehe dröseln
verdummdeuveln, siehe Deibel
verjücken, siehe juckeln
verknüngeln, siehe Knüngel
verknüseln, siehe Knüsel
verkroosen, siehe kroosen
vermaggeln, siehe maggeln
vermölschen, siehe Mölsch
verpetzen, siehe petzen
perpimpelt, siehe pimperlig
verplästern, siehe plästern
verplempern, siehe plempern
verposematuckeln, siehe verkase-
    matucken

verschlunzen, siehe Schlunz
verschnuppt, siehe schnuppen
verschreuen, siehe schreuen
verschusseln, siehe Schussel
verschwiemelt, siehe schwiemelig

W

Waschbütt, siehe Bütt
Wäschepohl, siehe Pohl
Waschkaue, siehe Kaue
Waschlampett, siehe Lampett
Weckmann, siehe Weck
wegschlabbern, siehe schlabbern
wegschnibbeln, siehe schnibbeln
wibbeln, siehe Wibbel
wibbelig, siehe Wibbel
Wibbelsterz, siehe wibbeln
Wiemelchen, siehe Wiemeln
Wippstert, siehe Wibbel
Wullache, siehe wullachen